APEC諸国における競争政策と経済発展

伊従　寛
山内惟介　編
J. O. ヘイリー
W. A. W. ネイルソン

日本比較法
研究所研究叢書
(59)

日本比較法研究所

発刊にあたって

日本比較法研究所所長
中央大学法学部教授　木　下　　　毅

　中央大学に設置されております「日本比較法研究所」は，東京大学のフランス法の教授で日本の比較法学の泰斗，杉山直治郎博士を初代所長として，1948年に発足いたしました．私は，第13代目の所長に当たります．この種の研究所といたしましては，アジアで最初に設立された機関でございます．

　この日本比較研究所は，その名の示すように，「日本の，東洋の，ひいては世界の，比較法研究と実践に志を同じくする研究者の共有施設」として誕生し，半世紀にわたって数多くの研究成果を公にして参りました．

　ところで，日本比較法研究所は，現在31の共同研究プロジェクトを同時進行中でありますが，本プロジェクトにつきましては，1993年から3年間，ワシントン州立大学の東アジア法研究所と共に，国際交流基金日米センターの助成を受けまして，経済のグローバル化に伴う「競争法の国際的ハーモナイゼーション」の問題につき，アメリカ・ヨーロッパ・日本という世界経済の三局構造を軸とした調査研究を行って参りました．

　その研究成果を公開するために開催されました1995年10月の東京シンポジウムにおきまして，アメリカの報告者から，日米間の「コミュニケーション」の問題が指摘されました．私の理解では，法文化ないし人間類型の相違からくるコミュニケーションの難しさ，より具体的には，「西洋法文化」と「東アジア法文化」の差異からくる困難さの問題ではないか，と考えております．いわゆる「東西法文化」の問題が，それであります．例えば，アメリカの法制度とヨーロッパの法制度を比較する場合は，法文化そのものは共通していることから，両者の差異は主として法技術的な面に限局されますが，西洋法（EU法，フランス法，アメリカ法）と日本法を比較する場合は，単に法技術の問題に止まら

ず，法文化ないし人間類型の相違がクローズアップされてくるため，比較の次元（レベル）が異なってくるように思われます．

　日本比較法研究所が，今回，1999年から3年間の予定で取り組んで参りました「APEC加盟国における競争政策と経済発展」に関する調査研究では，西洋法文化圏とは異なった非西洋法文化圏における人間ないしその行動様式の問題が，より大きな比重をもつことになります．大塚久雄先生のいう「社会科学における人間」の問題が，それであります．

　西洋法文化圏では，紛争，競争を社会の生理的現象として肯定的に受け入れるのに対し，東アジア法文化におきましては，「紛争それ自体を抹消・解消」しようとする共同体的社会を理想としてきました．他方，経済発展は，政府の行政主導の下に行われ，法文化的には，個人主義の欧米とは異なり，集団主義，家族主義が支配的であり，「法の支配」（rule of law），「権利のための闘争」（Kampf ums Recht）よりは，「礼の精神」「和の精神」が強調され，「競争」よりもむしろ「協調」を重視する文化が存在することから，これらの東アジア的法文化に配慮しながら，競争政策の在り方を考える必要がある，と思われます．これら法文化の差異は，「書かれた法」（law in books）よりは，「生ける法」（law in action）においてより顕著に見られ，特に，運用・履行・執行の面，リーガル・プロセスそれ自体，司法の運営（administration of justice）に顕れやすい，といえましょう．

　1999年9月になされたAPEC構成国首脳によるオークランド共同宣言は，「開放かつ競争的な市場」が「経済効率性」と「消費者利益」の主要な推進力であることを確認致しまして，競争と規制緩和を推進するための一連の原則を採択するに至りました．しかし，その具体化に当たっては，APEC各構成国の経済発展段階の相違や東アジアないし東南アジアの法文化の歴史的多様性をも射程に入れながら，経済発展と競争政策（規制緩和，民営化等を含む）との関係を調査・研究する必要があります．日本比較法研究所は，このような視点からカナダ，アメリカ，オーストラリア，タイ，インドネシア，中国，韓国，日本など，APEC構成国の経済学者および法学者が研究して参りましたその成果の一部を，東京シンポジウムという形で一般に公開し，参加者の皆様からの批

判を受ける機会を設定させていただきました．

　なお，このプロジェクトは，共催者であります国際交流基金日米センターの助成に基づくものであることを，感謝をもってご報告させていただきます．

　以上をもちまして，私の開会のご挨拶とさせていただきます．

はしがき

1．APEC 諸国における競争政策と経済発展

1.1 APEC

　APEC（Asia Pcific Economic Coorperation：アジア太平洋経済協力会議）は，アジア太平洋地域の経済発展のため，貿易・投資の自由化と，経済・技術協力を通した産業基盤整備を目的として，1989年に設立され，現在21カ国が加盟している．APEC には，先進国と開発途上国が混在しており，その大多数を占める東アジア諸国は欧米とは基本的に異なる独自の文化・社会・歴史を有し，80年代以降先進国経済が停滞している中でその経済発展は極めて高く，とくに13億人の人口をもち日欧米諸国を併せた人口よりも多い中国の発展は最近でも7％の成長を維持し，2001年11月の WTO 加盟を併せて考えてみても，今後の世界経済の発展に大きな影響を与えると考えられる．この APEC 地域において東アジア諸国を含めて健全な経済発展が行われることは，APEC 諸国のみならず世界の経済発展および東西の文化交流に大きく寄与する．そして，そのためには経済制度としての市場経済体制の健全な在り方とそこにおける競争政策の適切な在り方が極めて重要である．

　「APEC 加盟国における競争政策と経済発展」に関するプロジェクトは，中央大学日本比較法研究所が，ワシントン大学東アジア法研究所とビクトリア大学東アジア文化研究所と共同して企画し，国際交流基金日米センターの資金援助をえて，2000年9月にビクトリアで，2001年7月に東京で関係国の専門家による会議が開かれた．今回その会議で検討された論文を整理して出版することになった．

1.2　APEC 諸国における競争政策の問題──1999年のオークランド宣言

　APEC 地域において先進国と開発途上国が共存して発展していくためには，

両者が共存しうる市場経済体制の在り方と競争政策の在り方が重要であるが，この問題については，1999年9月のAPECオークランド閣僚宣言が，「APECにおける競争政策と規制改革政策の原則」を承認し公表している（別添資料参照）．

この「原則」では，競争政策に関する基本認識として，①APEC域内における成長を確保し維持することを目的として市場の強化を支援するための競争に関する原則の作成が戦略的に重要であり，またこの原則が経済政策の全分野をつなげる枠組みを提供するものであること，②この原則がAPEC加盟諸国によって自主的に実施されるものであること，③この原則の採用と実施に当たっては，APEC加盟諸国の多様な状況を考慮する必要があること，④APEC加盟諸国の政策と規制は，競争促進以外の目的をもつことができること，⑤競争の枠組みからの必要最小限度の適用除外の場合がありうること，⑥適切な競争環境が中小企業にとって有益であることなどが指摘されている．

そして，このための基本原則として，①原則の適用における無差別性，②原則の適用における包括性（物とサービス：民間部門と公共部門：政策の策定と改革における競争側面の認識：競争過程の保護と競争環境の創造・維持：競争市場のための総合的な法的枠組み・明確な所有権の保護・無差別で効率的な実施），および③政策・規制・実施における透明性を挙げ，また，④APEC加盟諸国はその実施のために，ⅰ）中小企業を含む事業者の効率性と革新性に基づく競争の能力と機会を阻害する規制を見直すこと，ⅱ）望ましい目的の達成手段は，競争阻害を最小限にすること，ⅲ）競争過程の保護のための競争政策の実施により反競争的行為を排除すること，ⅳ）加盟国の状況を考慮して競争メカニズムの導入の時期と順序を検討すること，ⅴ）競争政策とその規則の一貫した適用，不必要な規制の撤廃，および政策目的と行政上の執行方法の透明性の向上のための現実的な手段の採用，ⅵ）競争政策と規制改革の提唱の推進，政府および民間部門における競争政策に関する専門的技術の形成，および競争当局に対する適切な資源配分，ⅶ）開発途上経済に対する競争政策に関する専門的技術の援助とその利用，ⅷ）規制改革の推進，ⅸ）規制改革に関する技術援助とその利用，およびⅹ）競争当局と規制当局との効果的な協力方法の推

進が求められている．

1.3 本プロジェクトと「APEC諸国における競争政策と経済発展」の問題

　われわれは，平成12年度および平成13年度において，「APEC加盟国における競争政策と経済発展」に関する調査研究を日米センターの支援の下で実施してきた．それは，自由貿易政策と国内競争政策との相互関係，それによる経済発展の問題，APEC諸国の独占禁止法の制定事情と最近の運用上の諸問題，APEC諸国の技術移転と経済発展の問題などを主要テーマとし，そこで検討され整理された論文は，本書に収録されている．

　平成14年度においては，中国が平成13年11月10日にWTOに加盟したという画期的な新情勢を踏まえ，中国の独占禁止法立法作業を考慮しつつ，最近の新しい競争政策上の重要問題を検討することとした．より具体的には，第1は，APEC諸国の独占禁止法と規制改革に関する最先端の主要問題について政策問題を含めて検討する．第2は，欧米先進国の経済停滞が明白になると同時に，中国の経済発展が着実に進展し，WTOに加盟し，新しい情勢に対応する法制整備等も進んでいるが，中国における規制改革と独占禁止法の立法問題は，中国のみならずAPEC諸国にとっても日米両国にとっても重要になってきているので，1999年11月に公表された中国の独占禁止法要綱案（別添資料参照）に関する諸問題を検討する．第3に，健全な市場経済体制を確立するためには，その基礎的な政策的見地を明確にするとともに，自由な競争の促進と公正な競争手段の確保が同時に行われる必要があることから，公正競争政策に関する政策的問題を検討することとしている．東アジア諸国の多くの国は，日本，韓国，台湾，中国，タイなど，法制的には19世紀後半から西欧大陸諸国の法制の影響を強くうけ，英米で発展した独占禁止法を継受することは，比較法の問題としても極めて興味のある問題である．

　第1回ビクトリア会議および第2回東京会議で検討された論文は，本書に掲載されているが，その検討の背景となる，APEC諸国における独占禁止政策と規制改革に関する問題を概観してみよう．

2．APEC 諸国の独占禁止政策の概観

2.1 概　観

現在世界では約70カ国が独占禁止法を制定している．そのうち約半数は，80年代末から増えたもので，それは主として東欧諸国とアフリカ諸国が市場経済体制に移行したことによるもので，東アジア諸国では独占禁止法の制定はそれほど進展していない．

APEC 21カ国で独占禁止法をもっている国は，アメリカ，カナダ，オーストラリア，ニュージーランド，日本，韓国，台湾，タイ，インドネシア，フィリピン，メキシコ，チリ，ペルー，ロシアの14カ国であるが，この独占禁止法については，4つに大別できる．第1は，17世紀のイギリスのコモン・ローにおける独占禁止原則を背景に，第2次大戦以前から独占禁止法を制定したアメリカ・カナダ・オーストラリア・ニュージーランドであり，アメリカ・カナダは19世紀末に独占禁止法を制定し，オーストラリア・ニュージーランドも20世紀初期から独占禁止法をもっている．第2は，第2次大戦直後の1940年代後半にアメリカ独占禁止法をモデルに独占禁止法を制定した日本であり，第3は，80年代以降に日本や欧米の独占禁止法の影響をうけて制定した韓国，台湾，タイ，インドネシアであり，第4はその他のフィリピン，メキシコ，チリ，ペルー・ロシアである．ロシアは，社会主義計画経済から市場経済に移行した後，西欧の独占禁止法の影響をうけ，1991年に独占禁止法を制定している．

東アジア諸国は，日本を含めて儒教的な家族主義・集団主義の傾向があり，個人主義・自由主義に基づく独占禁止法の思想にはなじみにくい面も強いが，東アジア諸国では古くから多彩な商業活動が行われ，競争も活発に展開されていた．日本は，第2次大戦後アメリカの影響の下で，東アジア諸国では最初に独占禁止法が制定され発展したが，同時に市場介入的な産業政策も積極的にとられた．他の諸国も市場経済体制の発展とともに，その基本法として独占禁止法を発展させてきたが，同時に国家の市場への介入が行われてきた．

日本の公正取引委員会は，80年代以降開発途上国の独占禁止法の制定や法運用に関して技術援助をしているが，この中でAPEC諸国に対する援助が大き

なウエイトを占めている（公取委，独占禁止法政策50年史 下巻，588頁；公取委平成13年年次報告，360～361頁）．また，1979年以来日本が提唱したアジア大洋州独占禁止法会議が定期的に開催されている（公取委，独占禁止法政策50年史 下巻，587頁；公取委平成12年年次報告，343頁）．

2.2 アメリカ・カナダ・大洋州等の独占禁止政策

　アメリカの独占禁止法は，社会面や政治面における個人主義・自由主義の伝統の下で育成され，アダム・スミスを中心として自由主義経済論の影響をうけ，自由主義経済体制の基本的枠組みとして形成され，世界の独占禁止法制に主導的な役割を果たしている．アメリカの基本的な独占禁止法は，1890年に制定されたシャーマン法であり，その補完法として1914年の連邦取引委員会（FTC）法とクレイトン法が制定されている．連邦法のほかに，殆どの州で州の独占禁止法が制定されている．独占禁止法の主要な規制対象は，カルテルなどの競争制限的協定（シャーマン法第1条），独占行為（シャーマン法第2条），市場独占をもたらす合併や株式取得（クレイトン法第7条），および不公正な取引方法（FTC法第5条）である．規制の原則は裁判所の判例法で明らかになり，経済実態の変化により変わってくる．適法行為と違法行為を判別するために，独占禁止法の施行官庁である司法省やFTCはガイドライン（指針）を出しており，その対象は合併などの企業結合，共同技術開発，国際的事業活動，技術ノウハウライセンス，競争者間の提携行為などに及んでいる．また，輸出カルテル・共同技術開発価格・海運同盟などについて適用除外法がある．カルテルや入札談合は，それ自体で違法であり，刑事事件として処理され，高額な罰金が企業に科せられる，また個人に禁固刑も科せられる．この数年間国際カルテルが多数刑事事件として起訴され，多くの日本企業が罰金刑をうけている．アメリカの市場に影響を及ぼす場合には外国で行われた外国企業の行為にも独占禁止法が適用される（独占禁止法の域外適用）．現在域外適用は，アメリカだけでなく，ドイツやEUでも行われている．アメリカ独占禁止法の事件としてはカルテル関係の刑事事件が大半を占めているが，独占行為の最近の事件としては，マイクロソフトやインテルの技術独占の事件やアメリカ航空の不当廉売事件があ

る．

　カナダで最初の独占禁止法が制定されたのは1889年であり，アメリカのシャーマン法の制定よりも早いが，その後法律は改正され，現在の法律は1986年の競争法である．オーストラリアも1909年に独占禁止法を制定しているが，現行法は1974年の取引慣行法であり，ニュージーランドも1908年に独占防止法を制定しているが，現行法は1975年の商取引法である．これらの諸国の現行法の規制内容はアメリカの独占禁止法と似ている．また，オーストラリアとニュージーランドは，タスマニア協定により，相手国の事業者の活動が自国市場に影響がある場合には，それぞれ相手国の事業者に対しても管轄権をもち，調査し処分することができる．

2.3　日本の独占禁止政策

　日本では，19世紀半ばの開国以来自由貿易政策が外圧により採用され，国内でも自由競争が支配的であったが，第1次大戦後とくに1929年の大不況前後から，財閥の発展やカルテルの形成が進行し，国家もそれを助長すると同時に市場への介入が行われ，その後戦時経済統制が行われ，ほぼ全産業が統制された．第2次大戦後，アメリカの強い影響の下で経済民主化政策がとられ，農地改革・労働立法・財閥解体・過度経済力排除・経済統制立法廃止などが行われ，カルテルや経済統制機構は解体され，自由市場経済体制のための体制整備が行われた．

　この経済民主化政策の重要な一環として，1947年にアメリカの独占禁止法をモデルとした独占禁止法が恒久的な経済秩序法として制定された．しかし，サンフランシスコ条約の発効により占領が終結すると同時に，独占禁止法の緩和が主張され，1953年には独占禁止法の緩和改正が行われ，ドイツ法案をモデルにして合理化カルテル制度や不況カルテル制度が導入された．また，産業政策から数多くの適用除外法が制定されはじめ，また産業政策による勧告操短などの市場介入が積極的に行われはじめた．その後独占禁止政策と産業政策が共存していた．しかし，1980年代の貿易摩擦の中で産業政策が諸外国から批判され，また技術革新とグローバル経済化の流れの中で国内においても産業政策は批判

され，90年代を通して産業政策の衰退と独占禁止政策の強化が進行した．

2.4 韓国・台湾等東アジア諸国その他の独占禁止政策

韓国では，1975年に「価格安定及び公正取引に関する法律」が制定されたが，同法は実質的には価格規制法に近く，経済発展が軌道に乗り始めた1980年12月にアメリカ，日本等の独占禁止法を参考に，「独占規制及び公正取引に関する法律」が制定され，その後同法は数回改正強化されてきている．台湾においては，アメリカ，日本，韓国の独占禁止法を参考にして，1990年2月に公正交易法が制定された．タイでは，1975年の韓国の価格安定法に類似した1979年の「価格統制及び独占禁止法」が制定されたが，韓国法，台湾法，日本法，ドイツ法を参考にし，とくに前2法の影響をうけて，1999年に競争法が制定されている．インドネシアでは，1990年頃から独占禁止法の制定が議論されていたが，1999年には国際通貨基金の示唆もあり，「独占的行為及び不公正な事業競争の禁止に関する1999年法律第5号」が制定されている．

中国では，第2次大戦後社会主義計画経済体制がとられたが，1978年に改革・開放政策が開始され，92年に社会主義市場経済路線が推進された．1987年に独占禁止法起草グループが設立され，1988年に「独占禁止法及び不正競争防止法案」が公表されたが，1993年にはそのうち「不正競争防止法」のみが立法化され，独占禁止法案は時期尚早として採択されなかった．その後，1999年11月に独占禁止法案が公表され，2001年11月にはその修正案が公表された．

フィリピンでは1925年にアメリカ法の影響をうけて独占及び結合規制法が制定され，メキシコでは1972年に連邦競争法，チリでは1973年に自由競争維持法，ペルーでは1991年に独占・統制規制法，ロシアでは1991年に競争及び独占的行為規制法が制定されている．

2.5 独占禁止法の政策理念

2.5.1 アメリカ

独占禁止法の政策理念は，独占禁止法が判例法的な性格をもつために独占禁止法の運用にとって極めて重要である．この政策理念について，アメリカでは

学説により差がある．ハーバード学派は，独占禁止法は，その歴史的な発展の沿革からみても，経済的自由に関する憲法的な保護法であり，経済力集中に反対し，中小企業を保護し，経済的資源の最適配分を通して消費者の利益を守ることを目的としていると捉え，政策指向型であり，シカゴ学派は，独占禁止法の目的について経済的資源の最適配分を達成して消費者利益を増大することに重点をおき，経済効率性と経済分析を重視している．一般的に民主党はハーバード学派を支持し，共和党はシカゴ学派を支持している．日本の独占禁止法は，ハーバード学派が優勢であった第2次大戦後のアメリカの影響を受けたこともあり，第1条で，「……公正且つ自由な競争を促進して，……一般消費者の利益を確保するとともに，国民経済の民主的で健全な発展を促進することを目的とする」と定め，明らかに公正性と健全性をもつ競争の促進を目的としている．

2.5.2　ドイツ・西欧諸国

第2次大戦後，西ドイツでは，フライブルク大学のワルター・オイケンなどが中心になって新自由主義が唱えられ，経済体制としては戦前のナチスの全体主義的統制経済体制や東欧の社会主義的計画経済体制を「中央管理経済体制」として拒否し，またカルテルや独占を許容する古典的な自由放任体制も批判し，カルテル・独占を禁止して自由競争を促進し，消費者利益を確保して，市場経済を積極的に擁護する社会的市場経済体制を第3の経済体制の政策として選択し提唱した．この学派に属していたルードウィッヒ・エアハルトは，西ドイツ連邦政府の経済大臣として社会的市場経済政策を推進し，その基本法として競争制限禁止法を制定し，奇跡の復興を成し遂げた．

社会的市場経済政策は，本来はドイツの保守政党であるキリスト教民主同盟の新自由主義からの政策であったが，1959年には，ドイツ社会民主党が社会主義国営化政策を破棄し，それに替えて国家は競争機能の活用によって経済を管理するとして，実質的に競争政策を基本とする政策を採用した．このため，社会民主党も独占禁止政策についてはキリスト教民主同盟などの保守政党とほぼ同様の政策をとり，その後数次にわたる競争制限禁止法の改正は与野党一致で行われている．また，自由競争の促進と競争手段の公正性が調和的に把握され

ている.

　この社会的市場経済政策の考え方は，早くから欧州共同体でも採用され，ドイツ・EUなど西欧諸国の独占禁止法の政策的な基礎となっており，西欧諸国以外にも大きな影響を与えている.

　アメリカやカナダの独占禁止政策はコモン・ローの独占・競争制限の違法原則を背景に自然に形成され，強力に運用され，また判例法により経済実態に即応した運用が行われているが，西欧諸国の独占禁止政策は幾つかの政策の中から選択して採用され，運用されている．東アジア諸国にとっては，両者から必要な示唆をうけることができる．

2.6　競争政策と技術革新・技術移転

　現在の競争は技術競争の側面が強いが，独占禁止法は知的財産権法とあいまって，技術革新と技術移転を促進してきた．東アジア諸国の最近の経済発展は，先進国企業間競争による迅速な最新の技術移転の導入に負うところが大きいし，今後もそうであろうが，アメリカ・EU・日本の独占禁止法の運用では技術ライセンスや共同技術開発に関する指針が設けられており，その下での活発な技術開発と技術移転が行われている．

3．APEC諸国の規制改革

3.1　規制改革の概観

　1970年代末からアメリカを中心に規制改革が進展し，国家的管理が存在していた電気通信・電力・運輸・金融などの分野で政府規制の廃止や緩和が行われ，国営・公営企業の民営化が進められ，また貿易統制の緩和と廃止が進められ，この分野における競争が促進された．規制改革は，経済のグローバル化と技術革新ともあいまって，市場経済体制が拡大され，整備されてきている．規制改革は，カナダ・オーストラリア・ニュージーランド・日本などでも推進され，WTO・IMF・OECDなどの国際機関でも推奨されており，開発途上国でも進展している．80年代末から社会主義国においても市場経済の導入が図られ，国営企業の民営化と市場の開放が進展している．このような流れは，開発途上

国の経済発展にも大きな影響を与え，東アジアの開発途上国でも規制改革が進行している．

3.2 東アジア諸国における国家と市場

東アジア開発途上国が経済発展においては，日本の場合を含めて，自由な競争の存在と同時に，インフラストラクチャーの整備や経済計画の策定を含めて，国々によってかなりの程度の差があるものの，国家が市場に介入する現象がみられた．日本は1950年代から80年代にかけて急速な経済発展を達成してアメリカに次ぐ経済大国になり，東アジア諸国は1965年から90年代にかけて世界のどの地域よりも急速に発展した．この急速な発展の要因については，①市場機能の強化とマクロ経済の財政金融措置を通して投資と貯蓄と人的資本に適切なインセンティブが与えられて，自由競争の中で達成されたと考える市場指向型見解（新古典派経済学者・IMFなどの国際機関）と，②資源配分・投資配分・発展段階での技術開発などへの政府の積極的介入によって達成されたと考える開発指向型見解とに分かれていたが，一般的には第1の見解が優勢であった．

1993年に世界銀行が公表した「アジアの奇跡」に関する報告書は，東アジアの高い経済成長は，市場指向型政策から開発指向型政策までの幅広い組み合わせにより達成されたと分析して大きく注目された．その後この中間的見解が有力になってきて多くの研究が行われている．1997年に起こった東アジアの通貨危機は国家の積極的な介入に反省を与えたが，2～3年後には落ち着きを取り戻している．開発途上国の経済発展において，国家と市場の役割をどのように考えるかが一つの問題である．1999年9月の「APECにおける競争政策と規制改革政策の原則」は，この第1の見解を基本原則としながら，第2の見解を例外的に認めているとみることができる．本プロジェクトにおいても，競争政策の促進を基本としながら，必要最小限度の政府介入を容認する立場が基本となっている．

はしがき　xv

4．先行研究の状況

4.1　APEC 諸国の独占禁止法

　世界の独占禁止法については概括的な紹介として，船橋和幸『最新 世界の独禁法ガイド』（商事法務研究会，1998）がある．アメリカ・カナダ・オーストラリア・ニュージーランド・日本の独占禁止法についてはすでに多くの研究が行われ，とくにアメリカ独占禁止法に関する英語文献は多数に上っている．アメリカ・カナダ・オーストラリア等の独占禁止法の日本語の研究書としては，伊従寛編『外国独禁法と日本企業』（日本経済新聞社，1985），アメリカの独占禁止法については，松下満雄『アメリカ独占禁止法』（東京大学出版会，1982），村上政博『アメリカ独占禁止法』（弘文堂，1999），越智保見『欧米独占禁止法の解説』（商事法務研究会，2000）などがある．

　東アジア諸国の独占禁止法を概観したものとして，本城昇「アジアにおける市場経済化と競争法」（小林昌之『アジア諸国の市場経済化と社会法』アジア経済研究所，2001）があり，韓国の独占禁止法については，本城昇『韓国の独占禁止法と競争政策』（アジア経済研究所，1996）および中山武憲『韓国独占禁止法の研究』（信山社，2001）があり，後者には関係法令の翻訳が付されている．その他の国については，中山武憲「台湾競争法」（『公正取引』492号，1991），三浦克哉「タイの競争政策と技術協力」（『公正取引』594号，2000年），鈴木康二「インドネシアにおける独占禁止法の立法」（『国際商事法務』27巻4号，1999），菅久修一「インドネシアの競争法と競争政策」（『公正取引』602号，2000）があり，中国における独占禁止法立法の検討状況については，王暁曄著・阿武野華泉訳「中国独占禁止法立法作業の現状と問題点」（『国際商事法務』28巻9号・10号，2000）がある．なお，東アジア諸国の独占禁止法に関する最新の紹介と研究としては，本プロジェクト参加者による報告があり，本書に掲載されている．

　独占禁止法の域外適用に関する専門的な研究としては，松下満雄『独占禁止法と国際取引』（東京大学出版会，1970），小原喜雄『国際的事業活動と国家管轄権』（有斐閣，1993）などがあり，最近の問題については，本書における D. エリス教授の論文がある．競争法のハーモナイゼーションの問題，競争政策と貿

易政策との関係および独占禁止法の域外適用と国際的協力措置を検討したものとして，伊従寛／山内惟介／J. O. ヘーリー編『競争法の国際的調整と貿易問題』(日本比較法研究所研究叢書40，中央大学出版部，1998) があるが，これは国際交流基金日米センターの援助による1993年から3年間の研究の結果をまとめたものである．

独占禁止法の歴史的・政策的背景に関する概括的な研究書としては，伊従寛『独占禁止政策と独占禁止法』(日本比較法研究所研究叢書38，中央大学出版部，1997，第1章第1節) があり，ドイツの社会的市場経済政策については，W. オイケン著・大野忠男訳『経済政策原理』(勁草書房，1967)，L. エアハルト著・管良訳『社会市場経済の勝利』(時事通信社，1960)，A. Peacock and H. Willgerodt, "German Neo-Liberals and the Social Market Economy", (Macmillan, 1989), D. J. Gerber, "Law and Competition in Twentieth Century Europe Protecting Promereus" (Claserdon Press Oxford, 1998)，高橋岩和『ドイツ競争制限禁止法の成立と構造』(三省堂，1997) などがある．独占禁止法と中小企業の関係に関するものとして，上記，伊従『独占禁止政策と独占禁止法』(第1章第6節) がある．

独占禁止法と技術革新・技術移転に関しては，アメリカ・日本・EUの技術ライセンス指針や共同技術開発指針があり，その解説書も出されている．本プロジェクトにおいては，W. ネイルソンほかの論文がある．

4.2 APEC諸国の規制改革

APEC諸国の規制改革については，OECD著・山本哲三／山田弘訳『世界の規制改革』(日本経済新聞社，2000・2001：原書は1997) があり，アジアの構造改革については，木村福成『アジアの構造改革はどこまで進んだか』(ジェトロ，2000) がある．韓国の規制改革については，金華東『韓国の規制緩和』(アジア経済研究所，2000) がある．

4.3 APEC諸国における国家と市場

競争政策と経済発展との関係を多角的に分析したものとして，OECD, "Competition and Economic Development, 1991"がある．また，国際貿易における自由貿易の促進と国内競争政策（独占禁止政策と規制改革政策）の促進が，各国とくに開発途上国における資源の最適配分と経済発展を増大することを提唱するものに，貿易と競争政策の相互作用に関するWTO作業部会の報告書（Report of the Working Group on the Interaction between Trade and Competition Policy to General Coucil: World Trade WT/WGTCP/2, 8 Dec. 1998 (98-4919)）がある．

　他方，東アジア諸国（香港・シンガポール・台湾・韓国・マレーシア・タイ・インドネシア・日本）の65年から90年までの経済発展とそこにおける国家の積極的役割を分析したものに，世界銀行著・白鳥正喜訳『東アジアの奇跡』（東洋経済新報社, 1994），青木昌彦ほか『東アジアの経済発展と政府の役割』（日本経済新聞社, 1997），井上隆一郎／浦田秀次郎／小浜裕久『東アジアの産業政策』（日本貿易振興会, 1990）などがあり，上記『東アジアの奇跡』の巻末には多数の欧文の参考文献が掲載されている．アジア経済の発展を概観したものに，渡辺利夫『アジア経済読本』（東洋経済新報社, 1998）があり，韓国・台湾・香港・シンガポールの発展を分析したものに，エズラ・F. ヴォーゲル著・渡辺利夫訳『アジア四小龍』（中公新書, 1993）がある．D. ヤーギン／J. スタニスロー著・山岡洋一訳『市場と国家（上）』（日経ビジネス文庫, 2001）第6章・第7章は，東アジア諸国における市場介入政策の実情をやや批判的に紹介している．

　日本の産業政策を検討したものに，小宮隆太郎ほか『日本の産業政策』（東京大学出版会, 1984），伊藤元重ほか『産業政策の経済分析』（東京大学出版会, 1988）がある．

5．おわりに

　本書に収められた論文は，「APEC加盟国における競争政策と経済発展」という本プロジェクトの表題の下で，各国からの専門家がそれぞれのテーマについて書かれた論文を全員で検討して整理したものの論文集である．統一的な考えで整理されたものではないが，今後のこの問題の研究に対する一助となれば

幸いである．なお，英文原稿については，予算の都合上原則として著者による要約を翻訳した．英文の全論文集はワシントン大学（セント・ルイス）から出版される予定である．

弁護士・元中央大学法学部教授
元公正取引委員会委員

伊　従　　寛

目　次

発刊にあたって……………………日本比較法研究所所長　木　下　　　毅… *i*
　　　　　　　　　　　　　　　　中央大学法学部教授
はしがき………………………弁護士・元中央大学法学部教授　伊　従　　　寛… *v*

I　総論的問題

APEC諸国の競争法：多様性を許容する
　法制度の設計………………………………………ジョン・O.ヘイリー… *3*

競争政策実施に関する国際協力……………………………松　下　満　雄… *11*

競争法と国際私法との関係について：
　国際私法はどこまで国際的競争行為を
　規制できるか？………………………………………………山　内　惟　介… *21*

東アジアの競争政策と経済発展……………………………浦　田　秀次郎… *39*

米国における国際カルテル刑事事件と
　域外管轄権問題………………………………ドーゼイ・D.エリス・Jr.… *61*

知的財産権と競争政策：カナダと日本に見る
　ハーモナイゼーションへの途
　　　　　　　　　　　　　　ウィリアム・A.W.ネイルソン
　　　　　…………………………　　ロバート・G.ハウエル… *89*
　　　　　　　　　　　　　　　　　　小塚荘一郎

国境を超える垂直的企業提携：
　日本の生産ネットワークは東南アジアの
　競争的市場を危うくするか？……………ウォルター・ハッチ… 105

支配的公益企業に対する競争政策：
　垂直分割か接続ルールか……………………………滝川敏明… 113

中央・地方の独禁法執行権限の
　あり方について ………………………………………岡谷直明… 135

米国，EU，豪及び日本における独禁法カルテル
　関係適用除外の比較研究………………………ジャクリーヌ・ボス… 159

開発途上国における競争政策と政府介入：
　日本の経済発展の経験を踏まえて…………………伊従　寛… 199

II　個別国の問題

韓国の経済発展と競争政策………………………………李　奎億… 225

競争法及び競争政策の育成：
　台湾の政治経済の外観………ローレンス・シャオ・リアン・リウ… 235

タイの競争法：予備的分析………………サクダ・タニッカル… 247

インドネシアの独占禁止法の概要………ヒクマハント・ジュワナ… 259

中国における独占禁止法制の展望………………………王　暁曄… 265

競争促進と独占維持：経済移行期における
　中国産業政策の二重の役割 …………………………江　小娟… 281

付属資料

APEC における競争政策と規制改革政策の原則 ·················· *297*
　——1999年9月のオークランド閣僚宣言（仮訳）——
中国独占禁止法要綱案 ································· *300*

I 総論的問題

APEC 諸国の競争法：
多様性を許容する法制度の設計

ジョン・O. ヘイリー

　2001年7月東京でのわれわれの会合は，競争法に関する二つのAPECシンポジウムの二番目にあたる．ブリティッシュ・コロンビア州ヴィクトリアでの第一回会合では，APEC地域において競争政策を促進する有効な体制を設けるねらいから，最近の動きのいくつかを検討した．同時にわれわれは，ディレギュレーションの対象であり，競争政策が影響を及ぼす電気通信などの産業を概観した．ヴィクトリア会議で私は，現存の競争法制度を有益なモデルとみなすことには問題があると述べ，第二次大戦後の日本とドイツにおける競争法採択には特異な状況が関与していたことを指摘した．われわれの共同作業はまだ完成していない．ここでは暫定的なまとめと提言を行いたい．

　ヴィクトリア会議の到達地点から出発して，いくつかの命題を提示したい．APECにおける競争法論議の基礎にこれらの命題がなることについて，全員でないにしてもほとんどの会議メンバーが同意してくれると思う．これらの命題は明白だと考えられるが，それでも繰り返し強調する必要がある．無視されがちであり，あたりまえだとされて明示されないことが多いからである．

　第一に，米国・日本・ドイツ・欧州共同体（EC）の四つの法制度が，APEC諸国が見習い，適応すべき主要モデルとなった．モデルとしての米国法の影響はオーストラリアと日本に顕著である．日本法とEC法の双方が韓国法の主要モデルとなった．EC法と日本法は同じく，台湾競争法に影響を及ぼした．タイとインドネシアが近年に設けた法制に四つの法制度が影響を与えたことは明白である．しかしこれらの法制度のいずれをもモデルとして充分だと考えてはならない．

　第二に，ヴィクトリア会議で指摘したように，四つの法制度のいずれも独自の歴史的状況において形成された．周到に計画され，考えぬかれた論理整合的

な政策を示した法制は一つもない．いずれも，法律制定に必要な妥協と政治的調整の結果生まれた．あるいは，協定であるEC法の場合は，加盟国の承認を得るための妥協として生まれた．また，いずれの法制も，先進経済諸国の民主的政治体制あるいは経済のために設計されたものである．米国・日本・ドイツ・欧州共通に，強力な民間部門が発展した経済において競争法は設けられた．米国・日本・欧州の各自における第二次大戦末における公的部門と民間部門の相対割合をこのために詳しく評価する必要はない．また，政府介入が経済成果に影響した程度を認定しなくても，民間部門の活力が産業政策と公的援助に全面的に依存するものでないことはわかる．

これらの命題からだけによっても，普遍性，内在的優越性，あるいは先天的選好をこれら競争法制度のいずれにも置けないことが明らかである．したがって，現在のEC加盟国や加盟を目指す国々がEC法をモデルとするのは，EC域内の法統一性を望むことがただ一つの理由である．表面的価値からは，加盟国にとってEC競争法は，たとえばドイツ法あるいは日本法と比較してさえも，優れているあるいは適合しているわけではない．これらの観察から次に第二の命題を指摘できる．作ろうとしている法制度の目的と有効な実施方法のメカニズムを検討した後でなければ，どの競争法「モデル」が適しているかを判断できない．

競争政策は歴史的に二つの主要目的を持っていた．第一は経済目的であり，第二は政治目的である．競争政策の正統的な経済目的は効率の促進である．その目的は市場における価格決定力によって脅かされると主張される．「独占力」の獲得あるいは行使を排除することにより，競争政策は資源の適正配分を促進し，経済厚生の最大化に貢献する．純粋の経済学視点からは，独占力のあらゆる行使は望ましくない結果をもたらす．誰が独占力を行使するかはほとんど問題ではない．しかしこの点は，第二の視点——すなわち競争政策の政治・社会目的——の核心を構成する．「巨大ビジネスは悪である」と，ある意味では粗雑に主張されてきた．これが現すように，競争政策の政治的根拠づけは，第二次大戦後のドイツと日本に競争政策体制を確立しようとした米国の基本理念であり，両国での米国型「民主化」政策の不可欠要素であった．これらの政策，

そしてサーマン・アーノルド（フランクリン・ルーズベルト大統領時期の司法省反トラスト局長：訳注）の指揮下で活性化した米国反トラスト行政は，マルクス主義と自由市場主義を米国型に混合したものであった．ドイツと日本のファシズムは産軍複合体の産物だとするマルクス主義の視点を，米国ニュー・ディール主義者は肯定した．ドイツの集中産業体——クルップスやI. G. ファーベンス——そして日本の財閥を国際的好戦主義の仲間だとみなした．しかし欧州の社会主義者とは異なり米国ニュー・ディール主義者は，経済集中を「独占資本主義」の必然的帰結であり，国有化に導く望ましい事態であるとはみなさなかった．ドイツと日本そして米国本国での反トラスト改革主導者は，複数の民間企業が対抗しあう競争市場を，民主政治体制を発展させるための基本要素であると考えた．それにもかかわらず反トラスト改革者たちは，経済への政府介入をためらわず，公的独占を選好するかあるいは少なくとも許容した．非難すべきは民間の独占であり公的独占力や独占利益ではなかった．APEC諸国にとってはしたがって，この二群の目標のどちらをあるいは両方を目指すのかを最初に明確にすることが重要である．この問への解答のあり方によって，なすべき政策決定の多くが左右される．

　競争法目的について吟味するためにはまず，その国あるいは地域の産業構造と政治・法・行政能力についての正確なデータを集約する必要がある．その国あるいは地域の「競争条件」そして「競争法執行の条件」を正確に把握することが同等に重要である．これらのデータ収集と分析なしに競争政策の規制体制を創設すれば，望ましくない結果をもたらすことがほとんど確実である．

　現時点においてわれわれは，APEC地域における有効な競争法の性格について知らないことが多すぎる．このため，立ち入った提言をすることはできない．それにもかかわらず，現在のデータからいくつかの反証可能な提言をすることができるだろう．言い換えれば，APEC加盟国のいくつかにおける「競争条件」と「競争法執行の条件」についてわれわれは知識を有しており，そこから，有効な競争政策体制が備えるべき主要要素のいくつかについて提唱できる．

　米国と日本は様々な理由から別に扱わなければならないので除外すると，他のAPEC諸国は五つに大別できる．(1)北米と大洋州の英語圏・コモンロー諸

国——オーストラリア・カナダ（ケベック州を除く）・ニュージーランド，⑵韓国と台湾——東アジアの新興工業国，⑶東南アジアの発展途上国——インドネシア・マレーシア・タイ，⑷経済的に「自由化」した社会主義諸国——中国とベトナム，⑸アメリカ大陸のラテンアメリカ諸国——チリとメキシコが代表．

　オーストラリア・カナダ・ニュージーランドは，米国と共に，19世紀初頭と中頃における英国支配下に大部分形成された文化的・制度的経験を共有する．三国は米国と共にAPECにおける「西洋」諸国である．いずれの国もよく整備された政治体制と市場経済を有している．そして予想できるように，いずれの国もよく整備された競争法を有しており，米国と英国の法制を混合して借用し，自国独自の政治・経済制度に適応させている．三国の経済制度と一人あたり国民所得は類似する．三国とも豊かであり，一人あたり国民所得は日本にほとんど匹敵する．いずれの国も活発な第一次産業——農業・林業・鉱業——を有する．この点で三国はチリと共通する．実際，三国にチリを併せた人口（6,700万人）はタイ（6,100万人）よりもいくらか多い．しかし，韓国に台湾を併せた人口（6,900万人）よりもいくぶん少ない．チリを併せた四国は小規模で鉱物資源に富む農業国と概括できる．どの国も競争が活発な市場経済を有しており，相対的に有効な競争法がそれを支えている．これら諸国が小規模であり，また，深刻な競争制限には直面していないため，APEC競争法の議論においてこれら諸国の法制は対象にされてこなかった．参考になる政策のモデルとしてとりあげられたことはあったかもしれない．これは残念な事態である．というのは，この無視によりわれわれは，国毎の状況に応じた競争法適応についての最も意義のある実例を見逃すことになるからである．すなわち，地域の経済的および政治的条件を考慮した上で，望む成果を得るために競争政策を意識的に組み立て実施する実例を見逃すことになる．これら諸国からわれわれはまた，農林業・鉱業が支配的であり，かつ経済発展において外国からの直接投資が重要な役割を果たす経済への競争政策適用についての教訓を得ることができる．

　第二グループの諸国——韓国と台湾——も比較的近年に競争法制を設けた．

東アジアの新興工業国として二国は多くの共通性を有する．両国とも，帝政中国の文化的・政治的影響のもとに発展した．両国とも，日本の植民主義支配のもとに経済的・制度的変貌を遂げた．さらに両国とも，市場主導の経済発展は富をもたらすだけでなく，民主的政治制度・過程をもたらすとの大いに喧伝された主張を立証した．この主張をとくに共有するのは，中国の経済発展と世界経済への参加促進を歓迎する人々である．

韓国と台湾は産業構造にも共通面がある．日本とは顕著に異なるが，他のアジア経済とも共通する．家族支配の企業が多数を占める点である．両国のすべての民間企業は家族支配である．韓国の財閥（チェボル）と台湾における最大級の工業ネットワークを構成する企業でさえも家族支配である．両国において所有と経営は一体化しており，日本・米国そして欧州の「先進」経済諸国（および前掲の第一グループ諸国）とは異なる．

これら共通点にもかかわらず，韓国と台湾の政治経済は重要な点において異なる．この差が，両国における集中度と競争状況の差に顕著に影響したと考えられる．韓国ではパク将軍が指揮する国民政府が，日本をモデルとする産業政策を実施した．韓国政府は財閥類似のチェボル創設を奨励した．振興対象の産業に資本獲得を保証し，輸出を奨励し，外国資本による競争を排除して保護した．韓国特有の親族と権威関係が，血族に基礎を置く階級階層を形成するのに貢献したといわれている．これとは対照的に台湾では，経済への国家介入ははるかに間接的であった．台湾政府は輸出を奨励し，保護主義的政策を実施したものの，経済における政府の役割はより受動的であった．その上，韓国とは異なる親族関係と経済的依存関係が台湾では発展した．親族には基づかない経済関係がしだいに重要性を増し，親族的グループの中で競争上のあつれきをもたらした．このため台湾では韓国よりも，産業集中度が低く，企業間競争が活発とみうけられる．

残る三つの分類に属する国々は，競争政策目的からまとめて検討できる．すなわち，東南アジアの三大「発展途上国」——インドネシア・マレーシア・タイ——，「経済的自由」を達成した社会主義諸国——中国とヴィエトナム——，そしてAPECのラテンアメリカ諸国，中でもメキシコの諸国である．各国が

直面する課題と困難点は共通する．どの国も，自由でより開放的な市場経済を構築しようとして，驚くほど類似した制度改革を1980年代に開始した．先進経済諸国と同じく，経済の規制緩和と民営化に乗りだした．これら諸国はこのため，競争法制を経済改革の重要な要素とみなした．しかしながら，前述諸国の政治経済とは異なり，これら諸国は積極的国家（あるいは父性的支配者）介入の根深い伝統を共有する．どの国も活発で独立した民間部門を発達させなかった．手短にいえば，特定の経済階層を支援する政府介入をまぬがれた市場経済を，これら諸国は発達させなかった．さらにこれら諸国は，政治的選好ではなく消費者選好に基礎を置く企業競争を振興する法制――それを有効に実施する行政・裁判制度をいまだ構築していない．また，富の集中を減少させることによる民主主義手続き実施を目的とする法制をいまだ構築していない．これらの伝統を克服するか，あるいは乗り越える過程にあると評価できるAPEC諸国は，シンガポール・韓国・チリである．この三国は詳細な比較分析を実施する価値がある．

　経済における国家の役割を考慮すると，効率的に機能し，そして何よりも腐敗から逃れた規制・司法制度に欠けている場合には，現存および計画中の競争法制はほとんど確実に失敗する．新規参入と企業間競争を促進するかわりに，新体制の規制手段は，政治的に強力な企業と産業を優遇するように操作されてしまう可能性が高い．この条件においては競争法そのものが，効率的既存企業のイノベーションを妨げ，新規参入を妨げる規制上の障害になってしまいがちである．これら観察から，少なくとも次の一般的提言を導くことができるだろう．

1．APEC地域諸国の自由化目的からの競争政策が第一に対象とすべきなのは，競争を制限する政府施策であり，民間の競争制限的行動ではない．競争政策の施行責任者には，政府施策による参入障壁の中で弊害の大きいものを摘発して廃止する手段と意欲を有することが望まれる．既存事業者を新規参入者から保護する仕組みと効果を有する規制障壁に取り組むことが，なかでも重要である．競争政策当局はとりわけ，政府免許などの規制制度に介入すべきである．それらの規制制度は，参入障壁を形成するかあ

るいは，独占力の行使と濫用をもたらすからである．
2．競争法制は，行為規制の明確なルールと基準を設定するように制定するべきである．あいまいで広い裁量権を行政と司法にゆだねることはできる限り避けるべきである．消費者に明らかに害を与える行為に対しては，当然違法基準が望ましく，事件毎の判断を行政と司法にゆだねる「合理の原則」は望ましくない．
3．新規事業者が資本を獲得できるようにするための政府の積極策を実施すべきである．その施策のため，リスクの客観的評価，そして破綻事業を終息させるための法的・行政的仕組みを整える必要がある．
4．独立の競争当局を設立し，法あるいは経済の専門教育を受けた職員を含む専門家により構成しなければならない．競争当局は，競争者間取決め——参入を損なう特許など知的財産権取引を含む——の審査権限を備えるべきである．
5．垂直的制限——限定期間の再販売価格維持を含む——は，国内市場への新規参入者（外国からの既存事業者参入を含む）による場合には，合法を推定すべきである．
6．国際的協調体制——なかでも既存の競争当局との——を構築し，合併規制を国際的に調整すべきである．さらに，多国籍企業への行為規制，そして外国市場への新規参入を阻む企業間ネットワークに対処する国際協調体制を構築すべきである．

（翻訳：関西学院大学法学部教授　滝川敏明）

競争政策実施に関する国際協力

松 下 満 雄

1．経済のグローバル化と競争政策

　経済のグローバル化は最近始まったものではなく，ある意味では近代社会成立後継続している現象である．しかし，最近の経済のグローバル化の特徴はそのスピードが早く，大規模でありかつ広範であることである．このような流れの中にあって，企業活動は急速に超国家的，ないし国境横断的色彩を深めつつある．私企業は輸出，輸入，投資，技術移転等の方法によって国境をまたいで国際的に活動する．このような傾向は従来から存在したが，最近ガット等における貿易自由化の進展，電子通信技術の発展等によってこれが飛躍的に促進されるようになった．

　しかしながら現在においても主権国家は依然として現存しており，競争法等の規制法も原則としては国家法である．競争法の分野に限ってみても，各国の競争法規の内容は必ずしも同じではなく，また競争法の背景にある競争政策のあり方も必ずしも一致していない．しかし，かかる競争政策・競争法の分野における国際的不調和は世界経済の発展にとって有害である．競争政策・競争法の不調和の結果等，各国企業は不均等な競争条件のもとで競争することとなるが，これが通商上の紛争に発展することも少なくない．例えば，ある国において競争法の施行が不十分である結果，共同ボイコットを行っても競争法上の規制がないのに対して，他の国においては共同ボイコットに対しては厳格な競争法の規制があるとすると，前者の国における企業は後者の国の競争企業が輸出等の手段で前者の市場に参入する場合，ボイコットで対抗することができるが，後者の国の企業にはそのような手段は認められていない．このような事態においては，後者の国の立場からみるとかかるボイコットの許容はそれ自体が「非関税障壁」として映ることとなる．また，ある国においてカルテル規制が不十

分であるとすると，その国においては企業はカルテルによって超過利益を獲得して，それを原資として他国に不当廉売（ダンピング）を行うことができる．

　かかる問題点は1989年から1990年にかけて行われた「日米構造問題協議」において如実に示された．この協議において米側は日本市場の閉鎖性を指摘したが，その閉鎖性は単に関税障壁や輸入制限等の政府による制限にとどまらず，私企業の行う各種の制限行為（カルテル，ボイコット等）を示すものであった．日本政府及び民間としては米側の指摘するようなかかる制限行為の存在については反論もあったと思われる．しかし，この協議の結果日本政府は課徴金の引き上げ，流通ガイドラインの制定等を行ったのである．

　このほか例えば最近の米EU関係についてみると，2001年の夏にEU競争当局がGE/Honeywellの合併に対してこれをEU競争法違反として禁止したが，米反トラスト当局はこれを許容した．これに対して米反トラスト当局はEU当局の方針を批判しているが，この合併は米企業同士の米国内で行われた合併であり，しかも米反トラスト当局はこれに対して承認を与えている．これもまた競争政策実施の不調和から生ずる現象である．

　現代の競争政策・競争法の執行に関する基本問題の一つは，企業活動が高度に超国家的ないし国境横断的となっているのに，それを規制する競争法が依然として国家法であり，国家法としての制約の中にあるということである．しかし，いかに国際機関が発達しても，現在のように主権国家が自国法で経済を規制していくという方式はそう簡単には変わらないと思われる．

　以上の状況からみて，競争政策及び競争法の施行に関しては何らかの国家間の国際協力が必要であることは論を待たないように思われる．1947年にハバナ憲章（国際貿易機関憲章）が提案されたときに，この中には競争政策に関する章（第五章）が含まれており，これによると国際カルテル等広範な国際的競争制限行為に対して規制が行われることとなっていた．ハバナ憲章自体が発効しなかったので，この第五章も日の目を見ることがなかったが，ガットの前身であるハバナ憲章においてすでに起草者の思想の中には国際的競争制限の規制の構想があったことは特筆に値することである．

　その後国際的競争制限に対処するために各種の国際機関が活動を行ってい

る．顕著なものとしては，OECD及びUNCTADがあるが，特に前者は国際的競争制限に対して各国がいかに協力すべきかについて各種の提案を行い，また加盟各国間の協議や相互通報制度を設け，さらに各種の報告書を出すなど活発な活動を続けている．1997年のWTO閣僚会議（シンガポール閣僚会議）においてはWTO加盟国は「貿易と競争に関する研究グループ」を発足させることに決定し，それ以降このグループは報告書を提出する等の活動を続けている．そして，2001年にカタールのドーハで開催されたWTO閣僚会議においては，競争政策がアジェンダの一つとして取り上げられている．現在のところ果たして交渉が行われるか，行われるとするといかなる形のものとなるかは不透明である．しかし，このことはWTO加盟国の間に競争政策に対する関心が高まっていることを示すものである．

2．競争法の施行における国際協力のあり方

1．二国間，地域的，複数国間，及び，多角的協定

競争政策・競争法に関して各国が協力する場合に，二国間，地域的，複数国間，及び，多角的協定などのいろいろな方式がある．これらについて概観する．

二国間協定とは二国の間で結ばれる競争政策に関する協定であり，EU等若干の例外を除き現在行われているのはこの方式である．例えば，日米独禁協定，米EU独禁協定等がその典型的なものである．おそらくは現在これが可能な方式であろう．二国間協定は当然ながら二国にしか適用されないので，それなりの限界はある．しかし，二国間協定は締結が比較的的容易で，しかも二国に固有な問題を取り扱うことができる．さらに二国間協定が多数締結されることによって，将来複数国間協定または多角的協定が締結される基盤が形成されることが予想される．このように二国間協定には種々の制約があるにもかかわらず，現状ではこれを推進するのがもっとも効果的な国際協力のあり方である．

地域的協定の中でもっとも成功しているのはEUである．しかし，EUはヨーロッパという文化的，歴史的，宗教的に共通点を多数有する地域の国間の共同体であり，単に競争政策のみに関するのではなく，関税や輸入制限，人に移

動の制限の撤廃等，いわゆる「四つの自由」を実現するためのものである．この点からみると，果たしてこのEU方式が国際的に適用できるかについては疑問があろう．例えば，アジア地域において地域的協定を結ぶとすると，それはAPECに示されるような非拘束的な協力協定であろう．

　複数国間協定とはある一定の数の国が集まって協定を結ぶ方式である．これはWTOや国連のように世界の大半の国が集まって国際機関を形成するというのとは異なって，10カ国又は15カ国程度が集まって締結する協定である．現在のところ競争政策の分野において複数国間協定はないが，将来はありうる方式である．例えばもし仮にWTOの枠内で競争政策に関する協定を締結しようとすると，複数国間協定で非拘束的な協定とするのが現実的であろう．

　多角的協定は，競争政策の分野において例えばWTO協定のような大規模のものを制定しようというものである．おそらくは競争政策の分野についてのみ多角的協定を結ぶのは不可能で，WTO協定の一環として競争政策に関する協定を盛り込むということであろう．しかし，現在WTOにおいても全加盟国144のうち，競争法を有するのは80カ国にとどまる現状から見ると，非拘束的協力協定が唯一の可能性であろう．

2．ハード・ローかソフト・ローか

　ハード・ローとは拘束的協定であり，当事者は当該協定に規定してある権利を行使できる義務を負い，協定の規定を遵守しない場合には協定違反の責任を問われることとなる．ソフト・ローとは非拘束的協定で，規定してあることは訓示的，道義的なものであり，法的義務を課するものとはいえない．

　現在存在する競争政策に関する協定はそのほとんどが非拘束的協定，すなわちソフト・ロー（例外はEU）である．例えば，多数ある二国間協定のすべては非拘束的協定である．日米独禁協定においては，両国の独禁当局間の通報，情報交換，調査ないし捜査の際の相互協力関係等が規定されているが，いずれの規定も訓示的，道義的な性格のものであり，これに違反した場合にも，特に法的義務が生じ何らかの制裁が生ずることはない．多国間協定の例をとると，OECDにおいては加盟国の独禁当局が他の加盟国の企業に対して措置をとり，

又は何らかの意味で当該国家の利害に影響を与える措置をとる場合には，事前に当該国家に通知をすることとされている．しかし，これも訓示規定であってこれに違反すると何らかの制裁がある等のことはない．

これに対して，EU競争法は拘束的協定（ハード・ロー）であって，加盟各国はこれに反する国内法を制定することはできず，またある場合にはこの共同体法を適用しなければならない．

二国間協定のような非拘束的協定は，その法的性格は訓示規定であっても実際上遵守されている．そして，OECDの事前通報に関する決議もまた遵守されており，いずれも重要な役割を果たしている．ここからみると，競争政策の実施のための国際協定は必ずしも義務的，拘束的なものである必要はなく，非拘束的協力協定でも十分にその目的を実現できるということができる．重要な点は拘束的協定を締結するか，又は非拘束的協定を締結するかという形式の問題ではなく，実質上参加国の間に競争政策の実施に関するニーズがあり，その内容の実現に関して合意があるかである．

3．積極的礼譲

積極的礼譲とは，ある国家が他の国家のために自国の国内法である措置をとることである．競争政策の実施については，例えば次の例をあげることできよう．例えば，甲国において企業が国際カルテルを行い，これによって乙国の市場に対する輸出を制限し，又は同市場における価格を引き上げる等をする．しかし，乙国の独禁当局には自国の競争法でこれを取り締まるための管轄権がない．又はあるとしても，域外適用を行わなければならず，法的に困難がある．このような場合，乙国の独禁当局が甲国の独禁当局に何らかの措置を請求し，甲国の独禁当局が自国法に基づいて当該国際カルテルに対して措置をとるというものである．

この方式は米EU協定に含まれるものであり，また日米独禁協定にも含まれるなど多くの二国間の協定に含まれている．積極的礼譲は国際的競争制限行為に対処するための方式としては，一定の制約もあるものの有効な手段である．第一に，国際的な競争制限の行為主体が自国内に存在しない場合には，これに

対し自国の競争法を適用することは困難な場合が多い．米国，EU及びドイツにおいては，かかる場合に競争法の域外適用によって対処してきている．しかし域外適用は労多くして効少ない方式である．域外適用をする場合には，どうしても域外にある文書等を証拠として入手しなければならないが，これが不可能な場合も多く，外国で行われた行為が自国の実体法上違法であるとしても，手続の執行が不可能なこともある．また，域外適用によって被適用者の所属国との間で主権侵害の問題が生ずることもある．

以上のような状況を考えると，積極的礼譲によって違法行為者の所在国が自国法を適用する方式は，域外適用を回避ししかも有効な競争法の国際的執行を確保するために重要な方式であるといえよう．しかし，この方式には限界もある．この方式が有効に機能するためには，問題となる行為が当該国内法を発動する国においても違法であるか，またはこれに対して規制措置を発動することの合目的性が認められていなければならない．

例えば，前述のGE/Honeywell事件においては，当該合併は米反トラスト法では問題がないとされていたにもかかわらず，EU競争法において違法とされた．この場合，EUが米国に対して自国法でこの合併を禁止させようとしても，かかることは実現されえないであろう．また，これよりさきボーイング・マグダネルダグラス社の合併事件においても，米国で認められた合併がEU当局によって違法とされた（もっともこの事件においては，ボーイング社側の譲歩によって合併形態を変更し，合併は結局認められた）．これらの例は，積極礼譲主義の限界を物語るものである．

しかし，以上のような限界にもかかわらず，積極礼譲は有用な方法である．これを二国間のみならず，複数国間ないし多国間協定に盛り込めばその効果はいっそう大きなものとなろう．

4．競争法施行における調査協力

多くの二国間協定においては，独禁当局間の調査協力が定められている．これらの協定は前述のように拘束力のあるものではない．また，これらの協定においては，情報交換の規定は置かれているものの，秘密扱いの資料の交換まで

は定められていない．現状では秘密情報を除く情報の交換，提供にとどめるべきであろう．しかし，これだけでも違反摘発の端緒となることがあり有用である．しかし，今後は秘密情報の交換まで進めるか否かが重要な検討課題であろう．

　この点で興味あるのは，1994年に制定された米国際反トラスト執行援助法である．この法律によると，米反トラスト当局は外国の競争法違反の摘発に資するために，米法によって米国内にある企業に対して強制調査権を行使しうるとされている．すわなち，米企業が米国で活動し，これが外国に悪影響を与える場合，米国は自国法によってこれらの米企業に対して強制権限を行使して調査を行い，調査結果を当該外国執行当局に通知し提供するということである．ただしこの法律が発動できる要件は当該外国においても類似の法律があり，調査及び調査対象となる資料の秘密性が確保されていることである．これは積極礼譲を法制化したものということもできよう．この法律の真の目的は外国にも同様の法律を結ばせて，国際カルテル等の摘発を活発にし，またこれに関係して秘密資料の相互交換を盛んにすることにあると考えられる．

　なお，日米租税条約26条においては，徴税の面において日米の租税当局は相互に秘密情報を交換し，脱税の防止に役立てることができるとしている．この際に，租税当局はこのようにして入手した情報は徴税の目的以外に用いてはならないとしている．同様な条約を二国間ベースで競争政策の分野において結ぶことはできないものか．

3．競争法のハーモナイゼイション

　競争政策分野における国際的協力の前提条件は，各国国内政策及び国内法がある程度において近似していることである．そこで各国の競争法の調和をいかに図るかが課題となる．この問題について一瞥しよう．

1．実体法的調和
　各国競争法の内容はカルテルの原則禁止やボイコットの原則禁止においては共通点があるといえるが，適用除外，合併規制，垂直的制限の規制等において

は多くの差異がみられる．例えば，EUにおいては，加盟国ごとの垂直的テリトリー制限は当然違法（又は原則違法）とされているが，米反トラスト法や日本独占禁止法においてはこれは合理の原則によって律せられる．また，発展途上国の多くは，競争法を有する国においても産業政策及び開発政策の面において除外を認めている．これらの差異は各々の国の産業経済の実態，歴史的背景，政治情勢等各種の要素の組み合わせの結果であり，これらの要素が各国において均等化しない限り，法及び政策の完全な調和は困難である．

そこで，当面はできる範囲で調和を図るべきであろう．コンセンサスがある程度ありうるのは，ハードコア・カルテルとボイコットの原則禁止であろう．これ以外の面については，国際ルールを設定してこれを各国に押し付ける（特に発展途上国に押し付ける）ことは非現実的であり，政治的にも不可能であろう．このような状況にあって重要な点は，国際カルテルの禁止の原則である．国際カルテルは先進国や発展途上国の双方の市場，経済に悪影響を与えるものであり，この原則禁止を各国の競争法に導入することはまことに有益である．

これから行われるWTOのドーハ・ラウンドにおいて競争政策に関する協定の導入をするか否かについて交渉が開始される可能性があるが，かかる場合に，第一に候補としてあげられるべきことは国際カルテルの禁止であろう．国際カルテルは貿易を制限するものであるので，WTOの目的から見てもこれを禁止することは重要な課題である．

2．手続法的調和

手続面に関しては，EU及びヨーロッパ各国において行われているような行政機関を中心とする執行方式（制裁金の賦課等）と米国におけるような司法を中心とする執行方式の差異がある．かかる差異は各国の法的伝統に根ざすものであるので，両体制を接近させることは困難であるのみならず，おそらくはは望ましくもないであろう．司法的手法にせよ，行政的手法にせよ，ともかく競争法が強力に執行されさえすればよいわけであるから，施行体制の違いを不必要に重要視する必要はない．

しかし，競争法執行における基本的な原則はいくつかあり，これらを遵守さ

せることはきわめて重要である．これらはひと言でいえば「適正手続」ということであるが，具体的には，無差別平等原則，内国民待遇原則，手続の透明性，公正性等である．これに関連して，執行機関の決定に対して審査をする体制の整備をもあげることができよう．また，競争法違反に対する苦情申し立ての機会を確保することも重要である．

　無差別平等原則と内国民待遇の原則は競争法に内在する原則であるといってよく，これらを導入することについては特に問題があるとは思われない．また，手続の透明性，公正性等に関しても，かかる適正手続的要請は各国の産業政策や開発政策とはあまり関係はなく，各国の政策の差異によって導入が困難であるというものでもない．したがって，これらについてはある程度国際協定によって義務化することができるであろう．

　ただし，かかる手続的要請の実現は単に競争法の分野にはとどまらず，国家の司法制度全体の問題であることも注意すべきである．この点は特に発展途上国の場合には重要である．発展途上国の場合には，未だに法的インフラが整備されていない場合もあり，かかる場合に，競争政策の面についてのみ適正手続を導入させるのは無理であろう．かかる場合には，当該国家の法的インフラ全体の整備をも念頭におかなければならない．この点においては，これは競争当局の管轄を超えた問題であり，発展途上国に対する法的援助の一環として位置付けられる必要がある．

　最後に競争法の手続的調和に関して，企業合併の届出制度について触れるべきであろう．現在約60カ国程度の国において何らかの意味における合併や株式取得に関する届出制が実施されている．現在のいわゆる国際的メガマージャーにおいては，合併当事者は複数国の独禁当局に当該合併について届出なければならず，しかも各国の届出で要件が異なっている．そこで，この合併・企業結合の届出の様式を調和できれば企業コストの削減につながることとなる．おそらくはこれは二国間協定では手におえない問題であろう．これが主として先進国間の問題であることにかんがみて，これ単独で一定の国家間（おそらくは先進国）で複数国間協定を結ぶことも検討されてしかるべきではなかろうか．

競争法と国際私法との関係について：国際私法はどこまで国際的競争行為を規制できるか？

山　内　惟　介

> "絶対的なものを望む者はすべて主観性と自己中心性を甘んじて受けなければならない．また客観的なものに心引かれる者は，すべて相対性の問題に直面する"[*]

I　はじめに

1．問題の所在

　競争法[1]にとって国際私法はどのような意味を持つか．また，国際私法上，競争はどのように規律されるべきか．これらの問に対して，統一的な解答を与えることはできない．それは，ここでの解答が，問題提起者自身が前提とする国際私法の定義の内容に左右されるものだからである．先行文献にしばしば見られるのが「市場地法への連結」[2]という表現である．その念頭にあるのは，双方的独立抵触規定による規律である．他方で，「競争法の域外適用」という表現も頻出する．そこで考えられているのは，国内競争法の適用対象を国外で生じた事実へ拡大することであり，その趣旨は国内競争実質法の渉外事案への直接適用にあろう．後者はもともと抵触法的規律ではなく，実質法的規律である．ただ，この場合でも，国内競争実質法の適用根拠が抵触法的に説明されるときは，国際私法の規律対象とされよう．

　国内裁判所における内外国競争実質法の適用過程をどのように説明すべきか．この点も一律に決めることはできない．それは，この点の判断基準が論理でなく，論者が構想する政策にあるからである．論者が法廷地国及び外国の競争政策をどのように理解し，どのように実施しようとするかを考えるにあたって使用されるのが，競争実質法として表現された内外国の判断基準であり，それら判断基準の利用範囲の限定に関わる適用基準である．通常，適用基準は裁

判例や行政先例の形式を採る．適用基準にも言及するのは，判断基準が同一でも，適用基準が異なれば，判断基準の解釈結果に差異が生じ得るからである．

本稿の目的は，内外国競争実質法の適用過程を国際私法的にどのように説明できるかを明らかにすることにある．競争法学者は競争の条件について論じるのであり，競争それ自体を否定していない．競争の対象には内外諸国の競争実質法及び競争抵触法も含まれる．内外国実質法の併存を承認する場合には，法発展の歴史が示すように，それらの間での適用順序を決定する国際私法への言及が不可欠である．「国際経済法への道は抵触法を経由する」[3]というフィーケンチャー教授の指摘もこの意味で理解されよう．

2．叙述の順序

以下では，国際私法の定義に際して用いられた複数の視点がまず明らかにされる（Ⅱ）．次に，内外国競争実質法の適用過程を国際私法上どのように説明できるかという点について，複数の可能性が示される（Ⅲ）．さらに，内外国競争実質法の国際的調整の現状を踏まえて，どのような国際私法的説明が行われているかという点が明らかにされる（Ⅳ）．こうした段階的説明を通じて，競争法にとって国際私法はどのような意味を持つかという当初の問題提起の意義が明らかになり，ひいては，しかるべき競争政策を実現する上で，どのような規律方法が採用されるべきかを考える契機が提供されることとなろう．

Ⅱ　国際私法の定義

1．法の特質

国際私法の定義を明らかにする前に，法一般の定義を想起することが有用である．それは，国際私法も法一般の定義を前提としているからである．一般に，法は社会統制の手段であると説明されている．この表現は，複数の利益主張間で優先順位を決定する判断基準が法であるということを意味する．どの判断基準（法規）も，最終的に実現される結果を示す法律効果と，そうした法律効果を実現するための制約条件を述べる法律要件との2つから成る．

法の構造，それゆえ，判断基準の構造は，それ自体，価値中立的である．こ

れに対して，法律要件及び法律効果として表現された文言自体には立法者の政策的判断が含まれている．立法理由書を通じて各法規の立法趣旨を調べれば，立法者がそれぞれの時代環境に合わせてどの利益を優先しようとしたかをわれわれは一通り認識することができる．

　法はいろいろな機能を有する．その1つは，裁判規範である．その意味は，裁判所が紛争解決の判断基準として法を利用するという点にある．また，法は行為規範でもある．それは，裁判所が判決を通して実際に示した適用基準を調べることを通じて，利害関係者が判決に示された枠組みに則して行動するからである．裁判規範としての判断基準を解釈するのは，裁判官である．行為規範としての判断基準を解釈するのは利害関係者である．両者とも，当該判断基準の法律要件及び法律効果の文言を解釈する．解釈の際には，各判断基準の適用基準をも考慮しなければならない．

2．国際私法の定義

　国際私法とはどのような分野か．この問は，他の諸分野と同様に，多数の争点のうち，最初の課題（アルファ）であり，最後の課題（オメガ）でもある．αは空の器に相当し，Ωは器に盛りつけた状態にあたる．先行文献では，対象と方法と目的に着目して，国際私法を定義する．それによれば，国際私法の規律対象は渉外的私法関係であり，国際私法の規律方法は抵触法的規律であり，国際私法の目的は国際的規模での正義の実現と法的安定性の確保である．

　(1)　対象について：渉外的私法関係とは何かという問に対する解答も1つではない．国境を越える私法関係という答は1種の同語反復である．狭い定義によれば，国内の民法及び商法が規律する範囲に対応する国際的部分に限定される．より広い定義では，民法の雇用契約に対する特別法としての労働法の規律対象，民法の売買契約に対する特別法としての消費者契約法の規律対象，民法に対する特別法としての製造物責任法の規律対象なども渉外的私法関係である．「渉外的私法関係」という表現の前提には私法と公法の区別がある．国内法における私法と公法との区別は渉外的法律関係における私法と公法との区別と一致するか．肯定説と否定説とがある．それは，私法と公法との区別を論理

で決めることができないからである[4]．これに加えて，「渉外的私法関係」に手続法上の諸関係（裁判管轄権，外国裁判の承認執行など）を含めるべきか否か．紛争解決システムを総合的に把握しようとすれば，実体的法律関係と手続的法律関係とを結び付けて理解しなければならない．さらにまた，法源の形式を考えると，国際私法は国際公法とも接点を持つ[5]．結局，競争に関する渉外的法律関係が国際私法の対象であるか否かという点も一律に決められない．

(2) 方法について：抵触法とはどのような規律方法かという点も1つの争点である．通例，抵触法的規律の反対概念は実質法的規律である．多くの説明では，実質法は，当事者が損害賠償請求権を有するか否か，消滅時効にかかっているか否かなどを直接に決定する．抵触法は，内外国の実質法の中でどの実質法が判断基準かを決める．抵触法には複数の種類がある．その1つは，独立抵触規定である．これは，内外国の実質法中でどの実質法に判断基準としての根拠を与えるか「を直接に決める」法規である．他の1つは，従属抵触規定である．これは，独立抵触規定の適用基準である．抵触法が独立抵触規定と従属抵触規定とを含むとき，抵触法は，どの実質法に判断基準としての根拠を与えるか「に関する」抵触規定であると定義される．従属抵触規定は複数の種類に分けられる．多数法国法への指定，代用連結，反致，先決問題，公序条項などである．実際の国際私法典では，明文規定が置かれるものと置かれないものとがある．この表現上の違いは，国際私法の方法的定義の相違をもたらす．

(3) 目的について：国際私法の目的は何かという問は，法の目的は何かという問いを国際私法に固有の表現で言い換えたものである．法の目的は正義の実現，法的安定性の確保などであるといわれる．これらの目的は国際私法の目的とも一致する．しかし，これらの表現は抽象度が高いので，その解釈を必要とする．どのような状態を正義に叶うというべきかという点には論者の世界観が反映する．法的安定性（予見可能性）は判断の統一性を意味する．そこでは，判断の統一性をどの範囲で考えるべきかという問が生じる．判断の統一性を一国内でのみ考慮する（国内事件処理と渉外事件処理との同一性，アメリカとの間での渉外事件処理と中国との間での渉外事件処理の同一性など）か，国境を越えて考慮する（日本における渉外事件処理とアメリカや中国における渉外事

件処理との同一性など）か，どの国との間で判断の統一性を考えるか，これらの問に対する解答がどの範囲で国際私法の目的を達成すべきかという点の答を決定する．これに加えて，どの範囲で国際私法の目的を達成すべきかという問に対する解答は国際私法の規律対象の決定基準にも左右される．さらにまた，どのようにして国際私法の目的を達成すべきかという点は国際私法の規律方法の内容に影響されている．

このように，国際私法の定義を決定しようとすれば，多くの前提的問に対する解答が必要となる．しかし，どの問から始めるべきかという点も1つの争点である．鶏と卵との関係がここにも生じている．

3．国際私法の諸規律方法

多くの文献は，国際私法の規律方法を抵触法と呼ぶ．抵触法は，どの利益を優先すべきかを直接決める実質法（一時的基準，直接的基準）をどれにすべきかを決定する二次的基準（間接的基準）である．どの個別的法律関係を取り上げるかを決める部分は単位法律関係と呼ばれる．判断資格を付与された実質法は準拠法と呼ばれる．準拠法を決める基準は連結点と呼ばれる．単位法律関係と連結点との組み合わせから成る判断基準を独立抵触規定という．

独立抵触規定の連結点の文言を解釈すると，通例，準拠法を決めることができる．独立抵触規定の文言を解釈しても準拠法を決められないときには，準拠法を決めるための修正装置が必要となる．この修正装置を従属的抵触規定と呼ぶ．準拠法とされた外国実質私法の適用を排除するための安全弁，すなわち公序条項は従属抵触規定の代表例である．公序条項は，抵触法の構成上，例外といわれる．公序条項を使わずに，外国実質私法の適用を排除するためには，どのような技術を付加すればよいか．こうした関心から，その後，上記の抵触法的規律とは異なる規律方法が提案されてきた．これらの方法の差異を見つけるには，実現されるべき法律効果に注目すると最も分かり易い．

第1に，一方的抵触規定の構成がある．連結点が1つの国（特に法廷地国）に固定されている独立抵触規定を一方的抵触規定という．一方的抵触規定は，適用可能な実質法の中から特定国（特に法廷地国）の実質法を優先的に選んで

準拠法とする．そこには，法廷地国実質法が定める法律効果の実現という政策的関心事が先行する．これに対し，連結点を特定の国に制限していない抵触規定を双方的抵触規定と呼ぶ．そこでは，国内実質法と外国実質法とが同列にある．独立抵触規定という構成を採りつつも，双方的抵触規定という構成を否定するために採用されるのがこの一方的抵触規定という方法である．

第2に，抵触法的規律の枠内で，2つの独立抵触規定を適用する構成がある．一般的連結と特別連結の2つである．通常の独立抵触規定による規律を認めた上で，一般的連結により指定される準拠法の適用結果を排除するために，新たに優先すべき法律効果を特別連結により指定される準拠法によって創設する．後者を前者に優先させる根拠は「特別法は一般法に優先する（lex specialis derogat lex generalis)」という抵触規則である．特別連結を認める独立抵触規定の法律要件（単位法律関係）と法律効果（連結点）をどのように表現するかは論者の任意の判断に委ねられる．国際契約法における強行的債務法の特別連結がその例である．

第3に，抵触法的規律から離れて，実質法的規律が行われる場合である．渉外実質法の直接適用というのは規律方法に着目した説明であり，任意的抵触法というのは抵触法的規律を排除するための説明である．ここでは，最終的に実現されるべき実質法上の法律効果を設定し，当該法律効果をもたらす実質法に適用根拠を与えるために，そうした結果が実現するように，当該実質法規の法律要件を弾力的に（恣意的に）解釈する．

第4に，私法の規律対象から公法の規律対象への移行という形式がある．私法的規律の領域では内外国私法間の互換性が承認されており，その結果，外国私法の適用を排除するためには公序条項の適用などのしかるべき説明が必要とされた．これに対して，公法的規律を行うときは，当初から国内法が想定する法律効果を強制的に実現することができる．その根拠は「公法の属地的適用」という原則に求められている．公法と私法との限界はどこか．この点は政策的に判断される．

上記4つの説明のうち，古典的方法，すなわち，従来から認められていた部分を「私法的」抵触法と呼び，追加された部分を「経済法的」抵触法と呼ぶこ

ともある.「経済法的」という表現で何が意味されているかという点は曖昧である.最終的に実現すべき実質法的法律効果の内容を最初に分析すれば,論者がなぜそのような説明方法を採用しようとするかを推測することができる.抵触法の枠組みを維持すること,従来の双方的独立抵触規定の方法を採らないこと,これら2つを同時に主張するために,「経済法的」抵触法という新しいカテゴリーを示す表現が必要となった.

4. 適用順序

　上記の4つの規律方法間での優先順位はない.その結果,解釈者は自由に規律方法を選ぶことができる.これに対して,実質法と抵触法との間での適用順序は,法源に関する一般的な原則によって決められている.すなわち,統一法が第一順位を占める.それは,統一法の存在意義から明らかになる.統一法の中では,統一実質法が統一抵触法に優先する.それは,実質的規律が間接的規律よりも効率的解決策を提示するからである.統一法がないときは,国家法による.国家法の中では,抵触法が実質法に優先する.実質法自体が自己の適用根拠を述べていないときは,抵触法が実質法に適用根拠を与えると考えるからである.さらに,公法と私法との間での優先順位も考えられなければならない.この点は公法の法律要件の内容に左右される.公法の法律要件に,私法の適用が前提とされていれば,私法の適用後に公法が登場する.そして,公法による規律の効果が私法による規律の効果に優先する.公法の存在意義は私法的規律の修正にあると考えられているからである.公法と私法とが同列で別個の対象を規律するときは,両者は交錯しない.

　上記の説明を要約しよう.まずは,公法が優先する.次に,私法的規律の中で,統一実質法,統一抵触法,国内抵触法,国内実質法の順に法源となる.しかし,この順序がいつも採用されるとは限らない.それは,公法と私法との限界をどのように区分するかの基準,私法上の4法源の限界をどのように決めるかが論者の解釈により左右され得るからである.

5. 国際私法の範囲

　国際私法の規律対象に，競争法は含まれるか．例えば，合併の1つの方法である株式の交換を内容とする売買契約は私法上の行為である．これに対して，売買の仕方や数量などを規制する行為の正当性を認める判断基準は私法上の強行法規か，それとも行政法規か．競争法の定義の内容に応じて，2つの可能性が併存する．国際私法の対象として，当事者が対等な関係にある狭義の私法関係を考えるときは，競争法は国際私法には含まれない．それは，競争法では，対等な関係にない局面が取り扱われているからである．これに対して，差止請求や損害賠償請求など私法的規律の対象以外にも，競争政策実施官庁の組織及び権限など行政法的局面，刑事罰など制裁を取り扱う経済刑法的局面などをも私法的局面と併せて一体として取り扱うべきであると考えるときは，広義の国際私法が考えられる．そこでは，公法と私法との分類は国内的分類基準と位置付けられ，渉外的法律関係については公法と私法との区別が否定される．以下では，後者の立場が前提となる．

　公法と私法の分類を国内法における区分とし，渉外的法律関係を一体として規律する立場でも，国内法上の公法的法律関係に対応するものと私法的法律関係に対応するものとを一体とするか区分するかが次の争点となる．後者の場合，両者の取扱いをどのように変えるか，そのことをどのように説明するかが新たな争点となる．

III　競争法の適用と国際私法

1. 競争法の法的性質

　競争法は，競争当事者（外国事業者を含む）間の法律関係を直接に規律する他，競争当事者と一般消費者との関係などをも規律する．営業活動に対する監督官庁の許認可，公開・報告の義務付け，企業結合の禁止，経済監督法違反行為の処罰など，競争法には，競争秩序制度の構成と当該秩序違反への処罰も含まれている．競争法が秩序維持的性質を有するのはこのためである．このように，競争法には，民事法，行政法，刑法といった異なる種類の性質を有する法規が混在する．この点は日本の独占禁止法にもみられる．「第1章　総則」か

ら「第6章　適用除外」までは行政規制法である．「第7章　損害賠償」は民事法における不法行為法の特則とみることができる．「第8章　公正取引委員会」は行政組織法と行政手続法であり，「第9章　訴訟」は行政訴訟法，「第10章　罰則」は刑法である．

　こうした相異なる性質の実質法規から成る競争法の適用にあたり，いずれか1つの性質に固有の規律方法を採用し，その他の法規をそれに合わせて規律するという手法を採用すべきか否か．この点も1つの政策的判断を要する問題である．取扱いを異にする複数の性質をいずれか1つに統合することに賛成する立場では，どの方法に統合すべきかが問われる．各法規の性質を顧慮するときは，当初から別個の規律方法が承認されるが，結果の不適応に関する調整如何という課題が付加される．いずれの場合も，しかるべき根拠の探求が求められる．国内競争実質法の域外適用をいかに説明すべきかもこの課題に属する．

2．競争法の適用過程に関する国際私法的説明

　競争に関する内外の実質法を渉外的法律関係に対して適用しようとする場合，どのような説明が可能か．その説明は以下の2つに大別される．

　1つの説明は，競争実質法の適用根拠を当該実質法規自体に求めるものである．その根拠は実質法規それ自体の立法趣旨に求められる．立法趣旨の内容は何か．実質規定中に独立抵触規定が含まれているという解釈はその一例である．他方は，独立抵触規定を媒介とせずに当該規定をそのまま適用するため，その規定が渉外実質規定だという説明である．

　これに対して，当該実質規定以外に，適用根拠を付与する規定を求める方法がある．その1つは，独立抵触規定を他に特定する方法である．そこでは，当該規定が内外国法秩序間での互換性を持つ私法に属するという理解が前提となろう．国内（法廷地）の独立抵触規定を媒介として，当該実質規定に適用根拠が与えられるという過程が辿られる．他の1つは，当該実質規定が公法に属するという説明である．公法への分類により，当該規定が直接に適用されるのは，公法の属地的適用という法適用原則に依拠するからである．内外国私法間での互換性が認められ易い損害賠償請求については双方的独立抵触規定への依拠が

容易に肯定されよう（法例11条）．行政規制法・行政組織法・行政手続法については公法の属地的適用が根拠となろう．行政訴訟法関連規定は，公法の属地的適用の他，「手続は法廷地法による」という手続に関する独立抵触規定にも根拠を求めることができよう．

3．国際私法と競争政策

以上の説明から明らかになるように，国際私法という規律システム自体は競争政策[6]に対して本来的に価値中立的である．諸国の国家法上，また国際統一法として，どのような内容が競争実質法規や競争抵触法規に取り入れられているかに応じて，競争政策の実現過程に関する国際私法的説明にも相違があり得る．

競争に関する双方的独立抵触規定を考える立場は，内外国競争実質法の互換性を前提とする．そこでは，競争実質法に適用根拠を与える独立抵触規定の法律要件及び法律効果の解釈に際しても，互換性という趣旨を最大限に活かして，外国競争実質法の適用を広く認めることがまず期待されている．それゆえ，競争行為に対する規制を「市場法」に連結するという表現は，法廷地の競争実質法と市場地の競争実質法との間に価値的互換性があるという判断を通じて，市場地の競争実質法を法廷地でも実現するという政策的判断の実在を意味する．

逆に，法廷地の競争実質法を直接に適用する構成が主張されるときは，法廷地では法廷地競争実質法が掲げる競争政策を無条件に優先するという政策的判断が存在する．こうした判断を後から説明するための方法は複数存在し得る．すなわち，第1に，競争法は公法である，第2に，競争法は渉外実質法である，第3に，法廷地競争実質法への指定を行う一方的独立抵触規定が適用される，第4に，法廷地競争実質法への指定を行う双方的独立抵触規定が特別連結される，これら4つの説明がそうである．従属抵触規定である公序条項や反致条項が使われる可能性もここに追加される．

競争政策はあくまでも直接的判断基準たる実質法に明言されるものである．それは，どのような価値に優先順位を認めるかが実質法の中に述べられているからである．これに対して，一定の政策的評価を述べる複数の実質法のうち，

どれを優先するかを述べる抵触法も価値選択という点で決して価値中立ではなく，国際私法にもどのような競争政策を優先すべきかの政策的判断が反映されている．ただ，抵触法の場合，政策の実現に間接的にのみ関連する．日本の場合，明文の独立抵触規定は存在していない．競争に関する渉外的法律関係の規律に際してどのような国際私法的説明が可能かは，結局，論者の解釈に委ねられている．

4．個別的事例

以上の概括的整理は，若干の立法例を通じて以下に補足されることができる．

著名なドイツの競争制限禁止法98条2項は「本法は，当該競争制限禁止行為の契機が本法の施行範囲外で惹起されていたときといえども，当該競争制限行為の効果が本法の施行範囲内で生じているときは，すべての競争制限行為に対して適用される」と定める[7]．同項を公法上の規定とみるのは，同法の国内での絶対的適用を確保しようとするからであろう．また，同項を渉外実質法と解するのは，同項中「当該競争制限行為の効果が本法の施行範囲内で生じているとき」という文言に，適用根拠を述べる法律要件部分としかるべき実体法的法律効果を発生させるための法律要件部分とが併存していると解釈するからであろう．さらに，同項を一方的抵触規定と捉えるのは，同法全体を実質法とみて，同項にそうした実質法に適用根拠を付与する趣旨が盛り込まれていると解釈するからであろう．このように，まったく同一の規定を対象としながらも，その適用過程の説明には差異が生じ得る．同項を国際私法規定とみるか否か，同項の適用過程を国際私法的説明でカヴァーできるというか否かはすべて論者の前提的理解の内容に左右される．

こうした説明の多様性はその他の規定にもあてはまる．スイスの保険監督法3条1項は「本法の監督に服する民間保険機関とは，スイス国内でまたはスイス国内から指揮され，直接的事業または再保険事業で活動するものをいう」と定め，何がスイス国内での直接的事業に含まれるかを連邦政府が判断する旨を付言する．また，スイスの証券取引所法10条もスイスで証券事業者として活動

しようとする者は監督官庁の許認可を必要とすると定め，スイスで活動しようとするものの，スイス国内に法人住所も支店も持たない証券事業者に許認可を与える要件を連邦政府が決定する旨を規定する．これらの規定も，公法，渉外実質法，一方的抵触規定などの説明の可能性が十分に肯定されよう．

このことは，国際条約についてもあてはまる．例えば，1988年12月12日の重要な会社持分の取得及び譲渡の際に公表すべき情報に関するヨーロッパ共同体指令1条1項は「自然人並びに公法上または私法上の法人で，直接にまたは中間に他の者を介在させて，4条1項の意味での持分を取得または譲渡する者に対し，加盟諸国は，そのことにより，いずれかの加盟国法に服しておりかつ1つまたは複数の加盟諸国で居住しまたは活動する有価証券取引所の1つまたは複数で株式の上場を認められている会社の議決権に変動が生じるときは，本指令を適用する」旨を規定する．同項を同指令の適用範囲の決定に関する規定とみれば，同項は国際法形式の適用基準ともいえよう，また，同項をその実体法的法律効果に着目して説明すれば，同項は実質法と解することもできよう．さらに，同項を加盟諸国の規律管轄権限の調整に関する規定とみれば，同項は公法規定と位置付けられよう．

IV 競争法の国際的調整と国際私法

1．競争法の国際的調整

競争法の国際的調整の努力は依然として続けられており，その具体的な成果も現れている．伊従教授とヘイリー教授によって招聘されている毎回のこのシンポジウムもそのための具体的貢献例とされよう[8]．しかしながら，ミュンヒェン・コード[9]などの作成もいまだ統一的実質法の形成に至っていないし，日米や米独間での行政協定の締結も判断基準たる競争法の解釈適用過程（適用基準）の一部しか統一されていない[10]．この意味において，なお，国際的調整の歩みの途上にあることが再認識されなければならない．

その場合，必要となるのが，「競争政策の競争」[11]，ひいては，競争法秩序間での競争という視点である．競争法秩序が主権国家の国内法にとどまっている状況は競争環境における格差を意味し，真の意味での競争を実現することに

なっていない．不平等な条件下での競争法の競争を改めるには，競争という思考の再検討[12]とともに，競争秩序間での競争を保障する環境作りが欠かせない．

2．国際的調整と国際私法

判断基準としての内外国競争実体法が統一されていても，なお二重の意味で問題が生じ得る．その1つは，手続規定統一の要請である．それは，実体法規が統一されていても，実体法規の適用過程が統一されていなければ，実質規定の統一が最終的に実現し得ないからである．他の1つは，実質法規解釈の統一の要請である．それは，判断基準が統一されていても，当該基準の解釈まで統一される最終的保障がないからである．解釈基準統一のためには，統一的解釈のための議定書が並行して作成されることもある．しかし，統一段階を進めるには，統一的解釈を実行するために国際的機関を新設することが有意義である．ヨーロッパ裁判所はその稀な成功例である．しかし，多くの場合には，統一的解釈のための議定書さえ作成されていない．判断基準たる実質法規の文言の統一には政治的に妥協しても，後から，判断基準を恣意的に解釈する行為が野放しにされているため，適用基準が分裂し，実質法規の統一も潜脱され得る．

3．国内裁判所の協力

適用基準の統一化達成の現実的推進力は，裁判所の積極的な協力である．そこにはいくつかの可能性を指摘することができる．その1つは，現行競争実体法及び競争抵触法の解釈に際して，国際的協調性を志向することであろう．誰が一歩を踏み出すべきかはもとより時代の状況に左右される．国際的協調性を志向する裁判が出された後に，それに続く動きが内外国裁判所でみられるならば，司法による国際的調整が有意義になる場合もある．商標法及び特許法の領域での「真正商品の並行輸入の許容性」はその好例である．こうした司法の国際化は，立法の統一及び行政の統一をさらに推進する役割を担う可能性が大きい．

4. 具 体 例

スイス国際私法では，目論見書説明責任（Prospekthaftung）に関する明文規定がある．国際私法典151条3項及び156条2項は国際裁判管轄権を定め，同法156条は準拠法決定に関する明確な特別規定を導入した．そこでは，スイス裁判所が管轄権を持つ場合に，スイス法の適用範囲のみを定める一方的抵触規定に代えて，外国の保護法を準拠法とすることができるように双方的抵触規定が定められている．企業の本国と目論見書発行地国が異なるとき，（内外国の）投資者は自己の選択によっていずれかの法または他の法上の（または3つ以上の法秩序の中からも）請求権を主張することができる．国際私法上このような連結が採用されることにより，有価証券発行者は，国際的に発行されている有価証券につき，発行地国法や発行者の本国法よりもずっと投資者にとって有利な法の，すなわち，発行者にとってはずっと厳格な内容の公開規定の適用を強制される．ここでは，内外国投資者間での同一取扱いによる投資者保護というスイスの政策が国際私法的に表現されている．スイス法上のこの選択的連結ないし累積的連結は，私法的市場抵触法での具体的展開例とされよう．

こうした政策は国際統一法にもみられる．今日，企業は，内外の市場で行政の監督に（事情により内外国で二重に）服することを十分に自覚している．証券取引所への上場，銀行・保険会社の許認可，公開買付，カルテル・企業合同などがその例である．このことは私法分野でもあてはまる．消費者保護に関する抵触規定が，古典的な当事者自治を認める契約に関する通常の独立抵触規定，不法行為や会社に関する通常の独立抵触規定に対する特則として定められている．選択的連結は，選択される複数の実質法間での互換性を承認する政策の現れである．特別連結規定による法廷地実質法の累積適用は，法廷地法上の政策の優位を抵触法的に表現したものである．保護対象として消費者を優遇するというヨーロッパ規模での姿勢は，1980年6月19日の債務契約準拠法に関するローマ条約5条にも，1988年9月16日の民事商事事件の国際裁判管轄権及び承認執行に関するルガノ条約13条以下にも見出される．こうした保護の思想は競争法の他，銀行法，保険法，有価証券法などにも及んでいる．

他方で，国家法たる国際私法上，一方的抵触規定を解釈により双方化する方

法も1つの選択肢として存在する．ただ，経済法は，その秩序維持・制御という性質からして，古典的私法が前提とする法秩序の互換性に馴染みにくいという認識も少なくない．スイスの国際私法典137条は競争に関して次のように規定する．

> 「競争阻害行為から生じる請求権は，当該市場で被害者が阻害に直接に関与させられている国の法に服する．
>
> 競争阻害行為が外国法に服する場合，スイスでは，スイス法によれば不適法な競争阻害行為について認められるであろうよりもずっと広範囲の給付を認めることはできない．」

同条1項はいわゆる不法行為地法主義（lex loci delicti）を述べている．2項は「アメリカ法（lex Americana）」[13]とも呼ばれているが，自国実質法が定める政策の優先性を強調するアメリカ型の規定の仕方を表現しようとしたものかもしれない．同項では，競争阻害行為に対する賠償請求金額の上限がスイス法によって画されている．2項は，1項という一般的双方的独立抵触規定に対して，スイス法を指定する一方的独立抵触規定と位置付けられ，特別法は一般法に優先するという法原則によりこれが優先すると説明することもできよう．あるいは，1項の独立抵触規定に対して，2項は渉外実質法ということもできよう．さらに，2項を公法上の規定ということもできないわけではない．

このように，国際私法規定とされている諸規定は，説明の仕方に応じて，どの法分野にも配分され得るものである．そうした説明の仕方に応じて，競争政策と国際私法との関係も多様に展開されることができる．

V 課題と展望

1. 課　　題

国際経済法の諸領域においてしばしばそうであるように，完結したまたは法典化された国際私法的競争法は存在していない．現状の国際私法的競争法は成文法と不文法との混在であり，実質法と抵触法とのミックス，一方的抵触規定と双方的抵触規定との混在ということもできよう．債券を発行している外国企業に対して私人たる投資者がいかなる請求権を有するか，どの法が適用される

か，どの裁判所が紛争判定のため手続的管轄権を有するか，内外国で場合により下される判決がどこでいかなる要件のもとに執行されるべきか，というように，実際の争点は多様である．そこには，古典的な国際私法の課題と国際経済法的な課題とが混在している．

それに対して，諸国の立法者も国際統一法起草者もこうした国際私法の構造を明確にはまだ利用し尽くしていない．圧倒的に多くの立法活動は，統一実質法の形成に向けられており，競争当局間の相互協調も判断基準の統一と一部の適用基準の協調になお限られているように見受けられる．むろん，実質法の規律が国際的調整の効果的な手法である以上，これらの作業は積極的に続行されるべきであろう．

他方で，抵触法的説明が機能するのはもっぱら裁判所においてである．裁判所がどのような説明方法を採用するかが，裁判規範及び行為規範の両面に亘って，行為者に対して予見可能性と法的安定性とを提供するからである．この点からみると，諸国の裁判所はなお消極的な姿勢にとどまっているように見受けられる．この点の補強も当面の1つの現実的な課題とされるのではなかろうか．

2. 展　　望

現代の裁判所にとって，こうした課題は現実的なものか．この点はなお悲観的にならざるを得ないかもしれない．それは，国家裁判所が積極的にこの課題への挑戦を試みているようには見えないからである．先年，フィーケンチャー教授は，「法抵触アプローチは煩雑かつ複雑であり，一連の国際協力の問題を，外交レベルについても引き起こす……．法抵触アプローチは，最も伝統的ではあるが，国際的に適用可能な方法としては最も分権的な手法であるため，最も効果が小さい」[14]と述べていた．

しかし，上述のように，国際私法のシステムそれ自体は価値中立的なものであり，国際私法による規律に限界を設けるものはむしろ国際私法を利用する主体の考え方次第であることも明らかになっている．競争促進の考え方が変われば[15]，競争実質法の文言にも競争に関する独立抵触規定の文言にも変化があ

るが，抵触法のシステム自体に違いはない．この点を考慮すれば，関係者の考え方次第で，国際私法による規制の有用性をなお利用することができるものと考えられる．この点を考慮すれば，競争法の国際的調整に関する国際的な協力の場に司法関係者をも巻き込むことによって，国際私法が競争法の分野でなお意義を持ち得ることが用意に想定されよう．経済のグローバル化が進めば経済法の抵触もますます増えるため，抵触法はますます重要となり，立法当局及び司法当局が注目する必要があるというホーフシュテッター教授の言及[16]には根拠がないわけではない．ハーグ国際私法会議，WTO，OECDなど，関係諸機関における国際的協力の試みをさらに一層進めることができれば，多くの展望が開けることとなろう．

* 蔭山泰之著『批判的合理主義の思想』(未來社，2000年) 19頁に引用されたワイルの言葉．出典は Weyl, Philosophy of Mathematics and Natural Science, Princeton University Press, 1949（菅原正夫他訳『数学と自然科学の哲学』(岩波書店，1959年)）とされている．
1) 一般的な理解については，伊従寛著『独占禁止政策と独占禁止法』(中央大学出版部，1997年) 34頁他参照．
2) Dethloff, Nina, Europäisches Kollisionsrecht des unlauteren Wettbewerbs, JZ 2000, 179 ff.; Immenga, Ulrich, Marktrecht, Festgabe Zivilrechtlehrer 1934/1935, Berlin/New York 1999, 223, 234 u.a.
3) Fikentscher, Wolfgang, Wirtschaftsrecht, Bd. 1, München 1983, S. 61. この表現は Hofstetter, Karl, Globalisierung und Wirtschaftsrecht, Zeitschrift für Schweizerisches Recht, Neue Folge. Bd. 119 (2000), Heft 3, 361, 393. にも引用されている．
4) Koller, Heinrich, Globalisierung und Internationalisierung des Wirtschaftsrechts — Auswirkungen auf die nationale Gesetzgebung —, Zeitschrift für Schweizerisches Recht, Neue Folge Bd.119 (2000), Heft 3, 313, 344 ff.
5) Kegel, Gerhard/Schurig, Klaus, Internationales Privatrecht, 8. Aufl. München 2000,
6) 競争政策の説明に際して重要な意味を持つ「公正」概念については，金子晃・根岸哲・佐藤徳太郎監修『企業とフェアネス　公正と競争の原理』(信山社，2000年) 他参照．
7) Immenga, Ulrich, Nach Art. 37 Recht der Wettbewerbsbeschränkungen, Münchener-Kommentar zum Einführungsgesetz zum Bürgerlichen Gesetzbuch, 3. Aufl., München 1999, 1968 他参照．
8) 伊従寛・山内惟介・J. O. ヘイリー編著『競争法の国際的調整と貿易問題』(中央

大学出版部，1998年）他.
9) 伊従他編著・前掲書145頁以下，特に163頁以下．これについては，Freytag, Andreas/Zimmermann, Ralf, Muß die internationale Handelsordnung um eine Wettbewerbsordnung erweitert werden ?, 62 RabelsZ (1998), 38, 47 ff. でも言及されている.
10) Böge, Ulf, Neue Entwicklungen in der Frage der internationalen Zusammenarbeit von Wettbewerbsbehörden, EuZW 1/2001, 1 他参照.
11) Freytag/Zimmermann, a.a.O., 51.
12) Wallerath, Maximilian, Der ökonomische Staat, Zum Wettstreit zwischen juridisch-politischem und ökonomischem Paradigma, JZ 2001, 209, 213.
13) Schnyder, Anton K., Wirtschafskollisionsrecht als Regelungsinstrument für eine internationalisierte Wirtschaft, Zeitschrift für Schweizerisches Recht, Neue Folge, Bd. 119 (2000), Heft 3, 397, 409.
14) 伊従他編『競争法の国際的調整と貿易問題』39頁.
15) Möschel, Wernhard, Systemwechsel im Europäischen Wettbewerbsrecht ?, JZ 2000, 61, 63.
16) Hofstetter, a. a. O., 393.

東アジアの競争政策と経済発展[1]

浦田 秀次郎

I はじめに

東アジアは，1990年代終盤に急に経済危機に襲われるまでの数十年間，急速な経済発展を遂げていた．危機が生じたのは，対外的要因及び対内的要因の両方が働いたように見える．対外的要因としては，外国投資家による投機と，そうした投機的行動をコントロールできなかった国際金融システムとが指摘されてきている．1990年代央に，国際金融市場における資本取引が金融自由化と金融技術革新によって促進され急拡大する中で，膨大な額の資本が東アジアに流入した．外国投資家は，東アジアが急速な経済成長を続けると予測して，東アジアに投資した．投資家の中には，期待投資利回りを慎重に判断することなく，他の投資家に追随する者もいた．タイのバーツがその価値を維持できないことが明らかになったとき，外国投資家は一斉に投資の引揚げに向かい，急激な減価につながった．これが1997年7月におけるタイの危機の始まりであり，その後，他の国に広がった．

対内的要因もこの危機につながっていた．脆弱な金融システムと貧弱な企業統治システムが最も重要な対内的問題点であった．国内企業，特に市場支配力を有する大企業は，自社の事業分野だけでなく，他の事業分野にも大きな投資をしていた．外国投資家と同様に，国内企業もまた，経済と事業の将来についての楽観的見方に疑問を抱いていなかった．国内企業は，銀行その他の金融機関から投資資金を借り入れていた．脆弱な金融部門は，企業からの融資要請に対して，何の躊躇もなく，融資していた．経済が通貨危機のために困難に陥ったとき，企業は巨額の債務を負い，金融機関には不履行債権が残され，そして，金融及び経済の危機に陥った．

対内的問題の中核には，市場メカニズムが確立されていないということがあ

った．特に，取引の透明性の欠如及び企業・金融・政府システムにおける説明責任の欠如が危機に見舞われた経済の決定的な問題点であった．市場の力ではなく，縁故主義が取引におけるルールであった．実際，これらの国では競争が欠けていたということができる．こうした経済システムの欠陥を認識して，政策当局者も研究者も，経済成長を促進することにつながる競争的環境を発展させるための競争政策の重要性を実感するようになってきている．

　本稿の目的は，東アジアの途上国の競争，競争政策及び経済発展を検討することである．本稿において，競争政策とは，競争法だけでなく，競争に影響を及ぼす規制，貿易及び投資に関する政策といった，他の措置を含んでいる．II節では，競争がいかにして経済発展に影響するかを検討する．理論的，実証的の両面から論点を眺める．III節では，競争に影響するいくつかの政策，すなわち，競争法，規制政策，貿易政策及び投資政策を取り上げる．各政策に関する議論では，まず理論的検討を行い，次いで，実証的調査に移る．IV節では，若干のまとめをする．

II　競争と経済発展

　企業あるいは産業の競争力を向上させることが経済発展を達成するための重要な要素である．経済は，競争力のある企業が競争力のない企業に代替し，資源を効率的に利用できるようになるにつれて発展する．実際，経済発展のパターンを調べてみると，産業の競争力のパターン変化を反映した産業構造の変化を伴っていることが分かる．経済発展の初期の段階では，繊維のような労働集約的な産業が競争力を有している．経済が発展し，資本の蓄積や人的資本の向上が進むと，機械製品のような資本集約的又は人的資本集約的な産業が競争力を有するようになる．

　以上の議論からは，経済発展を達成する上で，企業あるいは産業の競争力向上が重要であることが示されている．この脈絡での競争政策に関する議論における重要な疑問点は，競争法の適用，規制緩和，貿易・投資の自由化その他の政策により競争を促進することが競争力の強化につながるかどうかということである．本節では，一層の競争が企業及び産業の競争力に及ぼす影響について

議論する．

　競争及び競争力の水準に関する議論の重要な要素は，生産における規模の経済性の有無である．規模の経済性があるときには，競争によって企業の競争力を強化することは難しいと主張される．これは，競争のために企業が生産の最小最適規模を実現できる水準まで生産を拡大できないことによる．こうした議論は，国内市場が小さすぎて多数の企業が存立し得ないとされる小規模な途上国経済の場合に特に当てはまるとされる．

　この議論の有効性に対しては，次の二つの疑問が提起できる．一つは理論的なものであり，もう一つは実証的なものである．理論的には，小規模な途上国経済の国内市場では小さすぎて多くの企業を維持できないかもしれないが，海外市場をも考慮すれば，この議論は有効ではなくなる．実際，多くの東アジア経済は輸出拡大に成功してきているのであり，国内市場に限定した議論は妥当ではない．

　第2の点は，生産における規模の経済性ないしは最小最適規模の存在に関する実証的な妥当性にかかわるものである．多くの研究者が技術的効率性と企業ないし工場の規模との関係を調査してきている．多くの研究は，企業規模と技術的効率性との間に正の関係を認めているが，そういう関係は認められないという研究もあり，確定的な結論が得られていない．ほとんどの研究は，米国その他の先進国を対象としている[2]．東アジアの途上国経済を対象に行われた実証結果を検討することに意味がある．

　Nugent and Yhee[3]は，韓国の製造業における5～299人の従業員を有する企業920社に関する研究を行い，企業規模と技術的効率性との間に強い関係はないと判断している．Wang and Yao[4]及びBerry and Rodriguez[5]は，それぞれ，中国とフィリピンの製造業を対象とした研究において，企業規模と生産性との間に正の相関関係があると認定した．両研究とも，生産性の水準では小企業の方が大企業よりも低いが，生産性上昇率では小企業のほうが高いと認めていることが重要である．さらに，Berry and Rodriguez[6]では，大企業に比べて，中小企業（SMEs）の生産性には大きな格差があると認定していることを指摘しておきたい．

こうした研究結果からは，企業規模と技術的効率性との関係の動態的な側面の重要性が明らかとなっている．Aw[7]は，企業規模と技術的効率性との関係を動態的視点から検討している．Awは，技術的効率性の計測に全要素生産性（TFP）を用いて，他の国における先行研究と類似の結果を見出している．しかし，標本集団のデータを用いて企業を追跡調査したAwは，TFPと企業規模との関係について得られた結果が，より大きな資源を有する大企業ほどよりよい技術を採用するという関係よりむしろ，高い生産性の企業が生き残って規模を拡大するという事実を反映していると判断している．実際，この分析によれば，より高い技術的効率性につながるのは大きな企業規模ではなく，台湾における生産性の高いSMEsの発展をもたらしている市場淘汰プロセスである．Awの判定は，競争政策にとって大変重要なインプリケーションを有している．高度に競争的な事業環境を発展させることが重要であり，そこでは，新規企業の活発な参入と非効率な企業の退出が生じ，それにより技術的効率性が高まるのである．

技術革新は，企業にとって競争力の源泉である．そういうものとして，競争や企業規模が技術革新に及ぼす影響を検討することが重要である．技術革新は，リスクを伴い，規模の経済性が働くので，市場支配力を有する大企業こそ研究開発（R&D）活動を行うと主張されてきている．リスクのある投資の資金をまかなうには，企業は十分な金融資源を有していなければならないと主張されている．さらに，R&D費用は生産水準には関係しないので，固定費用の性格を有しており，大企業の方が小企業よりもR&Dを行う上で有利である．

こうした議論からは，競争が技術革新に悪影響を及ぼすということになる．しかし，競争が技術革新につながるという逆の主張をすることもできる．この主張によれば，競争圧力が企業に市場での生き残りのための新技術の開発を促す．市場支配力によって良好な利益を上げている企業には，リスクのあるR&Dを行おうとする大きなインセンティブはない．

企業や産業の競争力の主要な源泉である技術開発を競争が促進するのか，阻害するのかについて，理論的には明確でない．実証的証拠からは，企業規模や市場支配力が技術革新にプラスの効果を持つという見解は支持されていない．

実際,多くの研究からは,市場支配力を持たない小企業が大企業と同程度に技術革新に積極的であることが分かっている. Wang and Yao[8]は,中国の製造業分野の企業研究から,小企業が新商品の技術の獲得や商業化に特に積極的であるとしている. Audretsch[9]は, Acs との共同による米国製造業に関する研究において,小企業による積極的な技術革新を示す結果を報告している.大企業は,重要な新技術の数において若干小企業を上回っているが,小企業の雇用は大企業の約半分にすぎないので,大企業の技術革新率が0.202であるのに対し,小企業の技術革新率は0.309に達している.

強い競争圧力が外国技術の普及にとって極めて重要である.新技術の開発力に乏しい途上国は,輸入技術の吸収と同化によって大きな便益を得ることができる.実際,日本,韓国その他の国における経済発展の成功物語は,輸入技術の同化がうまくいったことによる. Urata[10]は,日本における繊維製品の技術の普及事例を叙述しているが,その事例では,潜在的参入者からの競争圧力が繊維製品製造業者に輸入技術をできるだけ早く同化するように促したのである.

本節の議論からは,競争圧力が技術的効率性の向上や積極的な技術革新につながるのであり,経済発展にとって競争が重要であることが示されている.実際,規模の経済性を実現し,リスクのある技術開発活動を実施する上での企業規模や市場支配力による便益よりも,激しい競争がもたらす上述の便益の方が大きいようにみえる.企業規模の便益は,今後,情報技術の急速な進歩により,低下していくであろう.情報技術の進歩による助けを得て,企業は,競争力のある活動やコア・コンペテンスに集中することができ,必要なサービスは他の企業やアウトソーシングにより調達することができる.

米国経済の素晴らしいパフォーマンスや,アジアの経済危機の中にあって台湾経済の回復力の強いパフォーマンスがダイナミックな SMEs によるところが大きいことを認識して,産業界や政策当局では,経済成長の促進にとって,競争的な事業環境におけるダイナミックな SMEs の重要性を強調するようになってきている.こうした点からみて,競争政策を実効的に実施することが経済成長・発展を促進することになろう[11].

III 競争促進政策

経済成長の実現と経済厚生の向上にとって競争が重要であることを認識して，各国政府は，競争を促進する様々な政策を追求してきている．競争促進政策には，競争法，規制緩和，貿易・投資の自由化，民営化が含まれる．本節では，競争法，規制緩和，貿易・投資の自由化政策を取り上げ，APEC 途上国メンバーを選んで現状を評価する．

1. 競 争 法

競争法の目的は，経済成長と消費者厚生の向上のために，競争を維持・促進することである．典型的な競争法は，支配的地位の濫用，制限的協定，合併・買収及び不公正競争を含む問題に取り組む[12]．支配的地位の濫用は，明確には定義されていない．しかし，多くの国では，支配的地位とは，例えば35％といった，一定の水準を超える市場シェアをある企業が有する状況をいう．競争法では，ある企業が略奪的価格設定，抱き合わせ，排他的取引といった行為を用いて競争を制限することにより価格を引き上げるときに，当該企業は支配的地位を濫用していると考える．制限的協定とは，水平的協定，垂直的協定その他の協定をいう．制限的協定に関連する重要な問題は，経済効率への影響である．こうした協定は，競争を減殺するおそれがあるが，効率性を向上させるかもしれない．例えば，下請取引は，一種の垂直的協定と考えることができるが，新商品や新技術の開発における協力を通して，技術的効率性を向上させるかもしれない．合併・買収は，競争を制限すると考えられるときに，審査を受けるかもしれない．不公正な競争行為には，他社の事業利益を害する虚偽・欺瞞的な情報の流布が含まれる．

アジアのAPEC途上国経済における競争法・競争政策に基づき，競争的環境を審査してみよう．評価には，Bollard and Vautier[13]が採用した枠組を用いる．(1)合併規制，(2)支配的地位の濫用，(3)水平的協定，(4)垂直的制限，(5)適用除外，(6)不公正な取引方法，(7)役割・執行・権限の7分野が選択される．評価に用いる情報の多くは，Bollard and Vautier[14]によっているが，補完的情報を

台湾の公正取引委員会が集積している APEC 競争政策・法データベースから得ている．得点付けは，次のようにする．問題の競争制限行為に関するルールが明示的に定められている場合には，満点の10点が与えられ，ルールがない場合には，0点である．ルールはあるが，明確性を欠いている場合には，5点が与えられる．

我々の評価の結果は，表1に示されている．満点は70点である．表1から分かるように，比較の目的で表に含まれている APEC 先進国メンバーは，50点を超える高得点である．これに対し，途上国メンバーの得点は低い．その中で，韓国及び台湾は，45点と相対的に高い得点である．香港は極めて低い10点であ

表1　APEC 諸国における競争政策

	Merger regime	Abuse of dominant power	Horizontal agreements	Vertical restraint	Jurisdiction exceptions	Unfair trade practices	Enforcement	Total
Full score	10	10	10	10	10	10	10	70
Australia	10	10	10	5	0	10	10	55
Brunei						10		10
Canada	10	10	10	5	0	10	10	55
Chile	10	10	5	5	0	10		50
China		5		5		10	5	25
Hong Kong	10							10
Indonesia								0
Japan	10	10	10	5	0	10	10	55
Korea	10	10	5	5	0	10	5	45
Malaysia						5		5
Mexico	10	10	10	5	0		10	45
New Zealand	10	10	5	5	0	10	10	50
PNG								0
Philippines		10			0	10	5	25
Singapore								0
Taipei	10	10	5	5	0	10	5	45
Thailand	10		5	5	0	5	5	30
U. S.	10	10	10	5	0	10	10	55

Note : See the main text for the explanation of the derivation and interpretation of the figures.
Source : Yamazawa and Urata (2000). Original information is taken from Bollard and Vautier (1998).

り,インドネシア及びシンガポールは最も低い0点である.多くの途上国では,合併及び支配的地位の濫用は審査対象となっているが,水平的協定,垂直的制限及び不公正な取引方法は明示的には取り上げられていない.さらに,こうしたルールの執行が弱いようである.

こうした結果について,若干のコメントをしておくことが適切であろう.第1に,APEC途上国メンバーのうち,韓国,マレイシア,フィリピン及びタイの4か国のみが競争法を有する.他の国では,競争制限行為を他の法令で扱っている.第2に,香港及びシンガポールは,我々の評価では得点が低いが,自由化された貿易・投資体制の下で外国からの競争を導入することにより競争を促進している.自由化された貿易・投資体制だけでは活発な競争を確保するのに十分ではないという議論があるかもしれない.競争法と貿易・投資政策とは,代替的というよりは補完的なものであろう.第3に,多くのAPECメンバーが競争法ないし競争政策の導入を検討している.第4に,APECメンバー間にルールが定める類型だけでなく,執行体制の基本的な設計やタイプに重要な相違があるということを指摘しておくべきであろう.Bollard and Vautier[15]によれば,米国,フィリピン,タイ及び中国の競争法は,より構造に基礎を置いており,他方,ニュージーランド,メキシコ,韓国,カナダ及びオーストラリアの競争法は,より成果に基礎を置いている.さらに,中国,タイ及び韓国では,より行政的な執行によっており,他方,米国,カナダ,ニュージーランド,オーストラリア及びメキシコでは,より司法的な執行によっていると指摘されている[16].

2. 規制緩和

規制とは,民間部門の活動に影響を及ぼすあらゆる政府措置を意味するので,規制緩和は大変広い範囲を対象としている.国有企業は,一種の規制された活動の典型的形態と考えることができ,経済活動に課される多数の規制が存在する.規制は,二つのカテゴリーに分類することができる.一つは経済的規制であり,もう一つは社会的規制である.経済的規制の例としては,農産物価格の制限や電気通信といった分野への参入制限があり,社会的規制の例としては,

環境規制や一定の商品についての衛生規制がある．一般に，経済的規制には効率性の費用を伴い，社会的規制には国民厚生上の便益があると考えられている．これら二つのタイプの規制について異なる評価を述べたが，これらの特徴や分類についてはそれほど明確なものではない．環境規制でさえ，産業保護の目的によって動機付けられていることがあり得る．

上述の点を考慮しつつ，東アジアのAPEC途上国メンバーの規制緩和に関するパフォーマンスについて，(1)民営化，(2)市場アクセス，(3)透明性の三つの側面を審査することにより，評価してみる．

民営化は，規制緩和の必要条件である．世界銀行（World Development Indicators 1998)[17]が集めた国内総投資に占める国有企業のシェアに関する情報を用いて，いくつかの国における民営化の範囲を評価してみよう．当然のことながら，国内総投資に占める国有企業のシェアが低いほど，民営化の範囲が広いことになる．民営化のカテゴリーでの最高得点は，40点である．

民営化は，規制緩和の必要条件ではあるが，十分条件ではない．ある分野が民営化されたとしても，その分野が参入制限や価格制限といった様々な規制の下にあるかもしれない．こうした制限に関する情報がない場合には，規制の範囲に関する代理として，外国企業にとっての「市場アクセス」を検討するが，その評価については次の「外国直接投資」の箇所で示される．市場アクセスに関する最高得点は，40点である．必要な情報が得られないために，様々な制限を考慮していないので，達成された規制緩和の範囲を過大評価する得点になりがちである．20点が与えられる透明性については，各メンバーの個別行動計画（IAPs）に示された情報により評価する．

推測結果に関する我々の評価は表2に示されているが，APEC先進国メンバーの方が途上国メンバーよりも良好な結果になっていることは明らかであるが，多くの途上国メンバーについて相対的に良好なパフォーマンスとなっている．途上国メンバーの中で，フィリピン及び台湾が70点という高い得点になっており，ブルネイが35点という最低の得点である．中国や韓国といったメンバーは，50点から65点の似たような得点である．項目ごとに，多少コメントしておくことが適切であろう．民営化については，ブルネイ，中国，マレイシアと

表2 APEC諸国における規制緩和

	Privatiza	Market access	Transparency	Total
Full score	40	40	20	100
Australia	30	30	10	70
Brunei	15	20	0	35
Canada	30	35	10	75
Chile	35	25	0	60
China	25	25	0	50
Hong Kong, China	35	35	10	80
Indonesia	30	20	0	50
Japan	35	35	10	80
Korea	30	30	0	60
Malaysia	25	30	0	55
Mexico	30	30	10	70
New Zealand	38	35	15	88
PNG	35	25	0	60
Philippines	35	25	10	70
Singapore	30	35	0	65
Chinese Taipei	30	30	10	70
Thailand	30	30	0	60
U. S. A.	38	35	10	83
Average	30.9	29.4	5.3	65.6

Note: See the main text for the derivation.
Source: Information in Yamazawa and Urata (2000) is modified.

いったメンバーを除き,多くのメンバーが相対的に高いレベルを達成している.多くのメンバーが近年の投資自由化により,市場アクセスの分野で良好な成果を示している.透明性については,一般に,民営化及び市場アクセスに関して低い評価のメンバーでは透明性に関しても評価が低いという結果になっていることが興味深い.これは,メンバーにおける規制緩和に対する立場を反映しているようである.

3. 貿易自由化

輸入は,しばしば国内生産者を保護するために制限される.途上国経済における保護を支持する平易な議論は,幼稚産業論である[18].幼稚産業論によれ

ば，途上国経済は，製造業において比較優位を持つ可能性があるが，発展の初期段階では先進国の発展した競争力のある企業に対抗できない．駆け出しの製造業には，競争力をつけるための時間と経験が必要である．したがって，途上国における製造業を輸入から一時的に保護することが正当化される．実際，米国，ドイツ，日本及び韓国を含む多くの国で，国内製造業を育成するために輸入からの保護が用いられた．

幼稚産業論は，大いに当てはまりそうにみえるが，幼稚産業の保護が正当化されない理由がいくつかある．第1に，「一時的な」幼稚産業の保護が「永久的な」保護になってしまっている多くの事例がある．これは，保護された産業が競争力を持つことはないからである．保護された市場では，企業が効率性を向上させるインセンティブを持つことはない．非効率な幼稚企業は保護の継続を求め，その結果，競争力を失う．第2に，競争力のある企業の育成には時間と資源を必要とするという事実によって政府の保護が正当化されることはない．投資家は，可能性のある幼稚企業を見出せば，その企業に投資する．輸入からの保護その他の保護措置は幼稚企業にとって利益となるが，そのことは，そうした保護が必要であることを意味しない．実際，幼稚企業が資金を調達することや投資家を見つけることが難しいという場合，それは，長期資金を供給する金融市場が存在しないことに伴う問題のせいなのである．この問題を扱うための政府の適切な政策とは，輸入保護を与えることではなく，長期資金のための金融市場を発達させることである．

幼稚産業の一時的な保護は正当化されるかもしれないが，実際には，保護された幼稚産業が競争力をつけることはない．幼稚産業が競争力を強化できない理由の一つは，輸入だけでなく，国内企業からも競争圧力を受けていないことにある．実際，幼稚産業の保護は，しばしば，技術的効率性だけでなく配分的効率性も低下させるだけの結果に終わるのであり，それが国民経済への費用となってくるのである．

輸入保護が配分的効率性及び技術的効率性に及ぼす影響を調査した研究がいくつかある．ほとんどの研究では，輸入保護が配分的効率性及び技術的効率性の双方を低下させていることが示されている．Esposito and Esposito (1971)[19]

は，米国産業の研究において，輸入浸透率が低い産業では利益率が高いと認定している．途上国の研究においても，同様の結果が得られている．de Melo and Urata（1986）[20]，Chou（1988）[21]，及びLee et. al（1992）[22]は，それぞれ，チリ，台湾及び韓国の研究から，同様の関係を認定している．輸入保護による技術的効率性への影響に関する実証的研究は余り行われていない．Kawai（1994）[23]は，28か国について開放性の程度とマクロ経済レベルでの生産性との関係を調査し，高い開放性がTFPで計測された技術的効率性を向上させると認定した．Urata and Yokota（1994）[24]は，タイの製造業について，輸入保護のTFPへの影響を調査し，強い保護が低い生産性をもたらしており，保護を低くすることが高い生産性につながることを認定した．こうした研究からは，輸入保護が配分的効率性及び技術的効率性を低下させており，経済厚生及び成長には貢献していないことが分かる．

東アジアのAPEC途上国メンバーについて，輸入保護のパターンを検討してみよう．表3にみられるように，多くの東アジアのAPEC途上国メンバーは，1980年代初めから1990年代初めにかけて関税率及び非関税障壁を低減させることにより輸入体制を自由化してきたが，その例外は，香港及びシンガポールであり，これらは事実上自由貿易体制を採っていた．まず関税障壁については，中国は，前記の期間に平均関税率にかなりの低下がみられ，他方，マレイシア及びタイでは，平均関税率を若干引き上げた．非関税障壁の発生率は，多くの東アジア経済で低下しており，実際，中国が唯一，調査期間において非関税障壁の発生率を上昇させた．最も顕著な国はインドネシアであり，非関税障壁の発生率を1984-87年の94.7％から1991-93年の2.7％へ低下させた．比較可能なデータがないことから表には含まれていないが，韓国は，1988年から1993年の間に関税率や非関税障壁の発生率を低下させたとされている[25]．近年の輸入体制を分析したYamazawa and Urata（2000）[26]によれば，多くのAPECメンバーにおいて貿易自由化が継続している．経済危機が貿易自由化のペースを遅らせはしたが，逆行の事例はほんのわずかである．

表3 特定東アジア諸国の関税及び非関税障壁

		Primary products	Manufac products	All products			Primary products	Manufac products	All products
China					Malaysia				
Mean	1980-83	46.5	50.5	49.5	Mean	1980-83	4.3	12.7	10.6
tariffs	1984-87	33.1	41.9	39.5	tariffs	1984-87	8.6	15.4	13.6
	1988-90	34.1	42.7	40.3		1988-90	7.7	14.8	13.0
	1991-93	31.7	39.7	37.5		1991-93	7.3	14.7	12.8
NTB	1984-87	17.8	7.9	10.6	NTB	1984-87	4.5	3.2	3.7
incidence	1988-90	27.2	21.9	23.2	incidence	1988-90	1.6	3.0	2.8
	1991-93	11.5	11.3	11.3		1991-93	1.2	2.4	2.1
Hong Kong					Singapore				
Mean	1984-87	0.0	0.0	0.0	Mean	1980-83	0.1	0.4	0.3
tariffs	1988-90	0.0	0.0	0.0	tariffs	1984-87	0.1	0.4	0.3
	1991-93	0.0	0.0	0.0		1988-90	0.2	0.4	0.4
						1991-93	0.3	0.4	0.4
NTB	1984-87	6.9	2.1	3.4	NTB	1984-87	15.3	14.1	14.7
incidence	1988-90	0.8	0.3	0.5	incidence	1988-90	3.0	0.2	1.0
	1991-93	0.8	0.3	0.5		1991-93	1.2	0.0	0.3
Indonesia					Thailand				
Mean	1980-83	23.0	31.3	29.0	Mean	1980-83	26.3	34.6	32.3
tariffs	1984-87	14.7	19.4	18.1	tariffs	1984-87	28.0	32.5	31.2
	1988-90	14.8	22.5	20.3		1988-90	33.4	43.7	40.8
	1991-93	13.6	18.3	17.0		1991-93	26.2	41.8	37.8
NTB	1984-87	98.9	93.1	94.7	NTB	1984-87	24.4	7.8	12.4
incidence	1988-90	15.7	7.0	9.4	incidence	1988-90	7.9	8.8	8.5
	1991-93	4.6	2.0	2.7		1991-93	8.8	4.2	5.5

Note: Unweighted averages in percent.
Source: PECC (1995)

4．投資自由化

外国からの対内直接投資（FDI）は，様々なチャネルを通して受入国又はホスト国の経済発展に貢献していると主張されてきている．FDIにより，金融資源だけでなく，技術や経営管理のノウハウも多国籍企業からホスト国へ移転されている．金融資源は生産能力の拡張を通して経済成長に貢献し，技術や経営管理のノウハウは技術的効率性の向上に貢献している．さらに，FDIは，国内企業に競争圧力をかけることにより，国内企業の技術的効率性の向上に貢献している．

内向きのFDIがホスト国に及ぼす影響については広範な研究がなされてきているが，自分の知る限りでは，FDIが競争促進に及ぼす影響，あるいは，FDIが競争促進を通して技術的効率性に及ぼす影響を調査した研究は存在しない．多くの研究は，FDIがホスト国の技術的効率性に及ぼす影響を技術移転の視点から分析しており，競争促進の視点からは分析していない．様々なチャネルを通して，多国籍企業から国内企業に技術が移転され，あるいは，技術の波及が生じる．多国籍企業で働くことにより技術を習得した国内労働者は，国内企業に転職することにより，こうした技術を国内企業に移転するかもしれない．国内企業は，多国籍企業が保有する技術を，多国籍企業が行う生産その他のプロセスを真似ることにより，技術を獲得するかもしれない．多国籍企業の存在がホスト国における技術革新に及ぼす影響については，上記のように技術移転の側面から検討されているが，多国籍企業の存在がホスト国における競争を促進することにより，ホスト国の技術的効率性を向上させることになる．

FDIがホスト国の技術的効率性に及ぼす影響についての実証結果を簡単に振り返ってみよう．こうした研究は，この問題を技術移転の側面から検討しており，したがって，技術の波及の有無が検討されていることをあらためて強調しておくべきであろう．FDIが国内企業に及ぼす競争圧力の視点からは，こうした認定は，国内企業に対する多国籍企業からの競争圧力の有無を反映するのかもしれない．技術の波及の存在に関する分析結果は，雑多なものである．Caves（1974）[27]は，産業レベルのデータを用いて，技術の波及の存在をオーストラリアの製造分野における研究では認定したが，カナダの製造業における

研究では認定できなかった．Globerman（1979）[28]は，同様の方法を用いて，FDIの波及効果の存在をカナダの製造業分野において認定した．Blomstrom and Person（1983）[29]及びBlomstrom and Wolff（1989）[30]も，メキシコの製造業分野の研究により技術の波及を見出した．これらの先行的研究に共通する問題点は，国内産業間の生産性の格差を考慮に入れていないことである．Haddad and Harrison（1993）[31]及びAitken and Harrison（1994）[32]では，企業レベルのデータを用いることで産業間の生産性格差を制御した結果，それぞれ，モロッコ及びベネズエラの研究において，波及を認定できなかった．これらの研究で技術の波及を見出せなかった一つのあり得る理由としては，これらの国では外国企業が限られた存在であったことである．

　ホスト国経済の競争促進にとって多国籍企業の存在が重要であることを認識して，APEC途上国メンバーのFDI体制の開放性を評価してみよう．FDI体制を検討するために，設立権，選抜・審査，最恵国待遇，利益送金，労働許可，税制，成果要件，投資家行動，投資家保護，紛争処理，投資優遇，及び資本輸出の12の政策分野を識別する．これらの政策分野は，三つのグループに分けられる．第1のグループは，外国企業による投資を制限する政策であり，設立権（市場アクセス），選抜・審査及び最恵国待遇がこのカテゴリーに入る．設立権が承認されていないと，外国企業がFDIを行うことは不可能になるので，設立権は最も重要な障壁である．第2のグループは，FDIが行われた後に，ホスト国での多国籍企業の行動を制限する政策であり，利益送金，労働許可，税制，成果要件，投資家行動，投資家保護及び紛争処理がこのカテゴリーに入る．最後に第3のグループは，投資優遇及び資本輸出からなり，多国籍企業の決定及び行動を歪めることにより，FDIに影響する．例えば，投資優遇は，国内投資家が，FDIが実際にホスト国外から調達されたものであるかのように見せかけることにより，優遇措置を利用しようとするので，FDIの「往復旅行」を引き起こすおそれがある．

　表4は，APEC途上国メンバーといくつかの先進国メンバーとのFDI体制に関する評価結果を示している．各政策分野での満点は，10点である．FDIへの影響という点において設立権が極めて重要であることにかんがみ，総得点を

54　I　総論的問題

表 4　FDI Regimes のアセスメント

	Right of establishment	Screening and examination	MFN treatment	Profit repatriation	Work permit	Taxation	Performance requirement	Investor behavior	Protection of investors	Dispute settlement	Investment incentives	Capital exports	FDI liberalization (TOTAL)
Full score	10	10	10	10	10	10	10	10	10	10	10	10	100
Australia	6	8	10	10	8	10	10	10	0	10	10	10	74.3
Brunei	4	6	0	10	8	10	10	10	0	0	0	10	44.8
Canada	8	8	0	10	10	10	0	10	8	10	10	10	79.0
Chile	4	6	10	6	8	8	8	10	8	10	8	10	63.8
China	2	6	10	2	6	6	8	10	8	8	8	6	46.7
Hong Kong	8	10	10	10	10	10	10	8	0	10	10	10	85.7
Indonesia	2	6	10	0	6	10	8	8	8	8	6	0	42.9
Japan	6	8	10	10	8	10	10	10	8	10	8	10	77.1
Korea	4	6	10	8	8	10	10	0	8	10	6	8	63.8
Malaysia	4	6	10	8	8	8	8	0	8	10	6	10	59.0
Mexico	4	6	8	10	8	10	8	10	8	10	8	10	64.8
New Zealand	8	8	10	10	8	10	10	0	10	10	10	10	88.6
PNG	6	8	10	8	6	10	8	0	8	8	10	8	68.6
Philippines	6	8	0	10	6	8	6	0	8	8	8	0	58.1
Singapore	8	10	10	10	8	10	10	10	8	8	8	10	86.7
Taipei	6	8	8	8	8	8	8	10	8	8	6	8	70.5
Thailand	4	8	8	10	8	8	6	10	8	8	10	8	62.9
U.S.	8	10	8	8	8	10	10	0	8	10	8	10	81.0
Average	5.4	7.6	7.9	8.2	7.8	9.3	8.2	7.1	6.8	8.7	7.9	8.2	67.7

Notes : 1) Scoring takes the values from 0 to 10, with 10 being full liberalization and 0 being "not mentioned" in the sources used for the analysis.
　　　 2) Total is obtained by summing all the scores with the "right of establishment" having 10 as a weight and other items having 1 as a weight.

Sources : Figures are obtained by using the information given in APEC Investment Guidebook 1996.

出すに際しては,設立権の得点に10のウェイトを置き,その他の項目については1とする[33]. 途上国メンバーの中では,シンガポール及び香港が80点超の高得点であった. 実際,これらのFDI体制は,先進国に匹敵するほど開放的である. 低い得点の国は,インドネシア及び中国であり,他の国は,これら二つのグループの中間である. 得点の違いの多くは,設立権による. 中国及びインドネシアの経済は,かなりの部分でFDIを禁止しており,この項目で2点である. 成果要件も,対象国間に多少差が見られる.

Yamazawa and Urata (2000)[34]によれば,APECメンバーはFDI体制の自由化に向けて相当努力してきているものの,FDI体制に関する評価からは,多くの途上国経済において,FDIに対するかなりの障壁が依然残されていることが分かる.

これまで,FDIが受入国にとって好ましい影響を及ぼすことを議論してきている. そういうものとして,FDIに対する障壁がホスト国に非効率をもたらすという観点から,FDIの障壁を審査してきている. しかし,市場支配力を有する多国籍企業が競争制限行為を行うときには,FDIが好ましくない影響を及ぼすおそれがある. 実際,この点が,競争力のある多国籍企業による競争制限行為に対処するための競争政策が必要とされる理由である.

Ⅳ 結 論

経済発展を促進するには競争が重要であることを論じてきた. この認識に立って,東アジアのAPEC途上国メンバーの競争促進政策を検討してきた. 検討対象とした政策には,競争法,規制緩和,貿易・投資自由化が含まれる. 調査対象とした国では一層の競争に向けての政策に希望の持てるような傾向がみてとれるが,競争促進政策をさらに強化する必要がある. 各国にはこれらの政策の内容をめぐってかなりの相違がみられるが,それは,経済発展のレベルや社会的・歴史的な背景の多様性を反映したものである.

経済発展のために競争を促進することが重要であるが,APECメンバー間での経済発展の水準その他の面での多様性からみて,一層の競争という目標を達成するために唯一の競争ルールをメンバーが採用することは困難であり,また,

望ましいことではない．この点を認識すれば，メンバーが競争政策を形成・実施するに当たって従うべき基本原則からなる，広範かつ柔軟なアプローチを採ることが重要である．PECC (Pacific Economic Cooperation Council) では競争原則を発展させてきており，1999年にオークランドで APEC 首脳によって支持されている[35]．

PECC の競争原則の中核となる原則は，包括性，透明性，説明責任及び無差別である．包括性とは，経済発展に影響するすべての政策形成において競争の次元が重要であることを示しており，透明性は，原則の適用プロセスにおける明確性を確保するものである．メンバーは，原則からの逸脱について説明すべきであり，こうした原則は，移行期間が過ぎれば，差別なしに適用されなければならない．

中核となる原則を実施するために，様々な基本的措置が提案されている．それには，すべての関連する政府の法令及び規制を再審査し，それらがどの範囲で競争を歪めているかを確かめることや，事業上の行為に対する競争法を含む適切な規律を通して競争制限行為のリスクを最小化することにより，競争促進を前進させることが含まれる．PECC 競争原則では，重要性を増している国境を超える問題への対処だけでなく，APEC 途上国メンバーのキャパシティー・ビルディングを目的とした競争当局間の国際協力の重要性も強調されている．

PECC 競争原則は，競争政策を形成・実施する上で重要な役割を果たすべきである．しかし，一つの問題は，それが拘束力を有しないことである．非拘束の原則は，競争的環境を追求する上での APEC の自主主義に平仄が合うものではあるが，実効性を欠くおそれがある．APEC メンバーが自発的に競争を促進し，さらに，拘束的な原則を確立するためにも，一層の競争が経済に及ぼす影響を見極めることが重要である．好ましい点も好ましくない点もある一層の競争による影響を検討し，見極めることが研究者の課題である．

(翻訳：千葉大学法経学部教授　栗田　誠)

1) 2000年9月21-23日にカナダのビクトリア大学で開催された APEC 競争政策コンファレンスで発表．

2) Caves, Richard E. (1989) "International Differences in Industrial Organization," in Richard Schmalensee and Robert Willig, eds. Handbook of Industrial Organization, volume 2 North Holland : Amsterdam, 1225-1250.
3) Nugent, Jeffrey B. and Seung-Jae Yhee (2000) "Small and Medium Enterprises in Korea : Achievements, Problems, and Policy Issues," prepared for World Bank's project on Dynamism of Small and Medium Enterprises, World Development Institute, 9-10.
4) Wang, Yueping and Yang Yao (2000) "Technology Acquisition Capabilities and Development of China's Small Enterprises in Industry," prepared for World Bank's project on Dynamism of Small and Medium Enterprises, World Development Institute, 6-8.
5) Berry, Albert and Edgard Rodrigues (2000) "Dynamics of SMEs in a Slow-Growth Economy : The Philippines in the 1990s," prepared for World Bank's project on Dynamism of Small and Medium Enterprises, World Development Institute, 7-8.
6) 同上9頁.
7) Aw, Bee Yan (2000) "Productivity Dynamics of Small and Medium Enterprises in Taiwan (China)," prepared for World Bank's project on Dynamism of Small and Medium Enterprises, World Development Institute, 7-13.
8) Wang, Yueping and Yang Yao (2000), 10-14.
9) Audretsch, David B. (2000) "The Economic Role of Small- and Medium-Sized Enterprises : The United States," prepared for World Bank's project on Dynamism of Small and Medium Enterprises, World Development Institute, 13-15.
10) Urata, Shujiro (1990) "The Impact of Imported Technologies on Japan's Economic Development," in Chung H. Lee and Ippei Yamazawa eds. The Economic Development of Japan and Korea : A Parallel with Lessons, Praeger : New York, 75-82.
11) Pricewaterhouse Coopers (1999) は,合併,カルテルその他の協定を含む具体的な競争制限行為が効率性に及ぼす悪影響に関する議論を提供している. Pricewaterhouse Coopers (1999) APEC Competition Law Study Ⅳ : A Report by Pricewaterhouse Coopers, mimeo., July 1999.
12) この競争法の枠組は,前掲 Pricewaterhouse Coopers (1999) で議論されている世界銀行及び OECD の作業に拠っている.
13) Bollard, Alan and Kerrin M. Vautier (1998) "The Convergence of Competition Law within APEC and the CER Agreement," in Rong-I Wu and Yun-Peng Chu, eds. Business, Markets and Government in the Asia Pacific, Routledge : London, 126-133.
14) 同上.
15) Bollard, Alan and Kerrin M. Vautier (1998), 135-136.
16) 同上.

17) World Bank, CD-ROM.
18) 幼稚産業論については，例えば次のような国際貿易に関する標準的な教科書参照．Krugman and Obstfeld (1994) International Economics: Theory and Policy, Third Edition, Harper Collins Publishers: New York, 257-259.
19) Esposito, Louis, and Frances F. Esposito (1971) "Foreign Competition and Domestic Industry Profitability," Review of Economics and Statistics, 53 (November), 343-353.
20) de Melo, Jaime and Shujiro Urata (1986) "The Influence of Increased Foreign Competition on Industrial Concentration and Profitability," International Journal of Industrial Organization, 4 (3), 287-304.
21) Chou, Tein-Chen (1988) "Concentration and Profitability in a Dichotomous Economy: The Case of Taiwan," International Journal of Industrial Organization, 6 (4), 409-428.
22) Lee, Kyu-Uck, Shujiro Urata, and Inbom Choi (1992) "Industrial Organization: Issues and Recent Development," in Structural Adjustment in a Newly Industrializing Country: The Korean Experience, eds., V. Corbo and S. M. Suh, Johns Hopkins University Press, Baltimore and London, 216-222.
23) Kawai, Hiroki (1994) "International Comparative Analysis of Economic Growth: Trade Liberalization and Productivity," The Developing Economies vol. XXXII, no. 4, 373-397.
24) Urata, Shujiro and Kazuhiko Yokota (1994) "Trade Liberalization and Productivity Growth in Thailand," The Developing Economies, vol. XXXII, no. 4, 444-459.
25) 韓国については，関税率の単純平均が1988年から1993年の間に19.2%から11.6%に低下し，非関税障壁の発生率が同期間に9.0%から1.7%に低下した．PECC (Pacific Economic Cooperation Council) (1995) Survey of Impediments to Trade and Investment in the APEC Region, Singapore, 8.
26) Yamazawa, Ippei and Shujiro Urata (2000) "Trade and Investment Liberalization and Facilitation," in Ippei Yamazawa, ed. Asia Pacific Economic Cooperation (APEC): Challenges and Tasks for the Twenty-First Century, Routledge: London, 64-67.
27) Caves, Richard E. (1974) "Multinational Firms, Competition, and Productivity in Host-Country Industries," Economica 41 (May): 176-193.
28) Globerman, Steven (1979) "Foreign Direct Investment and 'Spillover' Efficiency Benefits in Canadian Manufacturing Industries," Canadian Journal of Economics, 12 (1), 42-56.
29) Blomstrom, Magnus and Hakan Persson (1983) "Foreign Investment and Spillover Efficiency in an Underdeveloped Economy: Evidence from the Mexican Manufacturing Industry," World Development 11 (6), 493-501.

30) Blomstrom, Magnus and Edward N. Wolff (1994) "Multinational Corporations and Productivity Convergence in Mexico," in William Baumol, Richard Nelson, and Edward N. Wolf, eds., Convergence of Productivity: Cross-national Studies and Historical Evidence, Oxford University Press, New York, 274-275.
31) Haddad, Mona, and Ann Harrison (1993) "Are There Positive Spillovers from Direct Investment ? Evidence from Panel Data for Morocco," Journal of Development Economics 42 (1), 51-74.
32) Aitken, Brian and Ann Harrison (1994) "Do Domestic Firms Benefit from Foreign Direct Investment ? Evidence from Panel Data," Policy Research Working Paper 1248, Policy Research Department, World Bank, Washington, D.C.
33) 表4において，特定のFDI政策項目についての特徴が報告されていない場合には，得点を0点とした．
34) Yamazawa, Ippei and Shujiro Urata (2000), 67.
35) PECC (1999) PECC Competition Principles: PECC Principles for Guiding the Development of a Competition-Driven Policy Framework for APEC Economies, Pacific Economic Cooperation Council: Singapore.

米国における国際カルテル刑事事件と
域外管轄権問題

ドーゼイ・D. エリス・Jr.

　かなり前に原子力技術者から経営コンサルティングの権威に転身した大前研一は,「ほとんどの人が考えている以上に早く,企業の『国籍』という考えは古めかしいものとなるであろう.それは既に時代遅れになっている.」と予測した[1].彼の予測は既に,大方現実のものとなっている.マクドナルドは,身近なメイン・ストリートやモールの至る所に所在している.かつて「ビッグ・スリー」と呼ばれた米国の3大自動車メーカーの一つは,今ではドイツ兼米国の会社であり,自動車の精髄である英国ジャガーは,フォードによって生産されている.これ以上にアメリカ的なものはないくらいの野球においても,プロ野球チームのシアトル・マリナーズには任天堂が出資し,鈴木一朗と佐々木主浩というスター選手がいる.こうした事例には限りがない.

　大前は,インターネット時代が到来する前の,「E-コマース」という用語がまだ造られていない時期に執筆したのであるが,新しい世界秩序が矛盾をはらむものであることを見抜いていた.「政治の地図では,今までどおり,国境線が引かれているが,金融や産業活動の実際のフローを示す競争の地図では,境界線は大方消えてしまっている」[2].この点が今日私が論じようとしている問題の根源なのである.なぜなら,事業活動のグローバル化は加速しているが,政治のパラダイムは基本的に19世紀の国民国家のままなのだから[3].

　こうした状況の下で,国家には,次の三つの選択肢がある.
1. 政府によるいかなるルールにも縛られないで事業活動ができるようにすること
2. 多国籍の企業活動を対象にできるように国家の規制スキームを拡張すること
3. 多国籍の企業活動を有効に規制できるように多国間の法的機構を創設す

ること

競争法(反トラスト)規制の分野では,政策決定者は,一種のグローバルな自由放任になってしまう第1の選択肢を好みはしないだろう.試行的なものとしては,WTOその他の下で多国間の執行体制を創設するという第3の選択肢を目指すという動きがある[4].しかし,当面の選択としては,多国籍の活動を対象にできるように国内法の管轄権を拡張するという第2の選択肢になる.米国がこの努力の先導者であり,他の国等が追随しようとする上で手本となっている.

本稿では,米国における域外適用の発展,拡張及び現状を概観し,他国での域外的管轄権の状況及び見通しを簡潔に素描した上で,域外的管轄権の行使により引き起こされる問題点のいくつかを明らかにするとともに,今後の展望を示したい.

I

20世紀の最後の10年間において,米国により域外的管轄権が正に爆発的に行使された.それとともに,刑事罰の活用が増大し,科されるサンクションが劇的に厳しくなった.これは,ハリー・ファースト(Harry First)教授が示唆しているような,「国際競争法の出現」を予告する「事件ごとの判例法による法発展のプロセス」であるかもしれないし[5],オーストラリア取引慣行委員会元委員のワレン・ペンジレイ(Warren Pengilley)がみなすような,「米国の立法的・司法的帝国主義」の現れであるかもしれない[6].

いずれにせよ,司法省反トラスト局長は,これが自らの任期における真の成果であると考えている.ジョエル・クライン(Joel Klein)司法次官補は1999年秋に,「世界中における反カルテル執行の新時代の夜明け」[7]を宣言しつつ,反トラスト局が1999会計年度においてシャーマン法による訴追の全期間の合計よりも大きい額の罰金を得たことを公表した[8].11億ドルという罰金額は,それまでの記録であった1998年度の額の4倍近くに達する.重要なことは,1997年度及び1998年度の罰金額の90パーセント以上が,そして,1999年度の罰金額のほとんどすべてが国際カルテル事件によるものであったという点である.最

高額の罰金は，米国外の企業に対するものである．1999年度にスイス企業に対して科された5億ドルの罰金は，それだけで前年度に反トラスト法違反で科された罰金の合計額を上回るものであったし，当時「司法省があらゆる法令による手続で得た罰金額としても最高額」であった[9]．さらに，「1,000万ドルの罰金がSGL Carbonのドイツ人CEOに科され」[10]，司法省は，「2人の欧州人の役員との間で，有罪の答弁を行い，米国刑務所で服役するという前例のない合意」[11]を交渉した．1998会計年度及び1999会計年度において，反トラスト法違反で刑事訴追された法人の約50パーセントが米国外の法人であり[12]，1,000万ドル以上の罰金刑を受けた26法人のうちの約半数が外国法人であった[13]．最後に，当時，約35の大陪審で国際カルテルを捜査中であった．

クリントン政権からブッシュ政権への移行期においても，この状況が続いてきている．2000会計年度において，反トラスト局の刑事事件のほぼ三分の一が国際カルテルにかかわっており，約30の大陪審で国際カルテルを捜査していた[14]．2001会計年度においても，黒鉛電極の国際価格カルテル事件に参加したとして，三菱商事に1億3,400万ドルの罰金が最近科された[15]．この事件で刑事訴追され，罰金が科された他の企業は，次のとおりである．ドイツのSGL Carbon（1億3,500万ドルの罰金），コネチッカット州のUCAR International（1億1,000万ドルの罰金），サウス・カロライナ州のShowa Denko Carbon（3,250万ドルの罰金），日本の東海カーボン（600万ドルの罰金），日本のSEC（480万ドルの罰金），日本の日本カーボン（250万ドルの罰金）[16]．ミラノに本拠を置く，ABB（Asea Brown Boveri）の子会社は，米国援助庁が資金を提供しているエジプトでの建設工事に係る入札談合に参加したとして有罪の答弁をし，最近，5,300万ドルの罰金刑を受けた[17]．別表は，反トラスト法違反による1,000万ドル以上の罰金刑のリストである．この額の罰金刑の最初の事例が1996年であることに注意されたい．

制裁を科されているのは外国法人だけではない．ドイツとスイスの役員が反トラスト法違反の有罪判決を受けて米国で服役し，最近刑期を終えている[18]．威信のある英国のオークション・ハウスであるChristie'sの英国人会長は，米国人の共謀者であるSotheby'sの会長と共に，オークション品の手数料協定の

64　I　総論的問題

別表　　　　　　　　　　国際カルテル事件一覧表

ANTITRUST DIVISION
Sherman Act Violations Yielding a Fine of $10 Million or More

Defendant (FY)	Product	Fine ($Millions)	Geographic Scope	Country
F. Hoffmann-La Roche, Ltd. (1999)	Vitamins	$500	International	Switzerland
BASF AG (1999)	Vitamins	$225	International	Germany
SGL Carbon AG (1999)	Graphite Electrodes	$135	International	Germany
UCAR International, Inc. (1998)	Graphite Electrodes	$110	International	U. S.
Archer Daniels Midland Co. (1997)	Lysine & Citric Acid	$100	International	U. S.
Takeda Chemical Industries, Ltd. (1999)	Vitamins	$72	International	Japan
Daicel Chemical Industries, Ltd. (2000)	Sorbates	$53	International	Japan
ABB Middle East & Africa Participations AG (2001)	Construction	$53	International	Switzerland/ Hdq. Italy
Haarmann & Reimer Corp. (1997)	Citric Acid	$50	International	German Parent
HeereMac v. o. f. (1998)	Marine Constructrion	$49	International	Netherlands
Sotheby's Holdings Inc. (2001)	Fine Arts Auctions	$45	International	U. S.
Eisai Co., Ltd. (1999)	Vitamins	$40	International	Japan
Hoechst AG (1999)	Sorbates	$36	International	Germany
Showa Denko Carbon, Inc. (1998)	Graphite Electrodes	$32.5	International	Japan
Philipp Holzmann AG (2000)	Construction	$30	International	Germany
Daiichi Pharmaceutical Co., Ltd. (1999)	Vitamins	$25	International	Japan
Nippon Gohsei (1999)	Sorbates	$21	International	Japan
Pfizer Inc. (1999)	Maltol/Sodium Etythorbate	$20	International	U. S.
Fujisawa Pharmaceuticals Co. (1998)	Sodium Gluconate	$20	International	Japan
Dockwise N. V. (1998)	Marine Transportation	$15	International	Belgium
Dyno Nobel (1996)	Explosives	$15	Domestic	Norwegian Parent
F. Hoffmann-La Roche, Ltd. (1997)	Citric Acid	$14	International	Switzerland
Merck KgaA (2000)	Vitamins	$14	International	Germany
Degussa-Huls AG (2000)	Vitamins	$13	International	Germany
Ueno Fine Chemicals Industry, Ltd. (2001)	Sorbates	$11	International	Japan
Eastman Chemical Co. (1998)	Sorbates	$11	International	U. S.
Jungbunzlauer International AG (1997)	Citric Acid	$11	International	Switzerland
Lonza AG (1998)	Vitamins	$10.5	International	Switzerland
Akzo Nobel Chemicals, BV & Glucona, BV (1997)	Sodium Gluconate	$10	International	Netherlands
ICI Explosives (1995)	Explosives	$10	Domestic	British Parent
Mrs. Baird's Bakeries (1996)	Bread	$10	Domestic	U. S.
Ajinomoto Co., Inc. (1996)	Lysine	$10	International	Japan
Kyowa Hakko Kogyo Co., Ltd. (1996)	Lysine	$10	International	Japan

Source: James M. Griffin, "Status Report: Criminal Fines, International Cartel Enforcement, Corporate Leniency Program," 49th Annual Spring Meeting, American Bar Association Section of Antitrust Law, Criminal Practice and Procedure Committee, March 28, 2001, p. 5. http://www.usdoj.gov/atr/public/speeches/8063.htm [visited 6/1/01].

疑いで起訴されている[19]．日本の化学会社の4人の日本人役職員は，食品添加物の価格カルテルに参加していたとして，最近起訴された[20]．

　90年代にこうした目覚しい結果となったことについては，いくつかの要因によるものである．第1に，ほとんどすべての事件が，公判ではなく，交渉による司法取引によって決着していることである[21]．第2に，シャーマン法は1990年までの改正により，法人について1,000万ドルまでの罰金刑，個人について35万ドルまでの罰金刑（加えて，3年までの禁錮刑）を定めているが[22]，反トラスト局では，1987年罰金改善法により定められた代替的な罰金刑をますます用いるようになってきていることであり，これにより，法人・個人共に，違反により得た利得又は与えた損害の2倍までの罰金刑が可能になっている[23]．司法取引で事件を決着させることにより，政府は，違反による利得又は損害の立証という大変な難題を免れることができる[24]．

　すべての事件が水平的価格カルテルに関するものであることが，政府の上首尾につながっているもう一つの要因である．シャーマン法の「当然違法」の違反行為については，経済効果の立証を必要とせず[25]，市場画定も市場力の存在も不要である．被告人にとっては，政府の提訴を争う上での根拠がほとんど見当たらず，米国人の陪審の前での公判に進むと，有罪となる可能性は一層高くなってしまう．

　司法省が反トラスト分野で法執行の武器を強化していることも，有罪の獲得に大いに役立っている．反トラスト局では，情報提供者，捜索令状，電話盗聴・ビデオ監視・小型マイクを含む電子的監視手段やFBIその他の法執行当局の捜査能力を活用してきている[26]．反トラスト局では，法人やその役職員に違反の証拠を提供するように仕向ける上で大きな誘因となる，洗練された法人宥恕プログラム（corporate leniency program）を発展させてきている[27]．反トラスト局では，捜査に関連する情報を有しているかもしれない外国人を拘留するため，移住帰化局（INS）との間で実効的な国境監視の取決めについて交渉し[28]，また，外国の企業役員による協力に対するインセンティブを定める了解覚書をINSとの間で締結している[29]．

　司法省による外国法人及び外国人の訴追の成功に寄与している要因のリスト

から明らかに落ちている項目として、国際協力がある．反トラスト局では，「積極的礼譲（positive comity）」[30]と名付けられた政策をオーストラリア[31]，カナダ[32]，日本[33]及びEU[34]との協力協定において追求してきているが，これらの協定は，こうした訴追においては重要とはいえない役割を果たしてきているにすぎない[35]．

反トラスト局では、司法取引、引き上げられた罰金刑及び法執行上の強力な手段を駆使する新規の能力が役立っているわけであるが、米国外での行為について外国法人及び外国人を訴追するための法的な根拠があらかじめ発展してきていなければ、これらを活用することもできないのである．

米国反トラスト法の執行において域外的管轄権の行使のための法的根拠が発展し始めるのは遅かった．1890年制定のシャーマン法は、その文言上、「数州間若しくは外国との取引又は通商」[36]に適用されるが、アメリカン・バナナ（American Banana）事件においてホームズ（Holmes）判事は、反トラスト事件に適用される国際法上の属地的管轄権の概念を狭く解釈し、米国反トラスト法の適用範囲を米国内での行為に限定したと考えられる[37]．それにもかかわらず、わずか2年後に、外国法人である英国のImperial Tobaccoに対して、同法の初期のリーディング・ケースの一つとされる事件が提起された．同社は、American Tobaccoその他の米国法人及び個人と共謀し、お互いの主要市場で競争しないように取り決めていたと認定された[38]．この協定は、明らかに英国で締結されていた．

この事件から30年間、この問題にほとんど動きはなかったが[39]、アルコア（Alcoa）事件[40]において、ハンド（Learned Hand）判事はこの問題に直面することになった．ハンド判事は、カナダ法人であるAluminiumが、主として欧州企業によって構成された、アルミ塊の生産制限カルテルである「同盟（Alliance）」に参加することにより、シャーマン法に違反したと判示した．Alcoaもその他の米国企業も、このカルテルに参加したとは認定されなかった．ハンド判事のこの争点に関する判示からみて、この争点が米国法の問題であると判事が考えていたことは明らかである[41]．

「ここでの唯一の問題は、米国と関係のない者による米国外での行為に

対して責任を課そうと連邦議会が意図していたか否か，そして，合衆国憲法上議会がそうすることが許容されているか否かである．米国裁判所としては，米国法を越えて考察することはできない.」

しかし，ハンド判事は，「裁判所が捕らえることができる者すべてを，米国内に何らの結果をもたらさない行為について罰するという意図を連邦議会が有していた」とは判断しなかった[42]．判事は，カルテルが「［米国への］輸入に影響を及ぼす意図でなされ，かつ，現に影響を及ぼした場合には」シャーマン法違反であるという結論を出した[43]．政府は疑問の余地なく意図を立証しており，それにより，効果がないことを立証する責任が被告に移ると判事は判断した[44]．このように，米国通商に効果を及ぼす意図を証明すれば，ハンド判事の明確な記述の下で，一応有利な事件（a prima facie case）と認めるに十分である．

ハンド判事による域外的管轄権のテスト，すなわち意図プラス通商への若干の効果のテストが標準とはなったものの，その後の判決では様々な表現が用いられてきている[45]．1977年に作成された国際的活動に関する反トラスト・ガイドにおいて，反トラスト局は，外国取引に対する管轄権のテストとして，「米国通商に対する実質的で予見可能な効果」を採用した[46]．連邦議会は，1982年に外国通商反トラスト改善法[47]を成立させたが，輸出取引に適用されるものとして「取引又は通商に直接的，実質的かつ合理的に予見可能な効果」が規定されていた[48]．反トラスト局は，改定された国際的事業活動ガイドラインにおいて，輸入取引や合併についてもこの文言を用いた[49]．裁判所がこの規準を用いる場合に他国の利益を考慮すべきか否かも論点であった[50]．第9巡回区控訴裁判所はティンバーレイン事件判決で，これを考慮すべきであると判示したが[51]，反トラスト局は，米国反トラスト法の遵守が他国の法令との現実の衝突をもたらす場合に限り，礼譲の問題が生じるという立場を採った[52]．

最高裁判所は，1993年のハートフォード・ファイア（Hartford Fire）事件判決[53]で，「シャーマン法が米国内に何らかの実質的な効果を及ぼすつもりで行われ，かつ，現にそうした効果を及ぼした外国での行為に対して適用されるこ

とはこれまで十分に確立されている」と判示して，この問題に決着をつけた[54]．

この事件で原告は，米国の保険会社からの要請で，ロンドンの再保険会社グループが会合し，北米の災害保険をカバーする再保険契約から一定の責任範囲を除外することを合意したと主張した．ロンドンの再保険会社は，国際礼譲の原則により，地方裁判所は管轄権の行使を自制すべきであったと主張した．再保険会社は，英国の国会がロンドン再保険市場の規制体制を定めており，再保険会社の行為は英国の法令及び政策に合致していると主張した．最高裁は，英国法が米国法で禁止されている行為を義務付けるものではなく，両国の法令を遵守することが不可能なわけではないから，英国法との衝突は存在しないと判示して，再保険会社の主張を退けた．

ハートフォード判決は，その当時論争を招いたが[55]，少なくとも米国企業も違反行為に参加していて提訴されている民事事件に関しては，外国企業に対する反トラスト法執行上の法的障害を取り除くものであるようにみえた．完全に米国の領域外で行われた行為について外国企業を刑事訴追する場合にも同じ規準が適用されるか否かについて，初めての控訴裁判所の判決が下されたのが1997年の日本製紙（Nippon Paper）事件[56]である．「1945年のアルコア判決と1997年の日本製紙判決との間に，外国人による完全に米国外での行為に対して米国反トラスト法を適用しようとした事件で判例集に登載されているものは見当たらない」[57]．これまでの反トラスト法執行の歴史の中で，政府は，そうした事件に刑事制裁を科そうとはしてこなかった．

日本製紙判決で第1巡回区控訴裁判所は，外国法人により完全に米国外で行われた行為であっても，米国内に効果を及ぼす意図でなされ，かつ，現にそうした効果を及ぼした場合には，当該外国法人を刑事訴追することができると判示した．起訴状で，被告人は，1990年に他の者と，販売先である独立商社に北米で高い価格で再販売するという条件を付けて販売することにより，北米でのファックス用感熱紙の販売価格を引き上げることを共謀し，さらに，商社が高価格での販売を遵守しているかどうかを確認するために再販売状況を監視することを合意したとされた[58]．地方裁判所は，「外形的な行為が全く米国内では

行われていない共謀行為に対してシャーマン法の刑事規定は適用されない」と判示して, 被告人の正式事実審理なしの判決の申立てを認容した[59]. 控訴裁判所は, 原判決を破棄し, 起訴を有効なものとした. その理由付けには弱点があり, 基礎にある事実関係も, かかる事件を起訴することの適否に関する疑念を強めるものである.

法廷意見は, 連邦議会の意図がそうではないことが明確に示されているのでない限り, 連邦法は領域的管轄権の範囲内での行為に対してのみ適用されると推定されることを認めている[60]. 裁判所は, 民事反トラスト事件に関しては, 既にハートフォード・ファイア判決[61]が「米国内に何らかの実質的な効果を及ぼすつもりで行われ, かつ, 現にそうした効果を及ぼした外国での行為」にシャーマン法が適用されるという結論を出し, この問題を解決していると判断した[62].

裁判所は, ハートフォード・ファイア判決が民事の 3 倍額賠償事件であることを理由に区別することをせず, 民事訴訟も刑事訴追も「同じ法律の同じ条文の同じ文言を根拠とする」ものであり,「常識 (common sense)」と「一般に受け入れられた法解釈原則 (accepted canons of statutory construction)」からみて, 当該規定が統一的に解釈されるべきであると判示した[63]. ハートフォード・ファイア判決は, 民事事件でシャーマン法を域外適用するという連邦議会の明確な意図を認定しており, 同じ文言について刑事事件では異なる解釈をするということは「不誠実 (disingenuous)」であるとした[64].

この結論を得たことにより, 裁判所は, 被告人及び (法廷の友としての) 日本政府の主張を退ける上で困難はほとんどなかった. その主張とは, 先例がないこと, 域外的な刑事訴追に対する強い否定的な推定, 対外関係法リステイトメント (第 3 版)[65]が採る解釈, 謙抑の原則 (rule of lenity), そして礼譲であった.

裁判所は, ハートフォード・ファイア判決を根拠に, 被告人及び日本政府の礼譲の主張を退けた. 同判決によれば, 被告が米国法と関係する外国法とを同時に遵守することができない場合にのみ, 礼譲が適用され得るのであり, 裁判所が指摘するように, 価格協定は日本法においても違法なのであるから, 本件

では明らかにそうではない[66]．

差戻し審理の結果，陪審は評決を下すことができず，ガートナー（Gertner）地方裁判所判事は，被告人の公訴棄却の申立てを容認した[67]．同判事は，日本の製造業者が米国でのファックス用紙の価格を共謀し，被告人日本製紙もその共謀の一部であったという公訴事実は証拠に支えられていると認定したが，同時に，出訴期間の始期より前に共謀から脱退していたとも認定し，その結果，政府は立証責任を果たしていないことになった．法廷意見のいくつかの点がより大きな争点に関係している．

第1に，「公判では，礼譲に関する懸念と［外国企業の］刑事訴追という急迫した事情とが目立って現れていた．言葉と意味に関する基本的な問題――日本の文化と伝統からみて，どの推論が合理的で，どの推論が合理的でないか――が事件中に満ちていた」[68]．特に，政府と被告人のそれぞれが依頼した通訳が，日本の製造業者の代表同士の議論で使われている重要な用語の適切な英語訳を巡って一致しなかったし[69]，「政府側の重要証人（star witness）」の証言は，ボストン時間で午後6時に東京とボストンとを結ぶビデオ電話会議を通じて録取せざるを得なかった[70]．政府側証人の一人は，日本人相互間の取引では暗黙のことかもしれない，「日本人が共有する価値」を理解することが欧米人には困難であったと認めている[71]．それにもかかわらず，裁判所が指摘するように，陪審員は，「共有された認識（shared perception）」から推論することが期待されているのである．もし日本人の認識が異なっているのであれば，被告人は，当該争点に関する証拠を陪審に提出する責任を負う[72]．

第2に，日本の製造業者の代表同士が会合を開いたのは，米国で「公正価額未満の」価格設定をしているとして，日本の製造業者に対してアンチ・ダンピング手続を開始すると米国の製造業者が脅したことがきっかけとなっていたことが証拠上明らかである[73]．判事が認めるように，「すべて米国企業が仕組んだ出来事のにおいがする」[74]．日本の製造業者は，この脅しに対応した戦略を練るために合法的に会合を開き，価格を話し合うことすらできたのであり，また，各製造業者は，競争業者の価格設定戦略に同調することを独立に決めることができたのであるが[75]，北米市場で設定する価格を取り決めることはでき

なかった．被告人とその共謀相手とされる者とが直面したジレンマに注意されたい．もし米国国際貿易委員会での手続の脅しに対応しなかったならば，費用のかかる手続に巻き込まれることになり，その結果，製品に懲罰的な関税を課され，米国市場での価格を引き上げることとなっていたかもしれないのである．他方，もし戦略の議論が許容されない協定を定義している微妙な一線を越えたり，あるいは越えたようにみえたりすると，反トラスト訴訟や刑事訴追の対象にされてしまう．

第3に，第一審裁判所が採用した「効果」の定義には問題がある．訴追のための管轄権の基礎は，問題の行為が「この国に実質的な効果を及ぼすことを意図してなされ，かつ，実際にそうした効果を及ぼした」ことである[76]．しかし，価格協定は，反トラスト法の下で当然違法であり，協定そのものが違反を構成する[77]．この点を解決するために，ガートナー判事は，「『当然プラス（per se plus）』テストに似たもの」を採用し，「伝統的な国内の分析に加え，米国市場との実質的な関連を示すことにより，実質的な効果を政府が立証するよう求めた」[78]．判事は，陪審に対し，「実質的な効果は次のいずれかの方法で立証することができる」と説示した．

・共謀により影響を受けた取引量が実質的か否か．
・共謀によって影響を受けたとされる市場シェアが実質的であるか否か．
・共謀が全体として，ファックス用感熱紙市場における競争を実質的に制限したか否か[79]．

このテストの下で，本件では明らかにそうであったように，問題となっている共謀が価格を決定する（あるいは，安定させる）上で全く無力であったとしても，販売量から効果を推定することにより，「実質的効果」という管轄権の要件を満たすことができるかもしれない[80]．

要約すると，20世紀最後の10年間に，国際価格カルテルの共謀に対する訴追が劇的に増加し，その多くは米国外での行為に基づき，外国企業のみを対象としたものであった．莫大な，前例を破る額の罰金が科され，外国企業の外国人役員が米国刑務所で服役した．しかし，外国の被告人の事件で公判にまで進んだのはわずか1件である．その事件では，決定的に重要な先例とはなったが，

政府は最終的に敗訴した．その他の外国企業に対する事件では，司法取引と同意判決により処理された．

刑事事件とともに，民事事件も爆発的に提起された．民事事件の中には，ビタミン事件の15億ドル近い額のような，唖然とさせるような額の和解が成立したものもある[81]．オークション・ハウスのSotheby'sとChristie'sに対する3倍額請求の和解は，これまでのところ5億ドルに達している[82]．実際，米国は，反トラスト（及びその他の）原告にとってメッカとなってきているが，すべてが成功しているわけではない．米国以外の企業に米国以外の原告が3倍額賠償を請求する事件では，特に成功していない[83]．

国際法原則と平仄が合わないように連邦法を解釈してしまうことを避けるためのマーシャル（Marshall）最高裁判所長官の警句[84]は，解釈原則として引用され続けている．しかし，それは，実際に適用するとなると大変難しい原則である．米国反トラスト法の域外適用の発展が示しているように，一般国際法の管轄権原則は大変柔軟なものである．

19世紀の法律家は一般に，公海における海賊行為のような例外的事件を除き，国際法の領域管轄権原則が国家法の適用範囲を制限すると考えていた[85]．ホームズ判事がアメリカン・バナナ事件[86]で，シャーマン法の域外的適用範囲の制限としてこの原則を持ち出したことは，シャーマン法が20年程前に制定された頃に一般的であった見解に合致したものであった．この原則は，米国法において有効であり続け，最近でも，最高裁判所がアラムコ（Aramco）事件[87]において，「『連邦議会の立法は，反対の意図が表れていない限り，合衆国の領域的管轄権の範囲内においてのみ適用されるものである』という長年の米国法の原則」として用いたところである．

しかし，1935年にハーヴァード大学の研究[88]が公表されて以来，国際法学者は，一般国際法が域外的管轄権を正当化する他の原則（「保護主義」，「普遍主義」，「国籍主義」及び「受動的属人主義」）を承認していることを認めてきている．これらの原則は，注釈者[89]や米国裁判所[90]によって引用されてきている．これらの原則の中には，米国外での反競争的行為が米国経済や米国民に影響を及ぼす場合に，そうした行為を適用するために用いられ得るものがある．受動

的属人主義は，自国法に違反して自国民に危害を及ぼす者に対して，その危害がどこで起ころうとも，管轄権を及ぼすことを正当化するものであるが，おそらく用い得るであろう．しかし，この原則は，最も論議のあるものであり，「米国の立法者にとって伝統的に大嫌いなもの」[91]である（空での海賊行為に関する事件で部分的に用いられたことがあるものの[92]．保護主義は，通常，国家安全保障や通貨といった，重大な国家的利益が脅かされている場合に限定される[93]．他の原則は，明らかに適用されない．

　こうして，議論は属地主義に立ち戻ることになる．しかし，ここでも国際法原則の可塑性は明らかである．なぜなら，「客観的属地主義」の概念が，領域外での行為であって領域内に効果を及ぼすものを対象にできるように，属地主義を拡張するからである．常設国際司法裁判所がローチェス号（Lotus）事件[94]で述べたとおり，「多くの国の裁判所は，構成要素の一つ，……特に結果が自国内で生じている場合には，違反行為が自国内で行われたものとみなされるという趣旨に刑事法を解釈している」．このように，「効果」原則は，領域的管轄権に根拠を有している[95]．そして，国際法原則の権威ある記述として認められているリステイトメント[96]は，反トラスト事件の管轄権の根拠の一つとして，意図的かつ現実の効果を承認しているのである[97]．

Ⅱ

　米国は，これまで反トラスト法の適用範囲を拡張することに最も積極的である．しかし，経済活動がグローバル性を増していること，市場経済原理が急速に受け入れられていること，国際法の管轄権原則が域外適用にとって重大な障害でなくなってきていること，そして，他国においても国際カルテルによる悪影響から自国民を保護したいと考えるのがもっともであることからみて，他国も多分，米国の例に倣おうとするであろう．

　実のところ，いくつかの例が出てきている．最も注目に値するのはECであり，EC外の企業に対して二つの根拠により管轄権を主張している．最もよく確立されている根拠は，EC域内における子会社の存在である[98]．しかし，ECは，ローマ条約第85条（現在の第81条）の「加盟国間の取引に影響を及ぼ

し得る」という管轄権に関する文言上，EC外の企業にも適用できると解釈してきている．欧州司法裁判所は，ダイスタッフ（Dyestuff）事件[99]で初めてこの概念を用いたのであり，ICI（英国企業）が価格カルテルを手助けし，それによりEC域内に影響を及ぼしたことについて，この概念が制裁金を課す根拠の一つとされているようである．同裁判所は，1988年のウッドパルプ（Woodpulp）事件[100]の判決で，EC企業が全く参加していないカルテルに対してこの理論を適用した．企業側は，EC委員会の決定が「効果」理論に基づいていることは誤りであると主張した．法務官は，加盟国における影響が「実質的，直接的かつ予見可能な」ものである限り，「効果」理論に依拠することは適切であると論じた．しかし，欧州司法裁判所は，「効果」の用語を避け，EC域外で行われた協定であっても，その協定がEC域内で「実施」された場合には，行為者に対してECの管轄権が及ぶと判断した．「実施」理論が効果理論よりも狭いものか否かについては一つの論点である[101]．合併規制に関する第一審裁判所の最近の判決では，明示的に「効果」理論に依拠している[102]．

ECの加盟国の中では，ドイツが域外適用において最も進んでいる．ドイツの競争法は，「この法律は，この法律の施行区域外で行われた競争制限であっても，この法律の施行区域内に効果を及ぼすすべてのものに対して適用される．」と規定し，「効果」原則を明文化している[103]．ただし，ドイツ外の企業に対するこの原則の適用は，実際には合併事案に限られているようである[104]．

EC以外では，カナダがおそらく最も積極的になってきており，英国に起源を有する伝統的な狭い属地原則から，「我が国は，海外で行われた活動であっても国内で違法な結果をもたらすものについては，その行為者を訴追する正当な利益を有する」という見解に一般的に動いてきている[105]．ファースト教授が述べているように[106]，カナダは，ビタミン訴訟で米国と協力し，関連事件を含め，ドイツ，スイス及び日本の企業に対して高額の罰金を科している[107]．日本[108]やオーストラリア[109]のような，発展した競争法を有する他の国では，これまで域外に適用範囲を広げたことはない．

III

　自国の領域外で行われた外国企業の活動に対して管轄権を行使することは，現時点では国境を越えた競争制限に対して採り得る唯一の手段ではあるが，多くの問題を生じさせる．

　いくつかの問題は，適正手続という一般的な範疇のものである．こうした問題は，特に刑事事件及び競争法執行当局により提起されるその他の手続において重大である．まず，距離の制約という一連の問題がある．企業役員にとって，通常の業務から離れて司法的又は行政的手続に参加する時間をとることは，企業の事業（及び個人の生活）にとって大変な混乱のもとである．特に，経営トップの場合にはそうである．しかし，それは，法の支配の下で暮らす権利の代価として支払わなければならないものである．ところが，出頭（あるいはディスカバリー手続）が，数千マイルも離れ，追加的な時間のロスも付随して生じ得る外国で行われる場合には，この混乱は一層大きなものとなる．こうした混乱は，防御による事業にとってのコストであり，その違いによっては，争うか和解するかの判断に影響するであろう．

　企業にとってコントロールできない証人（元従業員，顧客，競争業者等）がいることによっても問題が生じる．企業役員と同様に，距離に関連する障害が証人にも生ずるが，証人は，企業のコントロールの下にはなく，企業の弁護のために出頭しようとする動機もない．距離の障害があると，さもなければ出頭するであろう証人を思いとどまらせてしまうかもしれない．手続が行われている法域内の証人に対しては利用できる強制手続が，国外に居住する外国人の出頭を強制するためには利用できないのが通常である．日本製紙事件の公判で「政府側の重要証人」について生じた問題が示しているように[110]，現代技術を用いても満足のいく解決策になるとは限らない．加えて，政府側は，企業側では利用できない強みをこの点で有している．政府は，当該企業の本国と交渉して訴追への協力を得ることができるのである．様々な協力協定が存在するが，企業側への援助は想定されていない[111]．

　最後に，適正手続の一般的範疇の問題として，外国嫌い又はそのおそれを加

えておく必要がある．この点が，合衆国憲法に修正第6条として，「すべての刑事事件において，被告人は，犯罪が行われた州又は地区の公平な陪審による迅速かつ公開の審理を受ける権利を有する」[112]旨の規定が追加された動機である．特に事実上の決定者が陪審その他の素人集団（jury or similar lay body）である場合には，審判所では外国人が不利に扱われるかもしれないという懸念は不合理なものではない．こうした問題に加え，言語や文化の違いから生じる不可避的な混乱という問題もあり[113]，外国人が自らを防御し，適正手続を得るには重大な障害があることは明らかであろう．

米国司法省反トラスト局が米国外での行為について外国企業及び外国人を積極的に訴追することを支持する論拠の一つとして，こうした事件がすべて，あらゆる競争法上違法とされ，一致して消費者利益に反するとして非難される価格協定に関するものであることが挙げられる[114]．経済学者は同意するであろうが，すべての政策決定者やその政治的支持者が同意するとは思われない．あらゆる競争法制には，一定の状況の下でカルテルを容認する例外規定を含んでいるであろうし，また，こうしたカルテルが公式の強制によって補強されていることもしばしばである．確かに米国も，保険業，農業の大きな部分，そして，特に本稿と関連する国際貿易を含め，その責任の一端を担っているのである．

1918年ウェッブ・ポメリン法（Webb-Pomerene Act）[115]は，競争業者が価格，数量，市場分割等を合意することについて，輸出に関してのみの協定であって，FTCに届け出ている限り，反トラスト法上の問題を免除している．連邦議会は，ウェッブ・ポメリン法の組合が必ずしもうまくいっていないことから，1982年輸出商社法[116]を制定し，商務長官の認証（司法長官の同意が必要）を得ていることを条件に輸出組合に対する免除を拡張した．しかし，両法とも，他国がその競争法違反に対して提起する手続からの免除を定めるものではない[117]．ECのウッドパルプ事件判決では，問題とされた協定の一部はウェッブ・ポメリン法によるものであったが，その点には何らの意味も与えられていない．裁判所は，「米国反トラスト当局には手続の初期の段階で通知がなされていたが，当局は手続に反対しなかった」と指摘している[118]．

他国の企業や個人に対して，米国法が明示的に許容し，かつ，政府の公的機

関が法律上かかわっている行為を行ったことについて米国が制裁を科すことは，少なくとも一貫していない．もちろん，競争業者が輸出に対してのみ影響する取引制限を行うことを容認しているのは，何も米国だけではない．そして，米国が他国の競争法違反による手続からウェッブ・ポメリン法又は輸出商社法による組合を保護しようとしたという証拠はない．しかしながら，米国が協力協定を締結している国，例えばオーストラリアが米国の輸出組合に対する手続において，米国に協力を要請したと仮定する．こうした状況の下で，反トラスト局はオーストラリア当局に協力するであろうか[119]．組合の構成員やその支援者（連邦議会の議員や行政府内部を含む．）から，協力しないように求める政治的圧力がかかることは間違いないであろう．米国は，1994年国際反トラスト執行支援法[120]の中の，非協力の根拠を定める包括条項である「公共の利益」規定をいつでも発動できるのである．

鉄鋼[121]のような主要産業であろうと，とうもろこし製ほうき（broom corn brooms）[122]のような経済的に重要度が低い産業であろうと，輸入が米国産業に及ぼす影響について米国が採っている政策も，外国のカルテルに対する政策の正当性を損なっている．大統領は，通商法第203条[123]の規定に基づき，国際貿易委員会の勧告により，米国の生産者が輸入品に太刀打ちできないという理由だけで，輸入割当や懲罰的関税を課すことができるのである[124]．

Ⅳ

これまでのところ，米国は飛び抜けて反トラスト法の域外的執行の拡張に積極的であった．しかし，他国もこれに報いようとすると予測するだけの十分な理由がある．確かに，EC委員会の現在の競争問題担当委員は，EC域外の企業による合併に対する執行に強硬な立場を採っている．機会があれば，ECは，EC域外でのカルテルに対する管轄権を主張するために，ウッドパルプ事件で確立され，ジェンコー（Gencor）事件で注釈がつけられた判例理論を突きつけるであろうことはまず疑いがない．日本やオーストラリア，そしてブラジルといった国が追随しないとしたら，驚くべきことである．利害や競争法の伝統が異なるこれらの国々が違反を判断する上で全く同じ基準を適用するとは考え

にくく，矛盾した結果を招くおそれがある．合併規制の分野では，多くの法域でお互いに抵触する規準を執行していることに対する懸念が既に表明されているのである．

　現時点では国際的な競争法執行体制は存在せず，国際カルテルによる悪影響から自国民を保護するために国家が採り得る唯一の選択肢が，自国の国内法を適用することである．実効的な国際的体制を確立するには，米国司法省の反対をはじめとして，幾多の困難を伴う．しかし，各国が独自に手続を採ることから予測される一貫性の欠如，抵触，費用及び非効率からは，国際的執行の方向に慎重に進んでいくべきことが強く示されている．そして，競争法と通商問題との交錯からは，WTO が少なくとも実効的な国際競争法制に関する協定交渉のための適切な傘となるべきことが示されている．

（翻訳：千葉大学法経学部教授　栗田　誠）

1) Kenichi Ohmae, The Borderless World, 10 (1990).
2) 同上18頁．
3) 例外は，EC である．EC は，共同体全体にわたる強力で実効的な執行体制を発展させてきており，単に加盟国の国内競争法の執行を補完するのではなく，条約の競争規定を積極的に執行している点で，ほとんどの加盟国よりずっと先行している．ごく最近まで，いくつかの加盟国は，競争法すら有しておらず，あるいは，実効性に欠ける執行当局しか有していなかったのである．EC 競争法の執行は，EU の全面的な経済統合という独特の脈絡の中で行われている．
4) 例えば，Wolfgang Fikentscher, On the Proposed International Antitrust Code, in ANTITRUST: A New International Trade Remedy? 345-357 (John O. Haley & Hiroshi Iyori, eds., 1995) を参照．
5) Harry First, The Vitamin Case: Cartel Prosecutions and the Coming of International Competition Law, 68 Antitrust L. J. 711, 733-734 (2001).
6) Warren Pengilly, The Extraterritorial Impact of U. S. Trade Law: Is it not Time for "ET" to "Go Home"? 20 World Comp. L. & Econ. Rev. 17, 54 (1997).
7) Joel Klein, "The War Against International Cartels: Lessons from the Battlefront," Fordham Corporate Law Institute 26th Annual Conference on International Antitrust Law & Policy, New York, New York, October 14, 1999, at 2. http://www.usdoj.gov/atr/public/speeches/3747.htm [visited 6/1/01].
8) 同上 6 頁．

9) 同上.
10) 同上 7 頁.
11) 同上 6 頁.
12) Joel Klein, "Status Report: International Cartel Enforcement," Fordham Corporate Law Institute 26th Annual Conference on International Antitrust Law & Policy, New York, New York, October 14, 1999, at 1.
13) Joel Klein, "Status Report: Criminal Fines," Fordham Corporate Law Institute 26th Annual Conference on International Antitrust Law & Policy, New York, New York, October 14, 1999, at 2.
14) James M. Griffin, "Status Report: Criminal Fines, International Cartel Enforcement, Corporate Leniency Program," 49th Annual Spring Meeting, American Bar Association Section of Antitrust Law, Criminal Practice and Procedure Committee, March 28, 2001, p. 5.
   http://www.usdoj.gov/atr/public/speeches/8063.htm [visited 6/1/01].
15) http://www.usdoj.gov/atr/public/press_release/2001/8186.htm [visited 6/1/01].
16) 同上.
17) http://www.usdoj.gov/atr/public/press_release/2001/7984.htm [visited 6/1/01].
18) 前掲注14, Griffin の 6 頁.
19) http://www.usdoj.gov/atr/public/press_release/2001/8128.htm [visited 6/1/01].
20) http://www.usdoj.gov/atr/public/press_release/2001/7310.htm [visited 6/1/01].
21) 外国被告人に対する唯一の刑事訴追がファックス紙事件で行われた．後述の United States v. Nippon Paper Industries Co., 62 F. Supp. 2d 173 (D. Mass. 1999) 参照．ADM 事件では，同社の役員2名が事実審理を経る訴追を受け，かなりの実刑を受けた．United States v. Andreas, 216 F. 3d 645 (7th Cir. 2000) 参照．Kurt Eichenwald, The Informant (2000) は，他の日本及び欧州の会社も関係した ADM 事件を解明した，とてもおもしろい顛末を記述している．
22) 15 U. S. C. § 2. 司法省は，1億ドルへの引揚げを求めている．Joel Klein, "Statement before the Subcommittee on Antitrust, Business Rights, and Competition, Committee on the Judiciary, United Senate concerning International Antitrust Enforcement," October 2, 1998 参照．
   http://www.usdoj.gov/atr/public/testimony/1971.htm [visited 6/1/01].
23) 18 U. S. C. § 3571(d). 利得又は損失による代替的罰金刑
   違法行為により金銭的な利得を得た者があり，又は違法行為により被告人以外の者に金銭的な損失が生じている場合には，被告人に対し，総利得額又は総損失額の2倍を超えない額の罰金刑を科すことができる．ただし，本項による罰金刑を科すことが量刑手続を不当に複雑にし，又は遅延させるときはこの限りでない．

24) 例えば，"Plea Agreement," United States v. BASF Aktiengesellschaft, Crim. No. 3-99-CR-200-R (N.D. Tex. 5/20/99) 5-7頁参照
[http://www.usdoj.gov/atr/cases/f2400/basf.pdf.]．交渉による答弁には，量刑ガイドラインの範囲が合意した罰金額を上回るものであることを被告人が認めたという趣旨の文言がきまって含まれる．上記7頁参照．量刑ガイドラインの基礎罰金額は，取引金額の20%で計算されるが，これは明らかに利得又は損失の2倍を推計する経験則である．Gary Spratling, "Transparency in Enforcement Maximizes Cooperation from Antitrust Offenders," Fordham Corporate Law Institute 26th Annual Conference on International Antitrust Law & Policy (1999), at tab 20, Attachment 3-5 ; tab 22 参照．

25) 米国の被告人を価格協定により有罪とする上で，効果は通常不要である．Unites States v. Socony-Vacuum Oil Co., 310 U.S. 150, 224 n. 59 (1940) 参照．ただし，Broadcast Music, Inc. v. Columbia Broadcasting System, Inc., 441 U.S. 1 (1979) も参照．実行行為がすべて米国外で行われた価格協定について米国以外の被告人の有罪を認定する上で，経済的効果を立証することが不可欠であるか否かについては，より複雑な争点であり，後述する．

26) Judy Whalley, Priorities and Practices-the Antitrust Division's Criminal Enforcement Program, 57 Antitrust L. J. 569, 571 (1988) 参照．前掲注21，Kurt Eichenwald も参照．

27) 前掲注24，Spratling の5頁参照．

28) Donald C. Klawiter, Criminal Antitrust Comes to the Global Market, 13 St. John's J. Legal Comment. 201, 208-209 (1998).

29) Memorandum of Understanding between the Antitrust Division Unites States Department of Justice and the Immigration and Naturalization Service United States Department of Justice (1996). 前掲注28，Klawiter の206-207頁も参照．

30) "Address by Anne K. Bingaman before the World Trade Center Chicago Seminar on GATT After Uruguay," http://www.usdoj.gov/atr/public/speeches/94-05-16.txt (May 16, 1994); "Address by Joel Klein Before the Fordham Corporate Law Institute,"
http://www.usdoj.gov/atr/public/speeches/fordhamjik.txt (October 26, 1995). "The International Competition Policy Advisory Committee Final Report," Chapter 5,
http://www.usdoj.gov/atr/icpac/chapter5.htm (February, 2000) も参照．

31) "Agreement Between the Government of the United States of America and the Government of Australia Relating to Cooperation of Antitrust Matters,"
http://www.usdoj.gov/atr/public/international/docs/austral.us.txt (June 29, 1982).

32) "Agreement Between the Government of the United States of America and the

Government of Canada Regarding the Application of Their Competition and Deceptive Marketing Practices Laws,"

http://www.usdoj.gov/atr/public/international/docs/uscan721.htm (August 1995).

33) Agreement Between the Government of the United States of America and the Government of Japan Concerning Cooperation on Anticompetitive Activities,"

http://www.usdoj.gov/atr/public/international/docs/3740.htm (October 7, 1999)

34) "Agreement Between the Government of the United States of America and the European Communities on the Application of Positive Comity Principles in the Enforcement of Their Competition Laws,"

http://www.usdoj.gov/atr/public/international/docs/1781.htm (June 4, 1998).

以前の協定である "Agreement Between the Government of the United States of America and the Commission of the European Communities Regarding the Application of Their Competition Laws,"

http://www.usdoj.gov/atr/public/international/docs/ec.htm (September 23, 1991) も参照.

35) ファックス紙事件で, 日本は明らかに支援を提供したが, 刑事訴追につながることを認識していなかったのかもしれない. Joel Davidow, Recent Developments in the Extraterritorial Application of U. S. Antitrust Law, 20 World Comp. L. and Econ. Rev. 5, 8 (1997) 参照. 日本政府は, 米国における刑事訴追の管轄権が欠けている旨の被告人の主張を支持して, 法廷の友として意見を提出した. United States v. Nippon Paper Industries Co., 109 F. 3d 1 (1St Cir. 1997), cert. denied, 118 S. Ct. 685 (1998) 参照. ビタミン事件では, 被告人の本国からの支援が求められも, 得られもしなかった. カナダと米国とは, 明らかに同事件の訴追において協力した. 前掲注5, First を参照. 他の訴追の成功を公表する反トラスト局のプレスリリースでは, 国際支援には言及がない.

36) 15 U.S.C. 1 (2001).

37) American Banana Co. v. United Fruit Co., 213 U.S. 347 (1909). 2年後に, Holmes 判事は, 米国のある州で行われ, 他の州に影響を及ぼした犯罪に関する事件 (Strassheim v. Daily, 221 U.S. 280, 285 (1911)) で, 当該他の州が管轄権を有する旨判示した (「州域外で行われたが, 州域内に有害な効果を及ぼすことを意図して行われ, 現に及ぼしている行為について, 州は, 行為者を州内に捕らえることができた場合には, 当該行為者が効果発生時に州内に所在していたかのように, 罰することができる.」).

38) United States v. American Tobacco Co., 221 U.S. 106 (1911). 奇妙なことに, 最高裁判所判決は, American Tobacco 判決を引用もしていなければ, 域外適用問題の議論さえしていない.

39) ただし, United States v. Sisal Sales Corp., 274 U.S. 268 (1927) 参照. さらに,

First 教授は，米国外の会社が被告人としてかかわっている一連の事件が1939-42年に Thurman Arnold によって提起されていたことを見つけている．前掲注5，First の729-30頁．
40) United States v. Aluminum Co. of America (Alcoa), 148 F. 2d 416 (2d Cir. 1945).
41) 同上443頁．
42) 同上．
43) 同上444頁．
44) 同上．
45) Daniel T. Murphy, Moderating Antitrust Subject Matter Jurisdiction : The Foreign Trade Antitrust Improvement Act and the Restatement of Foreign Relations Law (Revised), 54 U. Cin. L. Rev. 779, 806 (1986)(「Alcoa 事件で Hand 判事が示した，米国通商へのある程度の効果を伴う意図の規準は，無数の方法で変容してきている．その他のバリエーションとして，効果のみのテスト，直接的又は実質的効果のテスト，直接的かつ実質的効果のテスト，意図や実質的効果にかかわらない何らかの効果のテストがある．」(注省略)) 参照．Timberlane Lumber Co. v. Bank of America, N. T. & S. A., 549 F. 2d 597, 610-13 (9th Cir. 1976) も参照．
46) U. S. Department of Justice, Antitrust Guide for International Operations, 7 (1977), reprinted in Antitrust & Trade Reg. Rep. (BNA) 799 at E-1.
47) 15 U.S.C. § 6a (West 2000).
48) その文言上，FTAIA は，輸入には適用されない．
　　本法（合衆国法典第15巻第1条以下）は，次の場合を除き，外国との取引又は通商（輸入取引又は輸入通商を除く．）に係る行為には適用されない．
　　(1) 当該行為が，
　　　(A) 外国との取引若しくは通商以外の取引若しくは通商，又は外国との輸入取引若しくは輸入通商に対し，又は，
　　　(B) 米国内で輸出取引又は輸出通商に従事している者の外国との輸出取引又は輸出通商に対し，直接的，実質的かつ予見可能な効果を及ぼす場合であって，
　　(2) 当該効果が，本条以外の本法の各条文に基づく請求権を生じさせるものであるとき．
　　本法が本条(1)(B)の適用によってのみ当該行為に適用される場合には，本法は，米国での輸出事業に対する損害に限り，当該行為に適用される．
49) U. S. Department of Justice, Antitrust Enforcement Guidelines for International Operations, § 4 (1988), reprinted in 55 Antitrust & Trade Reg. Rep. (BNA) No. 1391, at S-1, S-20-21.
50) 「効果テストは，他国の利益を考慮しておらず，それ自体，不完全である．」(Timberlane, 549 F. 2d at 611-12)．

51) 同上.
52) 1988年ガイドラインの5節.
53) Hartford Fire Insurance Co. v. California, 509 U.S. 764 (1993).
54) 同上796頁.
55) 例えば, Kenneth W. Dam, Extraterritoriality in an Age of Globalization : the Hartford Fire Case, 1993 Sup. Ct. Rev. 289 参照.
56) 109 F. 3d 1 (1St Cir. 1997), cert. denied, 118 S. Ct. 685 (1998).
57) Joseph P. Griffin, Foreign Governmental Reactions to U. S. Assertions of Extraterritorial Jurisdiction, 6 Geo. Mason L. Rev. 505, 513 (1998).
58) この公訴事実からは, 製造業者が独立の商社に米国内で高い価格で販売するように圧力をかけたのはなぜか, という明らかな疑問が生じる. ファックス紙のような商品については, おそらく需要が減退傾向にあったことと相まって, 製造業者は, 通常, 取引先商社がなるべく低い価格で商品を売り切ってしまい, それにより商社からの注文数量が増加することを望むと考えられる. 説明なしには, 本件行為は合理的でなく, 公訴事実はもっともらしくない. しかし, 後の公判で明らかになったように, 説明がつくのである. 後掲注73に対応する本文参照.
59) United States v. Nippon Paper Industries Co., 944 F. Supp. 55, 66 (D. Mass. 1996).
60) EEOC v. Arabian American Oil Co., 499 U.S. 244, 248 (1991) 参照.
61) Hartford, 509 U.S. 764.
62) 同上796頁.
63) Nippon, 109 F. 3d at 4.
64) 同上6頁. この点は, United States v. United States Gypsum Co., 438 U.S. 422, 443 n. 19 (1978) の判示 (「連邦議会は, 民事の違反と刑事の違反の要素間の伝統的な区別を十分認識していたのであり, 明らかに, この区別をなくしてしまうことを意図していなかった.」) とは一貫していないようにみえる.
65) Restatement (Third) of Foreign Relations Law (1986).
66) 日本の独占禁止法(1947年4月14日法律第54号)第2条第6項「この法律において不当な取引制限とは, 事業者が, 契約, 協定その他何らの名義を以てするかを問わず, 他の事業者と共同して対価を決定し, 維持し, 若しくは引き上げ, 又は数量, 技術, 製品, 設備若しくは取引の相手方を制限する等相互にその事業活動を拘束し, 又は遂行することにより, 公共の利益に反して, 一定の取引分野における競争を実質的に制限することをいう.」
    同法第3条「事業者は, 私的独占又は不当な取引制限をしてはならない.」
67) United States v. Nippon Paper Industries Co., 62 F. Supp. 2d 173, 196 (D. Mass. 1999).
68) 同上168頁.
69) 同上184-85頁及び注21.

70) 同上184頁注18.
71) 同上183頁注16.
72) 同上183頁注15.
73) 同上180頁 ［アンチ・ダンピング規定及び301条を引用し，議論］
74) 同上注12.
75) 同上180頁．Monsanto Co. v. Spray-Rite Service Corp., 465 U.S. 752, 763 (1984) を引用．
76) Nippon, 109 F. 3d at 2.
77) United States v. Socony-Vacuum Oil Co., 310 U.S. 150, 224 n. 59 (1940). ただし，Broadcast Music, Inc. v. Columbia Broadcasting System, Inc., 441 U.S. 1 (1979) 等を参照．
78) Nippon, 62 F. Supp. 2d at 195.
79) 同上．政府は，被告人には米国での売上が600万ドルあり，訴追されている共謀の開始時点で日本の製造業者が米国市場で約30%を占めていたことを示すことにより，この要件を満たそうとした．しかし，公訴時効の起算点である1990年11月までに，日本の業者の市場シェアは急減した．
80) 同上182頁．Alcoa, 148 F. 2d at 444-45（Hand判事は，米国における価格に影響を及ぼす意図が立証されたなら，効果がないことの立証責任が被告に移ると判示した．）と比較せよ．
81) 「1999年11月3日，主要なビタミン製造業者6社（Roche，BASF，Rhone-Poulene，武田，エーザイ，及び第一製薬）は，ビタミン及び混合ビタミンの直接購入者のために連邦裁判所に提起された集団訴訟の和解に達した．政府の起訴状で問擬された取引量の大きさにふさわしく，和解金額は10.5億ドルと，反トラスト法による価格協定の和解として史上最高額であった．追加的な3.35億ドルの和解も公表されており，また，24州の司法長官により間接購入者（州自身を含む．）のために父権訴訟が提起されている．これらの事件は，家畜飼料置き場からビタミン強化食品の消費者に至る一連の流通による損害について和解するものである．残るは，直接購入者の和解から脱退することを選んだ者が提起している訴訟である．」（前掲注5，Firstの718-719頁）．
82) In re Auction Houses Antitrust Litigation, 2001-1 Trade Cases 73, 170, 2001 WL 170792 (S.D.N.Y.).
83) 例えば，Den Norske Stat Oljeselskap As, v. Heeremac Vof, 241 F. 3d 420 (5th Cir. 2001); Kruman v. Christie's International Plc, 129 F. Supp. 2d 620 (S.D.N.Y. 2001) を参照．
84) Murry v. The Charming Betsy, 2 Cranch 64, 118 (1804).（「議会の法律は，他の解釈が可能である場合には，国際法に違反するように解釈されるべきではない．」）
85) Mark Janis, An Introduction to International Law, 323 (3d ed. 1999).

86) American Banana Co. v. United Fruit Co., 213 U.S. 347 (1909).
87) EEOC v. Arabian American Oil Co., 499 U.S. 244, 248 (1991).
88) Research in International Law Under the Auspices of the Faculty of the Harvard Law School, Jurisdiction with Respect to Crime, 29 Am. J. Int'l L. 443, 445 (Supp. 1935).
89) 前掲注 85, Janis の322-330頁.
90) 例えば, United States v. Yuris, 681 F. Supp. 896 (D.D.C. 1988).
91) 同上902頁.
92) 同上903頁.
93) 前掲注 85, Janis の329頁. United States v. Columba-Colella, 604 F. 2d 356, 358 (5th Cir. 1979); United States v. Pizzarusso, 388 F. 2d 8, 10 (2d Cir. 1968) 参照. Lain Cameron, The Protective Principle of International Criminal Jurisdiction, 4-5 (1994) も参照.
94) The S.S. "Lotus" (France v. Turkey), P. C. I. J., Ser. A No. 10, at (1927)（ある法域で行われた不法行為が他の法域に有害な効果をもたらす場合には, 管轄権が同時に発生する.）
95) 前掲注85, Janis の326頁. Chua Han Mow v. United States, 730 F. 2d 1308, 1311 (9th Cir. 1984)（「刑事法の域外適用に憲法上の制約はない.」）も参照.
96) Hartford, 509 U.S. 764 参照.
97) Restatement at § 415(2).
98) I. C. I. V. Commission [1972], E. C. R. 619.
99) 同上
100) Re Woodpulp Cartel v. Commission, [1988] E. C. R. 5193 (E. C. J.).
101) 例えば, 前掲注57, Griffin の513頁参照（「『効果』と『実施』との区分は, 狭いが, 重要な一群の事件に違いをもたらす」）.
102) Gencor Ltd v. Commission of the European Communities [1999] E.C.R. II-753 (C.F.I.) at 90.（「計画されている集中が共同体に即座に, かつ, 実質的な効果を及ぼすことが予見されるときには, 国際公法の下で合併規制規則の適用が正当化される.」）
103) GWB § 98(2), quoted in David Gerber, The Extraterritorial Application of the German Antitrust Laws, 77 Am. J. Int'l. L. 756, 760 (1983).
104) 同上.
105) Libman v. The Queen, [1985] 2 S.C.R. 178, at 67. 判決は, 属地的管轄権の概念の基礎にある歴史及び政策を概観している.
106) 前掲注 5, First の718頁.
107) Canadian Court Metes Out Record Fines in Vitamin and Food Additive Cartel Cases, 77 Antitrust & Trade Reg. Rep. (BNA) 353 (Sep. 23, 1999); Canadian Court

Levies $5.2 Million Fine in Vitamins Price-Fixing Conspiracy Case, 78 Antitrust & Trade Reg. Rep. (BNA) 259 (Mar. 10 2000) ; Firm Gets Multi-Million Dollar Fine for Participation in Feed Additive Cartel, 77 Antitrust & Trade Reg. Rep. (BNA) 374 (Sep. 30, 1999) 参照.

108) 1 Competition Laws Outside The United States, Japan-72 (H. Stephen Harris, et al., eds., 2001) 参照.

109) 1 Competition Laws Outside The United States, Australia-97 (H. Stephen Harris, et al., eds., 2001) 参照.

110) 前掲注70に対応する本文参照.

111) 前掲注32-34参照.

112) U.S. Const. Amend. VI（強調追加）.

113) 日本製紙事件では，政府側通訳と被告人側通訳とで重要な用語に異なる意味が与えられた（前掲注69に対応する本文参照）.

114) 「ハードコアのカルテルは，最もひどい競争法違反であり，価格を吊り上げ，供給を制限し，それによって商品及び役務を全く購入できなくさせ，あるいは，不必要に高価なものにしてしまい，消費者に損害を与えるものである.」OECD, Recommendation of the Council concerning Effective Action against hard Core Cartels, Preamble (1998).

115) 15 U.S.C. 61-65.

116) Pub. L. No. 97-290, 96 Stat. 1234.

117) U.S. Department of Justice and Federal Trade Commission, Antitrust Enforcement Guidelines for International Operations, 3.1 (1995) 参照.

118) 前傾注100, Woodpulp.

119) Geralyn Trujillo, Mutual Assistance under the International Antitrust Enforcement Assistance Act ; Obstacles to a United States-Japanese Agreement, 33 Tex. Int'l L. J. 613 (1998)（「米国の反トラスト当局は，特に米国の輸出カルテルが重要な経済的目的を果たしており，米国経済に競争制限的な効果を及ぼしていない場合には，声明に含まれている情報を提供することにより，外国当局による当該輸出カルテルの審査を支援しようとはしないかもしれない.」) 参照.

120) § 8(a)(3), 15 U.S.C. § 6207(a)(3) (1994).

121) David Nicklaus, "Saving Big Steel will prove to be a costly move," St. Louis Post Dispatch, June 27, 2001 参照.

122) United States International Trade Commission, Report to the President on Investigations Nos. TA-201-65 and NAFTA-302-1 Broom Corn Brooms
http://www.ustr.gov/release/1996/09/96-68.html [visted 6/30/01] 参照

123) 19 U.S.C. § 2253(a)

124) もちろん，公式文書ではそれほどひどくは記述されないが，それに近い．1974年

通商法第201条から第204条は，特定の商品が国内産業に重大な侵害又はそのおそれを生じさせるほど輸入が急増している場合に，大統領に措置を採る権限を与えている．この権限は，輸入品の価格が不公正でないときにも発動することができる．

知的財産権と競争政策：カナダと日本に見るハーモナイゼーションへの途[*]

ウィリアム・A. W. ネイルソン
ロバート・G. ハウエル
小塚　荘一郎

はじめに

　知的財産権と競争政策の関係は，過去十年間，大きな注目を集めてきた．カナダ・日本・米国ではこの問題に関するガイドラインが作成され[1]，またEUでも判例法の展開が著しい（後述Ⅰ）．OECDは1998年に，OECDラウンドテーブルの名において詳細な報告書を公表した[2]．これを受けてOECDの事務局次長は，競争政策について国際統一を進める可能性を示唆したが[3]，もしもこれが実現すれば，TRIPs協定（知的所有権の貿易関連の側面に関する協定）に対応するものが，競争法の分野に出現することになろう．本稿は，この問題について，カナダと日本における現状を比較し，分析することを目的とする．

　両国のガイドラインの根底にあるのは，知的財産権の存在と使用とを区別する考え方である．言うまでもなく競争当局の関心は，特定の事実関係の下で知的財産権の使用が競争制限的効果を持つか否かにあり，これが肯定されるときには，当該知的財産権の強制ライセンスが認められるべきであろう．ところが，知的財産権の排他的権能には，ライセンスを拒む権利が含まれている．そこで問題は，知的財産権の使用そのもの（mere use）とそれを越える行為（something more）との区別いかん，と言い替えられることになる．

　ところでカナダの競争法は，例外的に，知的財産権の使用そのものに対しても，是正措置を発動する余地を残している（後述Ⅴ1(2)）．この規定の意味を考える準備として，まずEUの判例法と，OECDラウンドテーブルの報告書とを一瞥しておくことが有益であろう．

I　EU 法の最近の展開

EU における現在のリーディング・ケースは，1995年の Magill 判決[4]である．その事案では，放送局が番組の予定表をライセンスする際に，他局の番組予定と併せた一覧表を作成しないことが条件として課されていた．放送局は，これを番組表の著作権の行使にあたると主張したが，欧州裁判所には容れられなかった．ライセンスの拒絶それ自体は違法ではないと述べつつも，裁判所は，放送予定という情報について放送局が排他的な供給源であると指摘し，こうした例外的な事情の下では，知的財産権の行使自体が市場支配的地位の濫用（EC条約86条〔現82条〕）にあたる，としたのである．

Magill 判決の考え方は，最近，薬剤情報のデータベースに関する IMS Health 事件の保全決定[5]でも採用された．しかし，この保全決定は，被保全権利が明白ではないとして取消されている[6]．判例法が変更されたわけではなかろうが，その適用に際しては，事実関係の吟味に慎重さを要するということであろう．

II　知的財産権の特性

競争政策との関係を考える上で，知的財産権の特性に関し，確認しておくべき点がいくつかある．

第一に，各種の知的財産権は，その性質と権利範囲において一様ではない．このことは，日本よりもカナダにおいて，とくに重要な意味を持つ．日本のガイドラインは特許権（実用新案権を含む）およびノウハウのみを対象とするが，カナダのガイドラインはすべての知的財産権を区別なく論じているからである．

第二に，知的財産権は基本的に競争促進的だと言ってよいが，権利範囲が広すぎれば，かえって技術革新のインセンティヴを損ない，競争に悪影響を及ぼす．

第三に，裁判所が知的財産権の行使を認める際には，その権利の外延を自覚的に検討することが望まれる．権利の範囲を過度に広くするような解釈をとる

べきではない．

　第四に，関連する法理との関係も見落としてはならない．カナダ法について言えば，特許権濫用禁止手続（後述Ⅳ2）違法著作物についての著作権の成否（後述Ⅳ3）等である．

Ⅲ　1998年のOECDラウンド・テーブル

　OECDラウンド・テーブルの報告書は，基本的に，競争法と知的財産権とが，いずれも競争を促進するための制度であるという点で相互補完的だと考える．しかし，短期的には，知的財産権は排他的な権利であり，むしろ競争制限的に働くことは否定しがたいであろう．それが競争の促進に寄与すると言えるのは，長期的に，技術革新を刺激するという意味においてなのである．

　具体的に知的財産権と競争法とを調和的に運用するために，報告書は，次のような提言をする．①競争当局は原則として，知的財産権が市場支配力を有すると推定すべきではない．②知的財産権が長期的には競争促進的な性質を有することが，一般に承認されなければならない．③広すぎる範囲に及ぶ知的財産権は，その後の技術革新を阻害し，競争促進的には働かなくなる．特許権は，クレームの書き方が権利範囲を左右するため，この問題がとりわけ大きい．④競争当局は，③の点の認識を特許庁と共有すべきである．

　④を裏から言えば，特許庁（の審査官）は，特許権が競争に与える影響をふまえ，広すぎる特許権の成立を認むべきではないということになろう．しかし，各国法上，特許権の成立要件には競争への影響は含まれていないから，これを実現するには少なくとも立法が必要になる．また，そうした審査に特許庁の審査官が適しているかも，なお検討が必要だと思われる．

Ⅳ　知的財産権の性質と内容

　競争法との関係を論じる際に，各種の知的財産権が一括して扱われる例は少なくないが，市場における競争への影響を考えるためには，知的財産権の種類ごとに，その保護の形態（製品等についての完全な排他権か，特定の使用態様のみの保護か），保護の期間，地理的範囲等を検討しなければならないと思わ

れる.

1. カナダの知的財産権法

　第一に，製品，製造方法等について完全な独占権を承認し，他者を排除する権利がある．その典型は特許権[7]であり，カナダでは連邦の制定法により権利が附与される．強い独占権が認められる反面で，期間（20年）および地理的範囲（カナダの領域内）において限定された権利である．意匠権（industrial design）も同様に，連邦の制定法にもとづく絶対権であるが，保護期間が短い上に美的外観にかかわる権利であるため，競争制限的効果を生ずる余地は限定されている．

　第二に，トレード・シークレットも，対象自体についての排他権である．存続期間の制限はないが，秘密性を失えば権利は消滅する．カナダでは州法の管轄に属し，コモン・ロー諸州では「信頼関係違背」（breach of confidence）というエクイティ上の法理により，またケベック州では民法典により，保護が与えられている．実務上は，コンピューター・プログラムのソースコード・ヴァージョンとの関連で有用性が高い．

　競争に対する影響は，特許権よりもトレード・シークレットの方がむしろ大きいのではないかと思われる．それは，①特許権には公開の代償としての独占という関係が認められるが，トレード・シークレットにはそれがない，②存続期間が限定されていない，③ ②の結果，原発明と利用発明との間の適切な利害調整が図りにくい，④国家により附与された権利ではなく私的な信頼関係から生じるため，国境を越えて独占権が承認される可能性を持つ，⑤公開情報を集積したものについてさえも保護が与えられ得る点で過度に広範囲の権利となりやすい，といった理由による．

　第三に，著作権がある．これは，保護期間こそ著作者の死後50年と長いが，アイディア自体ではなく表現のみを保護するという点で，知的財産権としての効力は弱い．ところが現在，コンピューター・プログラムの著作権が重要になっており，この場合は侵害行為といっても目に見える文面自体を複製するわけではないので，保護範囲をどこまで及ぼすべきか，問題がある．カナダの判例

には，プログラムの中から創作性が認められる「表現」部分を取り出し，著作権の保護をその範囲に限定するものが多い．

第四に，商標権はカナダでは連邦法により保護される．競争との関係で問題となるのはもっぱら並行輸入の局面で，商標権の国際消尽が認められるか否かである．カナダの判例は，商標ライセンスの事案では国際消尽を認めているが[8]，商標権の譲渡についてはなお不明である．

2．カナダにおける特許権等の濫用規制

以上に加えてカナダの特許法には，濫用規制と呼ばれる手続が存在する[9]．これは，司法長官または利害関係人から特許庁長官に対して，強制ライセンスや，場合により特許権の取消を請求し得るというものである．特許庁長官の決定に不服のある当事者は，連邦裁判所に出訴することができる．

濫用が成立するのは，①特許の対象に対するカナダ国内の需要が十分に満たされていない，②特許権者のライセンス拒絶により，カナダの産業に損害が生じている，③特許権者の要求する取引条件によりカナダの産業が不当な損害を受けている，④特許のない物質の使用にかかる方法発明の特許により，カナダにおける当該物質の製造・販売等に損害が生じている，のいずれかの場合である．機能的には，米国の特許権濫用法理に近い．

3．知的財産権の行使と法律違反

カナダでは，著作権の行使と他の法律違反との関係について議論がある．一方には，違法な猥褻物についても著作権は成立するとした判例[10]があるが，他方，詐欺にかかる違法著作物には著作権の保護が与えられないと述べる判例[11]も知られている．後者の判例に従うならば，競争法違反も，知的財産権の行使に対する抗弁として許容される可能性があろう．

4．日本の知的財産権

第一に，日本法上の伝統的な工業所有権には，特許権・実用新案権・意匠権・商標権が含まれる．また，半導体集積回路の回路配置に関する法律・種苗

法といった法律も，これらに類似する枠組を用いてつくられている．

　特許権は，発明をした者に対して与えられる権利である．「発明」とは自然法則を利用した技術的思想の創作のうち高度のものと定義される．近時問題となったのは，コンピューター・ソフトウェアの取扱いであるが，特許庁の実務では，ソフトウェアそれ自体は自然法則であって発明にあたらず，ソフトウェア関連発明については，ハードウェアとの関連づけがなされていれば発明にあたる，とされている．

　特許権が附与されるための要件は，新規性・進歩性・産業上の利用可能性である．バイオテクノロジーの進展の中で，遺伝子断片（ESTs）について進歩性および産業上の利用可能性の有無が議論を呼んだ．これについては，遺伝子断片の機能が当業者に予測できないものであったならば，特許要件を満たすとする解釈が示されている．

　効果について特許法は，特許権者は発明を実施する権利を専有すると規定する．特許権の効力範囲は明細書に記載された特許請求の範囲にもとづいて定められる．ただし，日本の最高裁判所は，最近になって均等論を採用した[12]．

　第二に，著作権は，著作物について著作権者に当然に発生する．権利の内容は著作者人格権および著作権からなり，いずれも法定された個別の権利の集合体である．著作物の中に，プログラムの著作物およびデータベースの著作物が明示的に含まれている点は，注目に値する．

　第三に，不正競争防止法には類似表示の使用による混同の惹起，著名表示の冒用等の不正競争行為が列挙されている．その中にノウハウ（営業秘密）を保護する規定があり，営業秘密を，①不正に取得する行為，②不正取得行為の介在を知って使用する行為，③適法に開示された秘密を不正目的で使用または開示する行為について，営業上の利益を侵害された者に差止請求・損害賠償請求という救済を与えている．

V　競争法の性質と内容

1．カナダの競争法[13]

(1)　総　説：　カナダにおける競争法の歴史は，米国のシャーマン法よりも

古く，1889年に遡る．当初は，競争を阻害する合意および共謀に対して刑事罰を科す規定であったが，1910年に，合併と独占の規制を加え，企業結合調査法（Combines Investigation Act）へと発展した．その後，1986年に全面的な改正を受け，名称も競争法（Competition Act）となって現在に至っている．

1986年競争法には，競争局（Competition Bureau）による調査の対象となる企業取引の類型が規定されている．その中には，刑事罰の対象となる行為と，競争審判所（Competition Tribunal）の審判手続により処理される行為とが含まれる．後者に属するのは，一般的には競争促進的であるが，一定の事実関係の下では競争制限的効果を生じる行為である．

(2) 競争法32条： 知的財産権との関係では，競争法32条が注目に値する．同条は，特許権・商標権・著作権または登録された半導体集積回路の配置が，生産・流通活動を阻害し，特定の取引について競争を制限する等の要件を満たす場合に，①当該権利の使用に関するライセンス等の合意を無効と宣言する，②ライセンス等の合意の実行を禁止する，③強制ライセンスを命じ，または特許権を取消す，④商標登録または半導体集積回路の配置の登録を抹消・是正する，⑤その他必要な措置を命ずる，といった権限を連邦裁判所に与える．すなわち，欧州裁判所のMagill事件のように，知的財産権の存在自体が競争を著しく阻害する場合の救済を定める規定である．

この規定は，20世紀の初頭に，特許を集積して巨大な独占体を築き上げたUnited Shoe Machinery Companyへの対処が求められたことに由来する．1910年法において，特許権の濫用により競争が不当に制限された場合には，特許権を取消し得ると定められたものが，現在の32条の原型である．しかし，市場の支配および経済全体への影響という二つの要件について，相当高度の証明が必要とされるため，結局，現在に至るまで適用が認められた事例は一件もない．

(3) その他の規定： カナダ競争法78条・79条は，市場支配的地位の濫用を規制する．その要件は，①特定の種類の取引に対する実質的な支配，②競争制限的行為への関与，③競争を実質的に制限する効果，である．競争審判所の決定には，対象商品の排他的購入等を商標のライセンス契約の条件としたことがこれにあたるとしたもの[14]や，電話帳の出版者が競業者に対する商標およびロ

ゴのライセンスを拒絶したことにつき適法と認めたもの[15]がある．

その他，価格維持行為には刑事罰が科せられる（61条）．抱合せ，排他的取引条件，テリトリー制限等のいわゆる垂直的制限は，当然違法ではなく，競争の実質的な制限が発生した場合にのみ違法とされる（77条）．専門化協定は，共謀の禁止（45条）および排他的取引条件の規制（79条）に対する例外として，適法性が認められている（86条(4)項）．特定の商品の供給が拒絶されたため相手方に損害が生じた場合は取引拒絶（75条）であるが，著作権のライセンスはそこに言う「商品」に含まないとする競争審判所の決定がある[16]．また，知的財産権が価格差別の道具として利用される可能性もあろう．

企業結合規制の関係では，知的財産権のみが問題となった事件は，これまで存在しない．しかし，合併・買収等を認可する条件として，知的財産権を含む事業の分離が命じられた事例は，いくつかある[17]．

2．日本の競争法

(1) 総　説：　日本の競争法の主要な法源は独占禁止法であり，その執行は，第一義的には，独立した行政機関である公正取引委員会に委ねられている．独占禁止法は，競争制限的行為の規制と企業集中の規制とを規定する．

競争制限的行為として独占禁止法が規制する対象には，私的独占・不当な取引制限・不公正な取引方法の3類型がある．私的独占とは，他の事業者の事業活動を排除または支配し，一定の取引分野における競争を実質的に制限する行為を言い，公正取引委員会による排除措置命令の対象となるほか，行為者に刑事罰が科せられる．民事法上は，私的独占は不法行為を構成し，損害賠償責任を発生させる．不当な取引制限は，カルテル等，一定の取引分野における競争を実質的に制限する共同行為を言う．その効果としては，私的独占と同様の排除措置命令・刑事罰・民事責任に加えて，違法行為による利得を許さない趣旨で課徴金が科せられる．不公正な取引方法に該当する具体的な行為は，公正取引委員会により指定されるが，昭和58年に制定された現在の一般指定には16の行為類型が掲げられている．これらの行為は，公正取引委員会の排除措置命令および被害者による差止請求の対象となるが，刑事罰は規定されていない．

(2) 独占禁止法21条： 独占禁止法21条は，知的財産権の行使と認められる行為に対して同法の規定を適用しないと定める．しかし，現在では多くの学説が，知的財産権の行使に伴う競争制限行為が独占禁止法の適用を全く免れるのは不当だとする点で，一致している．そこで学説上，同条を制限的に解釈する試みが，これまでさまざまになされてきた．

(3) 知的財産権に関するガイドライン： 知的財産権と独占禁止法の関係について公正取引委員会が定めた最も古いガイドラインは，昭和43年の「国際的技術導入契約に関する認定基準」であった．これは，不公正な取引方法に該当する国際的契約の規制（独占禁止法6条）に関する判断基準として作成されたもので，日本のライセンシーを欧米のライセンサーから保護するという目的のものであった．当時は，すべての国際的契約について公正取引委員会が審査する制度がとられており（平成9年に削除される以前の独占禁止法6条2項），この時代の日本企業と欧米企業との力の格差から，昭和43年の外資法廃止後，公正取引委員会の審査に期待されるところは大きかったのである．

ガイドラインは平成元年に一新されて，「特許・ノウハウライセンス契約における不公正な取引方法の規制に関する運用基準」となった．保護主義的色彩は払拭されたが，その対象はなお，不公正な取引方法の規制に限定されていた．また，主要な契約条項を「白」「灰」「黒」に3分類するという形式的なアプローチがとられていたが，これはおそらく，当時のECにおける特許ライセンス，ノウハウ・ライセンスに関する類型的適用免除規則の影響であろう．

現行のガイドラインは平成11年に作成されたもので，私的独占および不当な取引制限の規制に関する記述を加えたほか，多くの箇処で合理の原則を採用した．しかし，その対象は，なお特許権およびノウハウに限定されている．コンピューター・ソフトウェアとの関連で重要性を増しつつある著作権については，公正取引委員会が，別途ガイドラインを作成中であると伝えられる[18]．

Ⅵ　ガイドラインの比較

1．カナダの知的財産権ガイドライン

カナダの競争局は，2000年9月に，知的財産権に対する競争法の適用ガイド

ライン[19]）を公表した．米欧日の先例に倣い，知的財産権に関するガイドラインを作成する必要があるとして作業が進められていたものである．最終的な内容は，米国連邦取引委員会の1995年ガイドラインの影響を強く受けている．

第一に，知的財産権の行使・不行使自体は，権利の行使そのもの（その知的財産権の使用につき他人を一方的に排除する権限の行使）にあたるが，それを越えて，契約の条項等により競争制限効果が発生する場合には，競争法の適用が問題とされる．知的財産権を集積した後のライセンス拒絶，権利の及ばない商品との抱合せ，特許権の効力範囲以上に広い範囲に及ぶ排他的取引条件等が，これにあたる．

第二に，知的財産権の行使そのものは，技術革新に対するインセンティヴの源泉とされ，競争法が適用にならない．しかし，単独のライセンス拒絶等について，例外的に競争法32条（前述Ｖ1⑵）が適用される場合がある．ガイドラインによればその判断は，①もっぱらそのライセンス拒絶が原因となって有益な競争が制限されているか，②同条の発動が技術革新へのインセンティヴを損なうことがないか，の二段階で行われる．

第三にガイドラインは，市場画定について，十分な代替的供給の有無を，①知的財産権の対象である無形の知識・ノウハウ，②知的財産権を利用した製造方法等，③知的財産権から作られる商品等（中間財を含む），について検討すると述べる．言い替えれば，知的財産権のライセンス取引や，研究開発活動（R&D）については市場画定をしないことになる．

第四に，市場画定の次には市場支配力の有無が問題となるが，ガイドラインは，市場集中の程度，参入障壁，技術革新の速度等を総合判断するとしている．単一の企業ないし企業体による市場占有率が35％を超えなければ，市場支配力は認められないであろう．それを超える場合には，他の競争阻害要因が考慮される．また，ガイドラインは，市場の集中度よりも参入の難易の方が重要だと述べる．知的財産権が価値を持つような市場では，流動性が高く，技術革新の可能性が大きいからである．

第五に，競争制限効果の発生と同時に効率性も向上するケースについて，ガイドラインは比較衡量の基準を記述している．合併の審査においては，この比

較衡量が明文上許されているが（カナダ競争法96条），ガイドラインによれば，市場支配力の濫用や排他的取引条件等についても，効率性の向上を正当化事由として勘案することができるとされる．

2．カナダのガイドラインの適用に関する設例

ガイドラインは，その具体的な適用を示すため，末尾に10件の仮設例を掲げる．しかし，その有用性については，否定的な論評もすでに聞かれる[20]．ガイドラインが要求する市場画定，市場支配力等の判断について，どのような事実がどのように評価されるのかが，仮設例からは読み取れないと，それらの批判は言う．

3．日本の特許・ノウハウガイドライン

(1) 総説：　平成11年に「特許・ノウハウライセンス契約に関する独占禁止法上の指針」が公表されるまでには，特許ライセンスに関する日本の独占禁止法の運用も，保護主義を完全に脱却していた[21]．その結果，平成11年のガイドラインでは，不公正な取引方法のみならず私的独占・不当な取引制限も論じられることとなり，また記述の対象も，ライセンス契約から特許・ノウハウの行使全般へと拡大された．考え方の面では，多くの箇処でいわゆる合理の原則が採用されており，この点でも世界的な動向とのハーモナイゼーションが実現していると言える．

(2) 独占禁止法21条：　ガイドラインは，学説の大勢（前述Ⅴ2(2)）に従い，知的財産権の行使に適用免除を与えるかに読める独占禁止法21条（ガイドライン公表時は23条）について，限定的な解釈を示している．それは，二段階のテストから構成される．第一に，知的財産権の「権利の行使と見られる行為」でなければ，そもそも同条の適用は問題とならない．第二に，その中でも知的財産権制度の趣旨を逸脱し，または目的に反しない行為のみが，「権利の行使と認められる行為」として独占禁止法の適用を免れる．

(3) 各論：　ガイドラインは，不当な取引制限の規制との関係では，「とくに……検討が必要となるもの」としてクロス・ライセンス，マルティプル・

ライセンス，パテント・プールをとり上げ，考え方を記述している．また，私的独占については，おそらく例示の趣旨で，パテント・プール，特許等の集積およびライセンス契約上の制限が問題となる場合を示す．このうち「ライセンス契約上の制限」の項目では，特許製品が事実上の標準である場合に，そのことを利用して抱合せを行う事例が挙げられている．

不公正な取引方法の適用を論じた部分では，特許およびノウハウのライセンス契約に含まれることの多い条項が，四つのカテゴリーに分けて検討される．すなわち，①ライセンスの範囲に関する制限，②ライセンスに伴う制限・義務，③特許製品等の製造に関連する制限・義務，④特許製品等の販売に関連する制限・義務，である．①の大半が「権利の行使と見られる行為」であり，通常，独占禁止法上の問題を生じないとされるほかは，多くの条項について「市場における競争秩序に悪影響を及ぼすおそれがある場合には，不公正な取引方法に該当し，違法となる」と記述されている．これは，事案ごとに競争制限効果の有無を評価する趣旨であり，合理の原則を採用したものと解される．

4．両国ガイドラインの比較

カナダと日本のガイドラインを比較したとき，第一の結論は，基本的な考え方が共有されていることである．すなわち，いずれにおいても，競争法と知的財産権法は補完的なものだと解されている．また，知的財産権に対する競争政策は，他の財産権一般に対する場合と異ならないという考え方も，両国のガイドラインに共通すると言ってよい．日本の独占禁止法21条はこれと矛盾する趣旨にも読めるが，日本のガイドラインは，結果的には知的財産権が特別に扱われる余地をほとんど失わしめるような解釈を採用した．

第二に，記述の対象については，両国のガイドラインの間に相違がある．具体的には，カナダではすべての知的財産権が一律に論じられているのに対し，日本のガイドラインの対象は，過去の経緯により，特許権（実用新案権を含む）とノウハウに限られている．一方で，日本のガイドラインから著作権が落とされていることは，情報産業との関係で問題が大きいが，他方，商標権までを単純に一括してしまうカナダのガイドラインにも，疑問がある．

なお，日本のガイドラインが消尽論に言及している点も，注目に値しよう．競争政策は，競争当局にかかわる法規のみによって担保されるものではないからである．

　第三に，カナダのガイドラインは，知的財産権の行使自体と，それを越える場合と区別する．前者については，競争法32条の適用があり得るのみだとされるのである．これは，日本のガイドラインが，知的財産権の「権利の行使と認められる行為」か否かを問題とすることと，考え方としては共通する．ただし，カナダでいう「知的財産権の行使自体」と，日本の「権利の行使と認められる行為」とでは，その内容は同じではないようにも思われる．

　第四に，競争に対する効果のとらえ方にも，若干の相違がある．ガイドラインでは，競争制限的効果は水平的な関係において生じなければならないとされる．いわゆる垂直的制限行為についても，その一方当事者の競争者が排除されるという意味の水平的効果が，要求されるわけである．日本のガイドラインも，紙幅の大半はそうした事例に費やしているが，同時に，優越的地位の濫用（一般指定14項）が別途問題となり得ることを明記する．ライセンサーに対して劣位にあるライセンシーの救済という考え方は，当事者の国籍こそ問われなくなったものの，なお残されていると言ってよいであろう．

　第五に，カナダのガイドラインの特色は，分析の手順を明示することである．また，その手順の各段階（市場画定，市場支配力の認定等）についても，考え方の筋道を示すところに主眼がある．日本のガイドラインはこれと対照的に，問題となり得る行為を詳細にリストアップするが，分析のプロセスは必ずしも明確に示さない．法的安定性は，ある意味で日本のほうが大きいとも言えるが，新たな事態の出現に対する応用範囲は，小さくなっているのではあるまいか．

結　　び

　知的財産権と競争法の関係は，現代において，各国共通の課題をなす．その問題について，カナダと日本における考え方を比較したところ，基本的な枠組は共有されていることが明らかになった．すなわち，知的財産権も競争法も，それぞれの形で競争を促進すると認識されており，また，競争法の適用にあた

っては，知的財産権の行使じたいとそれを越える場合とが区別される．

　他方で，より困難な問題もあらわれつつある．一つは，知的財産権の行使じたいが競争制限的行為にあたることがあり得ないか，例外的にあり得るとすればどのように対処すべきかである．いま一つには，知的財産権の特性を改めて検討する必要もあると思われる．競争に対する効果も，それぞれの権利の特性に応じて異なるはずであるし，競争法よりも知的財産権法の解釈を通じて競争政策を実現する可能性も，視野に入ってくるであろう．

（翻訳：上智大学法学部助教授　小塚荘一郎）

〔付記〕　本稿および原論文は，日弁連法務研究財団による委託研究（「知的財産権と競争法・国際比較」）のための準備作業としての側面を持っている．協力を惜しまれなかった同財団の関係者各位に御礼申し上げる〔小塚〕．

* 本稿は，原論文（William A. W. Neilson, Robert G. Howell & Souichirou Kozuka, IPRs and Competition Law and Policy: Attempts in Canada and Japan to Achieve a Reconciliation）にもとづき小塚が作成したものである．小見出しの立て方および番号は，原論文と同じではない．また，カナダ法を紹介する日本語の文献について，原論文にない脚注を附した箇処がある．

1) カナダにつき，*Intellectual Property Enforcement Guidelines,* Industry Canada-Competition Bureau (published September 21, 2000)（http://strategis.gc.ca [要検索]）．日本につき，「特許・ノウハウライセンス契約に関する独占禁止法上の指針」（平成11年7月30日，公正取引委員会）．米国につき，*Antitrust Guidelines for the Licensing of Intellectual Property,* US Department of Justice and the Fair Trade Commission (published April 6, 1995) (http://www.usdoj.gov/atr/public/guidelines/ipguide.htm).

2) "Competition Policy and Intellectual Property Rights", Organisation for Economic Co-operation and Development (OECD) Directorate For Financial, Fiscal and Enterprise Affairs, Committee on Competition Law and Policy, DAFFE/CLP (98) 18 (Sept. 16, 1998) at http://www.oecd.org/daf/ccp (hereinafter referred to as "OECD Roundtable Report").

3) See speech by Joanna R. Shelton, Deputy Secretary General, OECD: "Competition Policy: What Chance for International Rules?" Wilton Part Conference 545: The Global Trade Agenda, Wilton Park, U. K. November 25, 1998. See http://www.oecd.org/media/release/sheltwiltonpark.htm.

4) *Radio Telefis Eireann (RTE) v. Commission of the European Communities* (Cases C241-242/91P), [1995] 4 CMLR (Anti-Trust Supplement) 718 (the "Magill" case).
5) See "Commission Imposes Interim Measures on IMS HEALTH in Germany," DN: IP/01/941, Brussels, July 3, 2001 available at http://europe.eu.int/rapid/start/cgi/questen.ksh.
6) *IMS Health Inc. v. Commission of the E.C.* Order of the President of the Court of First Instance (Oct. 26, 2001) (Case T-184/01 R) (Unreported).
7) 松居祥二＝平間徳男『カナダ特許制度の解説』[第三版]（1998年）参照.
8) See *Smith & Nephew Inc. v. Glen Oak Inc.*, [1996] 3 FC 565; (1996), 68 CPR (3d) 153, 158-160 (FCA). See Howell, "Parallel Importation of Wares and Reputation Spillover: Examples of Transnationalization of Law" in *Asia-Pacific Legal Development,* Douglas M. Johnston and Gerry Ferguson, eds., (UBC Press, Vancouver, B.C., 1998) 84 at 94-95.
9) 松居＝平間・前掲書（註7）131-134頁参照.
10) See *Pasickniak v. Dojacek* [1928] 1 WWR 865; [1928] 2 DLR 545 (C.A. Man.) and *Aldrich v. One Stop Video Ltd.* (1987), 13 BCLR (2d) 106; 17 CPR (3d) 27 (S.C.). See also Howell, "Copyright and Obscenity: Should Copyright Regulate Content?" (1994), 8 [Can.] IPJ 139.
11) See *Massie & Renwick Ltd. v. Underwriters' Survey Bureau Ltd.*, [1937] SCR 265, 268.
12) 最判平成10・2・24民集52巻1号113頁.
13) 舟橋和幸（編著）『最新世界の独禁法ガイド』18-26頁（別冊NBL50号・1998年）参照.
14) *Canada (Director of Investigation & Research) v. NutraSweet Co.* (1990), 32 C. P. R. (3d) 1 (Comp. Trib.).
15) *Canada (Director of Investigation & Research) v. Tele-Direct (Publications) Inc.* (1997), 73 C. P. R. (3d) 1 at 32 (Comp. Trib.).
16) *Warner Music Canada,* (1997), 78 C.P.R. (3d) 321 (Comp. Trib.).
17) *Canada (Director of Investigation & Research) v. Southam Inc.* (1992), 47 C. P. R. (3d) 240 (Comp. Trib.); *Crown Cork & Seal Inc.*, (1997) 8 Cdn. Comp. Rec. 26-27.
18) 日本経済新聞2001年4月8日.
19) 前掲註1参照.
20) Neil Campbell, *The Application of Competition Laws to Intellectual Property in Canada,* Vancouver, (June 2001), paper presented to Competition Policy Conference organized by the American Bar Association and the Canadian Bar Association, Vancouver (mimeo) at 5, citing *IPEGs* 3.3 & 3.4; C. LaCasse & B. Rivard, "The Intellectual Property Enforcement Guidelines and the Treatment of Innovation:

Assessment and Comparison with the U.S. Approach", (2001), 20 Cdn. Comp. Record 90 at 102.
21) 公正取引委員会の審決にも，日本企業がライセンサーとなる事案で，ライセンス契約の条項を不公正な取引方法にあたるとしたものが現れた（旭電化工業事件，勧告審決平成 9 年10月13日，審決集42巻163頁）．

国境を越える垂直的企業提携：
日本の生産ネットワークは東南アジアの
競争的市場を危うくするか？

ウォルター・ハッチ

　本稿は，外国直接投資による垂直的な統合ないし準統合が途上国経済に及ぼす影響を検討するものである．具体的には，多国籍企業はいかなる条件の下で，予想される競争相手の参入費用を高め，それによりホスト国市場での優越的地位を確保するために，垂直的制限（特に，排他的な供給及び流通取決め）を用いることができるか，という問題を扱う．日本の東南アジアにおける生産ネットワークを検討対象とすることにより，この問題に取り組む．特に，明らかに日本の多国籍企業に支配されている自動車産業と，特定の多国籍企業によって支配されていないエレクトロニクス業界を取り上げる．最終的なものではないが，検討結果からは，多国籍企業が途上国経済において市場支配力を獲得するのを助けるために垂直的な統合及び準統合を用いる能力を最終的に決定しているものは，産業の特徴，多国籍企業の国家的「意識（consciousness）」及びホスト国とホーム国の政府による政策であるという結論が示唆されている．

I　東南アジアにおける日本の自動車多国籍企業

　日本の自動車メーカーは，東南アジアの輸入代替政策により初めて同地域に進出した1960年代以降，同地域で自動車を組み立ててきている．しかし，1990年代央までに，少数の日本企業がこれらの市場のすべてを事実上支配するに至っている．タイでは，1997年上期に日本の5社（トヨタ，いすゞ，日産，三菱自動車及び本田）で販売（輸入及び国内生産を含む）の85％以上を占めた．ほぼ同時期にインドネシアでも，別の5社（トヨタ，三菱自動車，鈴木，いすゞ及びダイハツ）が販売の83％近くを占めた．

　東南アジアの各国経済における集中度の比較データを入手することは困難で

あるが，Bird（1999：60）は，インドネシアにおける産業ごとの集中度指標を計測している．Birdの研究によると，自動車産業は，インドネシアで最も集中度が高い産業であり，4社で100％である．そして，インドネシアが通商政策を自由化し始めた1975年以降に，集中度が多少なりとも低下した数少ない産業の一つが自動車産業である．

日本の自動車多国籍企業はいかにして，インドネシアだけでなく東南アジア全域での自動車市場の支配を得ることができたのか．一つの回答は，日本国内で供給業者との間で慎重に作り上げてきている長期の，相互に補強し合う関係を複製したことによるというものである．こうした系列関係がホスト国経済において生産される高付加価値部品の市場を事実上囲い込むことにより，競争相手の組立メーカーの参入費用を高め，それによって垂直的締め出しをもたらした．次に，これにより，東南アジアにおける日本の自動車メーカーは水平的協力関係を強化することが可能になった．例えば，トヨタ，日産及びいすゞは，タイでのピックアップ・トラックの組立に用いるシリンダーヘッド，シリンダーブロック，コネクティング・ロッド，カムシャフト及びクランクシャフトを製造する鋳造プラントその他の施設を共同して設置することに合意した．

1990年代に，ジャカルタやバンコクのような場所で操業する日本の組立メーカーは，国内の供給業者に東南アジアへついてくるように強く圧力をかけ，この圧力が劇的な結果をもたらした．日本の自動車部品メーカーは，インドネシア，タイ，マレイシア及びフィリピンのASEAN 4か国に，1962年から1990年までの29年間には182件しか投資していなかったのに，1991年から1996年までのわずか6年間に223件の投資を行った[1]．

日本の自動車メーカーは，かつて日本国内で行ったように，1990年代にそれぞれが操業するアジアの国で，結束した供給グループを形成するために素早く動いた．こうしたグループは，見かけ上は主要な供給業者により管理されているが，組立メーカーの指導の下に定期的に会合を開いており，そのモデルとなった日本国内の垂直的系列と同じ名称を冠している．タイでは，日産は，最も信頼する日本の下請会社の現地子会社が支配するタイ宝会（Takara-kai）を持っており，三菱自動車はタイ柏会（Kashiwa-kai），トヨタはタイ協豊会

(Kyôhô-kai) といった状況である．

　東南アジアの各ホスト国における自動車市場が小さいために，そこに投資した日本の下請会社は，主たる系列顧客に供給するだけでは規模の利益を享受することができない．そこで，これらの会社は，少なくとも当初は，複数の顧客に供給していた．しかし，1990年代央までにホスト国の自動車市場が急拡大し始めると，日本で長年確立された取引パターンがアジアでも形を見せ始めた．Nishioka（1998: 66）は，ASEANに焦点を当てて，「既存の供給業者が国内にとどまっているケースを除いて，日本の［東南アジアにおける］自動車メーカーが確立された系列グループ以外と取引している事例は極めて少ない」と結論付けている．

　タイ・トヨタ自動車のケースを見ると，日本の系列供給業者が製造した部品又はタイにおける現地工場で製造された部品にほとんどすべて依存している．1997年に，タイにおけるトヨタの供給グループには32社が属しており，デンソー（Denso）からカラビス（Kallawis）まで，アイシン精機（Aishin）からカヤバ工業（Kayaba）まで，日本発条（NHK Spring）から小糸製作所（Koito）まで，トヨタの日本における主要な下請業者のほとんどの子会社が含まれていた．実際，4社を除いて，これらの子会社の親会社は，日本におけるトヨタの供給グループに属していた．

　東南アジアに組立工場を建設しようとするアウトサイダーにとって，こうした強固な事業上のつながりは参入障壁となる．クライスラー（現ダイムラー－クライスラー）が経験した失敗は教訓的である．1990年代前半に，この米国の（現在は独－米の）企業は，いくつかの場所に生産拠点を設けて，この地域の拡大する自動車市場に参入しようと努力した．しかし，主要な部品供給業者と契約交渉をする努力は繰返し頓挫した．これらの供給業者はすべて，様々な系列に属する日本の現地工場であった．当時，クライスラーの地域事業部門の部長であったTim Suchytaは，次のように語っている．

　　「我々は，はっきりと拒否されたが，ビジネスとしては全く理由がない．例えば，マレイシアでは，我々とは一切かかわりたくないというエアコン業者がいたが，単にノーと言うように指示されていたことはかなり明らか

だった.」[2)]

　東南アジアにおける日本の組立メーカーは,全域で自動車ディーラーとの間でも強固な事業上のつながりを築いてきている.少なくとも一つのケースでは,こうした関係により,異なる形態の(下流での),しかし,その効果は事実上同じである(すなわち,不合理に高い参入費用を負担させる)垂直的な締め出しをもたらしている.GMインドネシアでは,1990年代央に,販売経路を確保できなかったために,乗用車の生産拡大ができなかった.GMの元役員は,次のように語っている.

　　「新たにChvy-Opelのディーラーになろうとする7人の定評のある業者がいたのに,不思議なことに,次から次へと脱落していき,結局,誰とも合意できなかった.彼らは,[仕事のほとんどを占めている日本のメーカーが]そんなことをすれば,供給をカットすると脅してきたと内密で教えてくれた.」[3)]

Ⅱ　東南アジアにおける日本のエレクトロニクス多国籍企業

　日本の自動車メーカーと同様,日本のエレクトロニクス・メーカーも1990年代に東南アジアに積極的に進出し,全域で系列ネットワークを複製した.タイ政府のために行われた研究において,外国投資諮問局(FIAS)(1991:41)は,アジアのエレクトロニクス産業における日本の子会社が「下請業者を日本から連れてきたり,自らの衛星的な下請業者を設立したりする傾向にあり,いずれも国内企業との逆の関係を作ろうとはしない」と結論付けている.産業実態調査から,Sunada, Kiji, and Chigira(1993:64)は,日本の電気・エレクトロニクス組立メーカーが地域内で用いている「現地」供給業者の70%が実際にはホスト国で操業している日本の部品製造業者であることを明らかにしている.

　しかし,日本のエレクトロニクス・メーカーは,地域内供給ネットワークを構築しているにもかかわらず,自動車メーカーとは異なり,東南アジア市場を完全に支配しているわけではない.例えば,タイでは,第1位のディスク・ドライブ製造業者は,米国の多国籍企業(Seagate Technology)であり,また,マレイシアでは,インテル,テキサス・インスツルメント及びモトローラとい

う米国の多国籍企業が主要な半導体メーカーである．

皮肉なことに，ある研究者は，こうした米国企業の相対的な成功について，「開放的」で「柔軟な」調達戦略が生産費用を削減し，効果的に競争することを可能にしていると分析している．Borrus（1997：6）は，日本企業がメモリー・チップやディスプレイといった主要部品を「閉鎖的寡占」に危険なほど依存していることを認定して，米国のコンピュータや通信機器といった産業用エレクトロニクス・メーカーが「そのアジアの生産ネットワークを日本企業に代わる柔軟な供給基地に次第に変えてきた」と述べている．

分野によっては，特に消費者向けエレクトロニクス分野では，日本企業が依然として東南アジアで圧倒的な市場支配力を有している．全体として，東南アジアのエレクトロニクス産業は，自動車産業に比べてずっと競争的であり，時間が経つにつれて一層そうなってきている．例えば，インドネシアでは，4社集中度が1975年には85%であったものが，93年には43%へと急激に低下したとBird（1999：60）は推定している．

III メース・スタディのインプリケーション

1．産業の特徴

松下は，VTRを100未満の部品で生産するが，トヨタは，乗用車の組立に3000もの部品を使う．部品集約的な自動車産業では，自然に垂直的統合，日本企業の場合には系列関係を通した準統合に向かう傾向がある．その結果，当該市場で結束した供給ネットワークを迅速に構築した組立メーカーは，後発企業に対して作り付けの（built-in）競争力を有する．東南アジアでは，正にそうなっているのであり，日本の自動車メーカーは，現地の供給業者と新しいつながりをでっち上げ，日本から工場を移転した系列供給業者と長期的つながりを複製している．前述のように，こうしたつながりは，次第に排他的になってきている．

2．国 民 性

東南アジアのすべての国には，日本，ドイツ，米国といった国の商工会議所

がある．同じホーム国からの多国籍企業は，同じ文化や言語を共有して，外国（ホスト国）で事業を行う上での困難を克服するために，お互いに協力し合おうとするのかもしれない．しかし，日本の多国籍企業には，他国の多国籍企業に比べて，そうした協力がずっと強いようである．ある企業幹部は，「我々は，多少排他的かもしれない」と認めている[4]．

クアラルプール郊外の工業地区である Shah Alam でも，バンコク近郊の製造地区の Navanakorn でも，そして，その他の製造集中地区でも，日本のメーカーは，共通の問題を討議する会合を毎月開いている．こうした会合の参加者によると，拘束的な約束をするのではなく，「相互了解」に達するのだという．

予備的な証拠からは，日本の自動車メーカーは，東南アジア市場で日本以外の自動車メーカーに足掛かりを得させないように協力してきているのかもしれない．タイ自動車工業会やインドネシア自動車産業連盟といった団体を組織して，こうした企業は，ASEAN 以外からの輸入に対する高関税や市場参入を妨げる国内コンテンツ要件といった制限的な措置を維持するようにロビー活動をしてきている[5]．そして，供給と流通の両目的での準統合を通した垂直的制限が，日本の多国籍企業による共謀を容易にしているようにみえる．

3．政　府

東南アジアのホスト国政府は，韓国やブラジルといった新興工業国の発展の歴史に学んで，自国の自動車産業を育成しようと努めてきている．こうした目標は，特にマレイシアでは，愛国的なプライドによって強められている．自動車製造の産業化を追求して，これらのホスト国では，現地供給ネットワークを有する既存の自動車メーカー（すなわち，日本の多国籍企業）にとって重要な競争上の利点となる関税障壁や国内コンテンツ規制を設けてきている．そうした仕組みは，意図してかどうかは別として，日本の自動車メーカーがこれらの国で市場支配力を獲得し，強化するのを助けてきているのである．エレクトロニクスを含め，東南アジアの他の産業においては，そうした支援や保護はない．

ごく最近まで，東南アジアへの自動車の輸入関税は極めて高く，インドネシ

アでは200％に達していた．自動車部品産業でさえ，関税と国内コンテンツ規制によって十分保護されていた．こうした公共政策は，アウトサイダーがホスト国市場に参入しようとする際の障壁を高くし，その結果として，既存の製造業者の利益保護地（profit haven）を作ってきた．

東南アジアのホスト国政府によって実施される政策に加えて，東京のホーム国政府によっても，同地域全体の日本の多国籍企業による自動車生産を支援するために相当の努力がなされていることを指摘しておくべきであろう．例えば，通商産業省は，自動車産業支援策を討議するために，日本とASEAN諸国からの「自動車専門家」による年次会議を主催している[6]．さらに，同省は，日本企業の現地工場と現地の企業の両方を含む，自動車部品供給業者の育成措置を東南アジア諸国の政府担当者が講じるのを支援するために，同地域における支援産業に関する研究に資金を出し，日本のアドバイザー（いわゆる「専門家」）を派遣している．これは，東南アジアにおける自動車製造業に対する産業政策に影響力を有する源泉が東京にあることを意味している．

（翻訳：千葉大学法経学部教授　栗田　誠）

1) これらのデータは，Fourin（1998）による．
2) タイのバンコクでの1995年7月12日のインタビュー．
3) 1995年9月19日の電話によるインタビュー．
4) バンコクでの1993年4月20日のインタビュー．
5) バンコクとジャカルタでの1997年9月のインタビュー．前述のとおり，日本の自動車メーカーが参入障壁の維持に常に成功してきているわけではない．
6) CLM Working Group (MITI Japan) (1997).

参 考 文 献

Bird, Kelly. 1999. "Concentration in Indonesian Manufacturing, 1975-93", in Bulletin of Indonesian Economic Studies, Vol. 35, No. 1 (April), pp. 43-73.
Borrus, Michael. 1997. "Left for Dead : Asian Production Networks and the Revival of US Electronics," BRIE Working Paper 100, Berkeley Roundtable on the International Economy (April), see website.
CLM Working Group (MITI Japan). 1997. "Chairman's Summary of the 4th Automobile Experts Meeting from ASEAN, CLM (Cambodia, Laos, and Myanmar), and Japan."
Foreign Investment Advisory Service (FIAS). 1991. "Impediments to Backward

Linkages and BUILD : Thailand's National Linkage Program," a consultant's report.
Fourin. 1998. Tônan Ajia-Taiwan-Taishû no jidôsha buhin sangyô (The Automobile Parts Industry in Southeast Asia, Taiwan, and Oceania). Nagoya : Fourin.
Nishioka, Tadashi. 1998. "ASEAN ni okeru Jidosha Sangyô no Dôkô to Wagakuni Chûshô Buhin Meikaa e no Eikyô ni tsuite" (The State of the Automobile Industry in ASEAN, and its Influence on Japanese SME Parts Producers), Chûshô Kôko Repôto No. 98-1 (April).
Sunada, Toru, Kiji Michiko, and Chigira Makoto. 1993. "Japan's Direct Investment in East Asia : Changing Division of Labor and Technology Transfer in the Household Electric Appliance Industry," a monograph for the MITI Research Institute (March).

支配的公益企業に対する競争政策：
垂直分割か接続ルールか

滝 川 敏 明

I はじめに

　独占的な公益事業に競争を導入する方策を本稿は検討する．公益事業に競争を導入する規制改革を実施してきたのは，これまでのところほとんど経済先進国だけであった．しかし，チリを代表例として，電力や電気通信産業において独創的な規制改革を実施する開発途上国が現れはじめている．開発途上国は規制改革先進国の失敗から学べるので，経済先進国を一挙に飛び越える規制改革を実施できる．電気通信，電力等の公益事業は他産業すべての基礎インフラなので，経済発展を加速するために途上国は公益事業を効率化する必要がある．

　電力と電気通信が代表する公益事業の重要産業は，ほとんどの国において独占が維持されてきた．公益事業独占は自然独占として合理化されてきた．しかし，公益事業の中で自然独占性があるのはいくつかの部門だけであることを経済学者が示した．その他部門においては競争が成立する．たとえば，電力の発電部門と電気通信の長距離部門では競争が成立する．そのうえ技術革新が，公益事業における競争部門を拡大してきた．

　公益事業の中の相当部分は競争が成立するものの，垂直統合されている独占的企業は，競争部門への新規参入を容易に阻止できる．公益サービスは統合された形で消費者に供給する必要があるからである．たとえば，発電は送電と一体化しているし，長距離通信は地域の電話線を通じて消費者に供給される．このため，独占的な垂直統合企業は，独占企業の施設利用を新規参入者に拒絶することにより参入を阻止できる．このような施設が競争へのボトルネックを形成する．

　ボトルネック施設へのアクセス拒絶は，規制機関が禁止できる．しかし規制

機関による禁止は参入を確保するための有効性を欠く．垂直統合企業は，参入企業に不利な取り扱いをし，それを技術的あるいは経営上の理由により合理化できるからである．垂直統合企業による違法な差別取り扱いを規制機関が発見することは困難である．

したがって，独占的公益企業への対処策として提唱できるのは，公益企業の自然独占部門を競争が成立する部門から分離することである．分離された独占部門の企業は，既存企業と参入企業を差別する誘因を失う．

しかし，既存独占企業と何人かの論者は，次の主張により垂直分割に反対してきた．第一に，垂直分割は統合の利益あるいは「経営幅の利益（エコノミー・オブ・スコープ）」を損なう．第二に，垂直分割しなくても，接続（アクセス）規制をうまく工夫すれば統合企業の差別的行為を効果的に規制できる．

この議論から導かれる次の二つの施策を本稿では比較評価する．(1)支配的公益企業の垂直分割，(2)企業分割なしの接続規制．最も重要性が高い公益事業として電力と電気通信を対象にする．開発途上国への示唆を引き出す目的から，米国・英国・日本の規制経緯を比較検討する．

以下，第Ⅱ節は，伝統的公益事業規制に替えてディレギュレーションと競争促進的な規制改革が必要となった理由を検討する．第Ⅲ節は，電力産業と電気通信産業を対象として，垂直企業分割の方法を検討し，垂直統合企業への接続規制と垂直分割の得失を比較検討する．第Ⅳ節は，公益企業の再統合への対処策を検討する．第Ⅴ節（むすび）では，垂直分割と接続規制の比較に関する本稿の提言をとりまとめる．

Ⅱ 公益事業のディレギュレーションと規制改革

1．規制に対する競争の優越性

公益事業はすべての国々で重い規制を受けてきた．市民の権利を守るために政府規制が必要だとみなされてきたのである．第一に，電気や通信のような公益サービスは市民の日常必需品だとみなされ，そのため，すべての市民へのサービス供給を公益企業に義務づける規制が必要とされてきた．第二に，公益事業の多くでは自然独占性のために一つの企業しか存在できないので，料金を政

府が規制することが必要だと考えられてきた．規制がなければ独占公益企業が独占的な料金を設定するからである．

　規制された公益企業は，低効率で高コストになるため，高い料金を設定してきた．伝統的な公益事業規制は，独占権を公益企業に与えるのと見返りに，コスト基準の料金規制を課すものであった．この制度では，効率を向上させる意欲が公益企業に生まれない．この点を指摘したのは当初経済学者だけであった．一般市民は規制独占に慣れてしまっているので，競争の利点に気がつかない．そのうえ，公益企業は多くの人々に職を提供してきた．公益企業の従業員は巨大労働組合を結成することにより，規制改革に反対する強力な利益団体となってきた．

　しかし，少数の経済先進国からはじまって，公益事業のディレギュレーションと規制改革が開発途上国を含む相当数の国々に広がってきている．この起源は米国である．ディレギュレーションと競争志向の規制改革が巨大な経済利益をもたらすことを米国が他国に指し示した．

　規制改革による経済利益は，経済学者が予想したよりも実際には大きかった．経済活動の自由化と競争圧力の高まりは，企業行動と産業組織に予想外の変化をもたらしたためである．典型事例は，米国航空の航路とサービスにおけるハブ・アンド・スポーク方式である．クリフォード・ウインストンによれば規制緩和された米国産業の経営コストは約25％から75％低下した[1]．

　競争の利点は資源配分上の効率性ではなく，動的な効率向上効果にあることを米国の経験が示している．コストを低下させイノベーションを高める圧力を企業にかけるので，競争は連続的に効率を向上させる．競争圧力を受けて企業がどのように創意性を発揮するかを経済学者は予想できないので，競争による効率向上は予想を上回ることが通常である．

　ディレギュレーションと競争志向の規制改革が大きな利益をもたらすことを示すもう一つの好例はニュージーランドである．1980年代の半ばにニュージーランドは，長期の経済不振から抜け出すために，競争志向の規制改革に政府全体で取り組んだ．1986年成立の商業法が，政府による経済活動の基本を競争に置くことを法律に規定した[2]．

OECD'による規制改革報告［OECD, 1997］はOECD諸国の規制改革の経験をとりまとめている[3]．OECD'による総合分析は，米国とニュージーランドの経験を裏づけるものとなっている．一般的な教訓を次のようにまとめることができる．

- 技術革新により公益事業の大きな部分で競争が成立するようになった．競争が成立する部門では，政府の産業規制は競争をゆがめるので，廃止するべきである．
- 競争が成立する公益事業は，産業別規制ではなく通常の法ルールにより規制すべきである．なかでも競争法（反トラスト法）を，競争が成立する公益事業に適用除外なしに適用すべきである．
- 特定の国民層（遠隔地居住者など）を有利に取り扱うことが政治的に必要とされる場合には，直接の政府援助を与えるべきである．公益企業内部で実施する相互補助は，競争をゆがめるので採用すべきではない．

2．ネットワーク公益事業の独占問題

技術革新の進展が公益事業の競争部門を拡大してきた．しかし，公益事業の核心部分は，規模の利益とネットワークの利益のために自然独占であり続けている．電力と電気通信が代表である．電力においては高圧送電線ネットワークが自然独占である．電気通信においては地域電話ネットワークが自然独占である．ケーブルTV，そして携帯と衛星によるワイヤレス技術が地域通信に進出してきた．しかし，ネットワーク効果のために小規模企業の参入は難しい．地域通信企業の独占的地位がこのため維持されてきた．

電力と電気通信の大きな部分は自然独占ではないため，新規参入が経済的かつ技術的に可能である．電気通信においては長距離通信に競争が成立する．電力では発電と小売に競争が成立する．しかし既存独占企業が垂直統合したままでは，公益事業全体に独占が維持される．競争を独占企業が好まないのは当然であり，垂直統合の独占企業は，競争のボトルネックである自然独占部門へのアクセスを参入企業に拒否できる．

公益事業の規制を撤廃したこれまでの結果が，規制による損失が大きいこと，

そして，複雑な規制方法は成功しないことを実証している．代表例は米国の航空産業である．ボトルネック部門を有する公益産業規制改革についての一般ルールは，ボトルネック部門を競争部門から切り離すことである．ボトルネック部門だけを規制して，競争部門は通常の法ルールにゆだねるべきである[4]．

Ⅲ　ボトルネック部門の分離と接続規制

ボトルネック部門の分離に成功した実例が，電力と電気通信においては既に現れている．しかし，分離政策が一般的になっているわけではなく，主要国間に大きな差が存在する．そのうえ，電力と電気通信の間に顕著なちがいがある．これらの差異の検討から，規制改革を検討中の国々への教訓を引き出すことができる．

1．電力産業──垂直分離へのグローバルな傾向

電力産業においては，垂直分離の利点を認める動きが世界的に広がっている．ただし，次の二点を検討する必要がある．第一に，株主利益を損なうことなしに民間企業を分割するにはどうすればよいのか．第二に，主要先進国の中で日本が垂直分離に消極的なのはどうしてなのか．

(1)　英国──民営化時の垂直分離実行

電力産業の垂直分離におけるリーダー国は英国である．英国における分離成功の実績が，欧州委員会の政策を通じて他のEU諸国にも影響を及ぼしてきている．国有の公益企業は民営化時に垂直分離しなければいけないことを英国の経験が示している．国有企業の株主は政府だけなので，その分割が投資家利益を害することはないからである．これとは対照的に，ブリティッシュ・テレコム（BT）は垂直統合を維持したまま民営化された．BT株を購入した民間投資家への配慮のために，その後に政府はBTを垂直分割できなかった．

英国の経験は，同様の経験をしたオーストラリア（ヴィクトリア州）とニュージーランドと共に，発電と小売からの送電部門分離は調整の利益（エコノミー・オブ・スコープ）を損なわないことを示している[5]．①送電線への接続ルールと，②卸電力の競争的スポット市場を創設することにより，これらの国々

は産業全体の需要と供給を調和させることに成功した[6].

英国とオーストラリア（ヴィクトリア州）の比較から，民営化利益についての疑問が生じる．両国とも垂直分離を実施し，発電と小売に競争を導入した．しかし，英国は独占企業を民営化したのに対し，オーストラリアは国有を維持した．競争導入は極めて重要であるが，民営化そのものは公益企業のパフォーマンスを変化させないと指摘する学者も存在する[7].

しかし日本の経験は，公益企業のパフォーマンスを改善するには競争導入と共に民営化が必要であることを示している．日本の国鉄は，国有の時代にすでに民間鉄道と航空会社からの競争にさらされていたが，巨額の負債を累積していた．しかし1987年民営化後にJRは効率を格段に改善し，毎年利益を計上してきている．民営化に次の利点があることをJRの経験が例証している．(1)税金注入による負債の帳消しを国有企業は期待するが，民間企業はそのような期待をもたない．(2)選挙区に利益誘導する政治家の身勝手な行動を公益企業の民営化が抑える．(3)民営化により労働組合の行動が変化するので，コスト削減と利益拡大に向けた経営陣の努力に労働組合が協力するようになる．

(2) 米国——民間公益企業の垂直分離

米国における公益企業の垂直分離は，公益企業が民間企業である諸国の参考になる．民間企業の分割を政府が強制することは，投資家（株主）の所有権を侵害するおそれがあるからである．

(a) 送電線への無差別接続確保の困難性

電力産業は次の三部門から構成されている．(1)発電，(2)送電，(3)小売（配電）．発電部門には競争が成立するので，競争を導入するのは比較的に簡単である．発電への参入を政府が自由化して，同時に，参入発電会社の電力を既存電力会社が競争的価格（回避可能原価基準による）で購入することを義務づければよい．

電力産業を真に競争的にするには，電気小売の市場を競争的にしなければならない．このためには，小売市場への新規参入企業（発電への参入企業と多くの場合同一である）が既存電力会社の送電線にアクセスできなければならない．

カリフォルニア州をはじめとする米国のいくつかの州が電気小売市場を自由化した．しかし，民間の電力企業に対しては国有企業に対するのとは異なって，送電部門の分離を政府が単純に命令するわけにはいかない．このためカルフォルニアをはじめとする諸州は，電力会社に「オープン・アクセス」を義務づけた．すなわち，自社発電部門と同じ料金と条件で，独立発電会社に送電線を利用させることを義務づけた[8]．

州間取引については連邦エネルギー規制委員会（FERC）が1996年に「告示888」[9]を制定し，「機能的アンバンドル（要素分割）」(functional unbundling) 制度を設けた．これにより電力会社は，送電線の経営を分離し，発電会社を差別しないことを奨励された．しかし垂直統合を維持した電力会社は，無差別義務を回避する動機と能力を有している[10]．無差別義務に従うことは電力会社の自己利益に反する．そのうえ，規制機関が差別行為を摘発することは困難である．

(b) 「経営上のアンバンドル」の成功

差別の誘因を取り除くためには，電力会社の垂直統合を解体することが必要である．ニュー・イングランド諸州とカリフォルニアが他州に先んじて，送電部門を分離して，その経営を地域的に設立された送電組織（"RTO" あるいは "ISO : Independent System Operators"）に経営をゆだねるよう，電力会社に圧力をかけた．これと歩調を合わせてFERCは，1999年12月に「告示2000」[11]を制定し，電力会社が発電部門を経営的に分離（operationally unbundle）してRTOを設立するようにうながした．

FERCと州による「経営上のアンバンドル」措置は，送電分離の命令には至らず，うながすにとどまった．自主措置方式を採用したのは，電力会社が民間会社であり株主を有することに配慮したためである．分離強制は所有権侵害をもたらし，憲法上の「収容（taking）」問題を引き起こすおそれがある．公益企業の財産収容が合憲かについては，判例上の明確な解答が成立していない．

世界の多くの国において，公益企業は民間企業である．これらの政府は米国規制機関と同じく，民間企業分割の困難性に直面する．ただし，公益企業による度重なる差別行為を反トラスト当局が摘発した場合には，裁判所が公益企業

の分割を命じることができる．実例として，米国の地裁が2000年6月にマイクロソフト社の分割を命令した（しかし控訴裁は2001年7月にこの排除措置を見直すべきことを地裁に命令した[12]．しかし，垂直統合の公益企業における差別行為を規制機関が摘発することは困難である．一見差別とみえる行為を合理化する理由（継続的供給の必要など）を垂直統合企業は容易に見つけることができるからである．

民間電力会社の垂直分離に米国規制機関は大勢において成功した．カリフォルニアとニュー・イングランド諸州をはじめとする多くの州ですでにRTOが設立された．規制権限をうまく活用することにより政府は民間公益企業を分割できることを，米国の経験が他国の規制機関に示している．規制上の多くの制約を受けてきたので，送電部門の自主分離が自社の長期的利益になると電力会社は考えるようになった．「回収不能費用（stranded costs）」補償とRTO設立をカルフォルニア州政府が結びつけた[13]ことは特に効果的であった．

(3) 日本——改革の遅い歩み

日本の電力会社は米国の場合と同じく民間会社である．しかし米国とは異なり日本政府は，送電の経営分離を強制あるいはうながすことをしなかった．日本の電力規制改革は，発電の規制解除と小売への部分的参入自由化にとどまっている（電力事業法1995年改正による）．

米国での経験から予想できるように，送電の経営分離なしでは電気の小売競争は進展しない．経営分離どころか，日本はまだ機能分離も実施していない．経済産業省（旧通商産業省）は電力会社の経営に介入する権限を有しているが，この権限を行使したことがない．

日本の競争当局（公正取引委員会）は2000年8月，新規発電会社に対する料金設定を改善するよう東京電力に要請した．社内取引の場合よりも参入会社を東京電力が不利に取り扱っている可能性があることを懸念したためである[14]．一見差別的な行為を合理化する理由を電力会社は持ち出せるので，公正取引委員会が違法な差別行為を正式に摘発することは困難だと思われる．

電力規制改革における日本の限界として，小売市場の完全自由化を経済産業省が考えていないことがある．2000年内の小売自由化を2万ボルト以上の大口

需要家に限定し，自由化のボルト上限をその後徐々に引き下げていくのが経済産業省の計画である[15]．

小売自由化を徐々に進めなければならない理由は存在しない．自由化を政府が遅らせなくても，これまでの慣れと転換コストのために，契約先電力会社を変更するのを小口消費者は自然に躊躇する．規制改革の漸進主義は大蔵省の金融改革に顕著であり，急激な変化を避けることが必要だとして合理化されてきた．しかし漸進主義が産業調整を遅らせたので，結局は「金融ビッグバン」の採用が必要となった．規制機関は競争を促進させるべきであり，競争の進展を遅らせてはならない．

自由化速度を上げることに日本の電力会社は反対してきた．反対理由として，原子力の設備投資を維持する必要性をあげてきた．しかし，世界各国で原子力施設は競争力を失ってきており，同時に原子力事故と放射性廃棄物の処理問題のため，公衆の支持を失ってきている．

既存独占企業が競争を嫌うことは自然である．規制機関は独占企業に共感するのではなく，独占企業を競争に向かわせるように圧力をかけるべきである．日本の電力規制機関が競争促進に積極性を欠くのは，規制機関——エネルギー庁——が経済産業省の内部部局であり，産業政策と規制の双方に従事することに一つの要因がある．産業政策（あるいは産業振興）と規制を同一機関が担当することは避ける必要がある[16]．両者の目的は相互に矛盾することが多いからである．産業政策に従事するので，エネルギー庁の役人は電力会社の利益と自己の利益を同一視する傾向がある．実際に，多くの役人が役人退職後にエネルギーあるいは電力産業に職を得てきた

産業政策官庁から独立の規制機関を設ける必要性を日本の経験は示している．独立させることにより，産業を導くのではなく競争を促進する作業に規制機関は集中するようになる．

2．電気通信産業——先進国間において異なる改革方法

垂直分離への潮流が明らかな電力産業とは異なって，通信産業における垂直分離に関する規制方法は先進国において様々である．本項では，米国・英国・

日本の規制方法を比較することにより，支配的通信企業を垂直分割すべきかを検討する．

電力産業に比べて電気通信産業の垂直分離には問題が多いことが一般に認められている．電気通信技術なかでもパケット交換技術が自然独占部門の区分を不鮮明にしてきたためである[17]．他方，地域通信網（なかでもいわゆる「ラストマイル」部分）は自然独占部門の核心として残っている．

(1) 米国——反トラスト基準による垂直分割

(a) 1984年のAT＆T分割と1996年電気通信法

1984年AT＆T分割（1982年同意判決による[18]）以降，米国電気通信産業は垂直的に分離されてきている．すなわち，地域ベル電話会社（BOCs）は州間通信への参入を禁止されてきた．

AT＆Tを分割した1982年同意判決，そしてそれに先立つ司法省提訴は次を根拠としていた．(1)垂直統合の独占企業（AT＆T）には，競争が成立する州間通信への参入を妨げる動機がある．(2)AT＆Tは実際に反競争的な排他行為に従事した．(3)AT＆Tが隠密に実施する垂直的排他行為を連邦通信委員会（FCC）は摘発できなかった．

垂直分離を支持するこの論拠は，送電線を分離する論拠と同じである．電気通信の垂直分割は水平分割とあいまって，明らかな成功であった．米国の電気通信産業は先進国間で最も優れた成果（急速なコスト低下とイノベーションの進展）を実現してきた．

1996年電気通信法は，BOCsの長距離（州間）通信参入を許容する権限をFCCに与えた．ただし1996年法は，1984年AT＆T分割の論拠を維持した．すなわち，垂直的排他行為をBOCsに繰り返させないための厳格条件を満たした後でなければ，BOCsは長距離通信に参入することを許されない．

(b) 必要以上に複雑すぎる地域通信規制

競争上のボトルネックである地域通信網を分離したので，米国の通信規制は緩和できる．第一に，競争が成立する長距離の規制は解除し，反トラスト法にゆだねるべきである．FCCはこれを実行した．AT＆Tの支配的地位消失をFCCが認定した1995年に，米国の長距離通信規制は撤廃された．

第二に，地域通信の規制も簡略化するべきである．分離独立した BOCs は長距離通信会社を差別する誘因を持たないからである．しかし実際には FCC の地域通信規制は極めて複雑なものとなり，訴訟により争われてきている[19]．

　地域通信会社（BOCs がほとんどを占める）は垂直統合してはいないが，地域通信市場において支配力を有している．したがって料金規制が必要である．しかし，伝統的料金規制である報酬率規制は廃止して，プライスキャップ（上限料金制）を採用する必要がある．報酬率規制では独占企業の不効率性を永続化してしまう．プライスキャップは競争市場に似た機能を果たすために，独占企業にコスト低下努力をうながす．英米の規制機関はプライスキャップを広範に採用してきている．

　BOCs に対する料金規制は，消費者に対する通話料金と長距離通信会社に対する接続料金の双方について必要である．この二つについての FCC と州公益事業委員会の料金規制は，主にユニバーサルサービス制のために，不必要に複雑でかつ反競争的なものとなってきた．

　「ユニバーサルサービス」は米国等多くの諸国において，市民すべてに「手ごろな価格（affordable price）」を保証することを意味するようになってきている[20]．「手ごろな価格」は実際には，高コスト地域住民に低コスト地域住民と同じ料金を確保するものと解釈されてきた．このためユニバーサルサービスは，高コスト地域（地方）と低コスト地域（都会）間，そして地域通信と長距離通信間の内部相互補助を必要としてきた．この後者のために，接続料金が人為的に引き上げられてきた．

　内部相互補助により実現するユニバーサルサービスは，コストと料金を乖離させるので，競争をゆがめる．政治がユニバーサルサービスを必要とするならば，直接の政府支出により実現すべきである[21]．通信会社すべてから徴収するユニバーサルサービス基金は，ユニバーサルサービスの反競争効果を低下させるが，反競争効果を消滅させるものではない[22]．

　反競争的で規制緩和理念に反するユニバーサルサービス制度は，先進国に広がっている．それに加えて米国の1996年電気通信法は，地域通信規制をいたずらに複雑化する新たな概念を追加した．BOCs に対するアンバンドル（要素分

割）義務[23]と長距離増分費用基準の相互接続料金がそれにあたる．

これら二つの義務は論争の的となり，訴訟が提起されてきた．二つの義務を批判する経済学者の意見に説得性がある[24]．米国における現行の硬直的な地域通信規制は，反競争的であり，かつ規制緩和理念に反している．反トラスト基準（不可欠施設論）とプライスキャップ[25]を地域通信に適用することにより，簡明で競争促進的な規制を実現すべきである．

(2) 英国——民営化時に企業分割しなかったことの失敗

国営通信会社を民営化する際に，英国政府は米国の例にならって企業分割することを考えた．しかし，民営化会社の株売り出しを容易にするために，独占企業（BT: British Telecom）の垂直統合を維持した．

二社寡占政策を政府が廃止し，参入を基本的に自由化した1991年以降に，英国通信産業の競争と効率は改善した．しかしBTは，地域通信と長距離通信の双方において独占的地位を保っている．

世界各国の電力規制そして米国での電気通信規制の経験が，統合独占企業の差別行為を規制機関が発見することの困難性を示している．したがって，英国の規制機関（OFTEL）はBTの差別的行為を発見するのが困難であったと考えられる．

この点について，1995年にOFTELがBTに課した会計分離の有効性を指摘する論者が存在する[26]．しかし，通信コストの大半は地域通信網と長距離通信網の共通経費である．共通コストの適正配分は不可能であることを経済学者が指摘してきた[27]．会計分離は，所有権分割とは異なり，統合独占企業が自社部門を優遇する動機を消滅させない．したがって，OFTELがBTの反競争行為を有効に摘発できるかには疑問がある．

(3) 日本——道半ばの改革：NTTの持株会社組織化

日本政府は1985年に電電公社を民営化し，NTTを発足させた．しかしNTTの民営化はまだ完結していない．日本政府はNTT株の59％を保有しており，少なくとも三分の一の株を保有し続けることを日本電信電話株式会社法（NTT法）が義務づけている．

電気通信分野への参入は徐々に自由化されてきたので，いくつかの新規参入

が長距離分野に生じた．新会社が市場シェアを上昇させたので，長距離通信には有効競争が生じている．これと対比して，地域通信については小規模の参入が東京都に生じただけであり，NTTが独占的地位を全国において維持している．

郵政省は，有効競争を実現するため，NTT分割を計画していた．電気通信審議会（郵政大臣の諮問機関）は，NTTの企業分割を1990年に提言した．しかしNTTが分割に反対した．巨大な労働組合を擁するNTTは政治的な影響力を有している．

郵政省とNTT間の政治的妥協が1996年に成立した結果，NTTは持株会社に組織変更することになった．親会社であるNTT持株会社の傘下に，地域会社二社（NTT東とNTT西），長距離会社一社（NTTコミュニケーションズ），携帯会社一社（NTTドコモ），そしてその他の子会社が並立することになった．

NTTの持株会社化を郵政省は「NTTの分離分割」と呼んできている．この用語法は不正確である．NTT持株会社はNTT東地域会社，NTT西地域会社，そしてNTTコミュニケーションズの株100%を所有しているからである[28]．子会社株の全部を親会社が所有しているので，NTT持株会社組織は一社として行動できる．持株会社組織は，複数部局会社を経営するもう一つの企業組織にすぎない．NTT自身が，NTT持株会社組織は「単一グループとして経営」し，「単一グループとして発展」すると宣言した[29]．

郵政省が規制を課さなければ，NTTは持株会社組織を単一組織として経営できる．他の持株会社組織（シティー・コープなど）がそうしてきているのと同じである．「有効競争を確保する」ためとして，NTTの行動を制約することを郵政省は考慮してきている．

しかし，子会社独立経営へのNTTの不干渉を郵政省が強制するとすれば，その強制は，子会社株の100%を親会社が所有する持株会社組織に矛盾する．実際には，郵政省は1999年4月に，NTT子会社間の役員兼任を許容することを発表した[30]．許容の理由として郵政省は，役員兼任が持株会社組織の正常な経営形態であることをあげた．その他のNTTへの制約については，「必要

に応じて考慮する」としてあいまいなままにされている．

　子会社株の100％をNTT親会社が所有する持株会社形態を維持したままでは，形だけの行動制約しか郵政省はNTTに課すことができない．100％子会社は，独立経営を望んだとしても，実行する能力を有しないからである．持株会社組織は経営分離として機能しない．経営分離を実現するためには，企業所有権の法的分離が必要である．すなわち，NTT親会社が，子会社——NTT東・NTT西・NTTコミュニケーションズ・NTTドコモ——の株を売却する必要がある．

　NTTドコモの株をNTT親会社に売却させることが，地域通信の競争促進にとって最も有効である．携帯電話は日本で爆発的に広がり，現在では人口の40％以上が所有している．携帯電話はこのため，日本の電気通信市場の競争促進にとって最も重要な存在になった．NTTドコモは携帯電話市場において支配的地位を獲得している．固定電話利用者の多くが携帯に移行するにつれ，NTT東・NTT西・NTTコミュニケーションズ顧客の多くがNTTドコモの顧客に移行する．このためNTT持株会社組織内で衝突が生じる可能性がある．NTTドコモの競争的行動を確保するため，NTTドコモをNTT持株会社組織外の独立会社にする必要がある．

　日本政府がNTT株の59％を所有しているものの，NTTの個人株主が多数存在する．このためNTT分割に対して，株主利益保護を理由とする反対が提起される．しかし，株主利益を損なわない方法でNTTを分割することが可能である．これは，NTTが純粋な民間会社ではなく，NTT法のために公社的性格を部分的に保持しているためである．NTT法がNTTに郵政省の監督に服することを義務づけている．政府が，NTT株全量を民間に売却すると共に，NTT法を廃止してNTTを完全な民間会社にすれば，NTTの各会社は政府からの独立性を獲得するので，NTT全体の株主価値は上昇するだろう．

　NTTを分割すれば，NTTに対する接続規制が簡単になる．独立したNTT東地域会社と西地域会社は，長距離会社（NTTコミュニケーションズ）から分離するので，他の長距離会社を差別する誘因を持たなくなる．NTTに対する接続規制を郵政省は設けたが，規制内容の多くはあいまいなままである．コ

ストの多くが共通コストのため，NTTの地域通信コストと長距離通信コストの正確な算定は不可能である．このため，接続規制にはあいまい性がどうしてもつきまとう．NTTの接続料を20％引き下げさせることを郵政省は，2000年に米国政府の要求後に発表した．20％料金引き下げのために，郵政省は接続規則を改定しなかった．このことからも，垂直統合企業に対する接続規制は本質的に裁量的であることがわかる．2000年中に郵政省が採用する長距離増分費用基準の接続料金採用によっても，この裁量性は解消しない．

(4) 垂直分割と接続規制のどちらを選ぶべきか

垂直分割と接続規制についてのここまでの比較分析から，独占企業の垂直分割を支持する充分な根拠が導かれた．少なくとも電力と電気通信においては，垂直分割がもたらす規制上の利益がエコノミー・オブ・スコープ（垂直調整による経営利益）の損失を上回る．

株主利益への配慮からの企業分割反対については，米国の電力と日本の電気通信が示しているように，株主利益を低下させずに企業分割する方法が存在する．

公益企業の垂直分割後に，自然独占性に起因するボトルネック性を技術革新が解消していくだろう．技術革新は同時に，自然独占部門と競争部門の境界を不明確にしていく．これらの状況変化により，垂直分割企業の再統合を許容すべき場合が生じてくるかもしれない．この点を次節において検討する．

Ⅳ 再統合に対する規制

公益企業が垂直分割された後に，合併あるいは新規投資により，上流あるいは下流市場に進出することを望む場合がある．垂直分割直後の再統合を禁止すべきことは当然である．しかし，分割後に実質的な条件変化が市場に生じた場合には，再統合を許可すべきかを規制機関は検討すべきである．統合による経済利益と競争阻害効果とをバランス判断する必要がある．競争制限により大きな非効率が発生することを各国の経験が示しているので，競争阻害効果の方を重視すべきである．

ただし，市場支配力濫用を防ぐ有効なセーフガードを規制機関が設けること

ができる場合には，市場支配力による弊害を生ずることなく，統合利益を実現できる．もっとも，セーフガードを設けることができたのなら，企業分割自体が不必要だったことになる．したがって，設けるセーフガードは，企業分割時には実現できなかったものである必要がある．

1. 電力産業の再統合——禁止の必要性

電力産業では，送電線の自然独占性が確立している．そのうえ，自然独占部門と競争部門（発電と小売）を明確に分離できる．したがって，送電会社による発電あるいは小売会社との再統合は禁止すべきである．送電線の自然独占性を新技術[31]が消滅させた場合にはじめて，送電会社の再統合を許可できる．

発電会社二社（パワーゲン社とナショナルパワー社）が送電会社を買収しようとした際に，英国の規制機関がこの再統合問題に直面した．独占合併委員会（MMC）は，合併が公益に反すると判断したが，それにもかかわらず，条件付で合併を認可した．しかし貿易産業大臣は，MMCの提言を受け入れず，合併提案を1996年に却下した[32]．再統合した会社の市場支配力をセーフガードによって抑えることはできないので，貿易産業大臣の方が業界の状況をよく把握していた．統合会社による差別行為の規制は困難であることをヘルムとジェンキンソンが指摘している[33]．

2. 電気通信産業における再統合——禁止かセーフガード規制か

電力産業に比べて電気通信産業は，技術革新の速度が速く，市場状況の変化も激しい．このため電気通信の規制機関は，電力の場合よりも，再統合に柔軟な姿勢を示すことができる．ただし，どの程度の柔軟性を示すことができるかが問題である．

米国の規制機関がこの問題に直面した．分離された地域電話会社（BOCs）は同意判決により，電気通信の競争部門に参入することを禁止されてきた．しかしFCCが禁止を緩和したので，BOCsは一部の競争部門——携帯，電子出版など——への参入を許可された．

会計セーフガードや分離子会社による営業義務などのセーフガードを，FCC

はBOCsに課してきた．BOCsの濫用的行為についての苦情がほとんど提起されたことがないので，これらセーフガードは有効に機能したと考えられる．しかも，BOCsの参入市場におけるシェアはあまり伸びなかった．しかしBOCsが参入を許可されたのは重要性の薄い市場だけである．真の試練は，BOCsが長距離（州間）通信に参入した場合に生まれる．

BOCsの長距離通信参入を許可するための厳格条件を1996年電気通信法が設けた．これらの条件は，AT & T分割の理念を受け継いでいる．すなわち，BOCsが営業する地域市場に充分な量の参入が生じた後に，はじめてBOCsは長距離に参入できる．FCCと司法省がBOCsの参入を許可した例はこれまで少数にとどまっている．1996年電気通信法は，FCCに大きな裁量権を認めている．FCC（そして司法省）はセーフガードの有効性に頼りすぎるべきではない．電力と電気通信における先進各国の経験が次を示しているからである．すなわち，統合独占企業は内部相互補助を実施する強い誘因を有しており，統合企業が隠密に実施する差別行為をセーフガードで有効に抑えることはできない．

独占企業による内部相互補助を抑えるためにプライスキャップが有効であると，FCCは指摘した[34]．しかし独占企業は，短期的損失を無視して，競争相手を害する行為を実施できる[35]．BOCsの一つ（ベル・アトランティック）と中規模の統合会社（GTE）の合併を認可するにあたってFCC［FCC, 2000］は，合併会社の市場支配力に備えるセーフガードが有効であることを強調した．しかし，「あらゆる種類の差別行為を予見することは不可能である．特に技術が絶えず発展する中ではなおさらであり」，そのうえ，「価格以外による差別行為は発見するのは難しい」とFCC自身が指摘した[36]．ベル・アトランティックとGTE合併認可にあたって，FCCは自己矛盾におちいっている．

V　む　す　び

米国・英国・日本における電力と電気通信産業の分析から，自然独占部門と競争部門の分離が望ましいことを本稿は示した．少なくとも電力産業と電気通信産業においては，垂直分離による規制上の便益が，生じるかもしれない垂直

的調整利益の損失を上回る．垂直統合の独占企業による差別行為を摘発することが困難であることを，各国の経験が示している．この経験が垂直分離を提言する主な論拠である．民間企業である公益企業に関しては，規制機関が規制権限を賢明に行使することにより，株主利益を損なわない方法により企業分割を実現できる．

その他の教訓として，本稿の分析から次を引き出すことができる．

- 産業政策機関から独立した規制機関を政府は設けるべきである．産業政策と規制の双方に従事する政府機関は，競争促進的な規制改革を進めることができない．
- 規制の構造を簡明にすべきである．複雑な仕組みによる規制と監督は成功しない．公益事業規制は，ユニバーサルサービス政策のために不必要に複雑なものにされてきた．
- ユニバーサルサービスが政治的に必要とされる場合には，直接の政府支出により実現すべきである．独占企業内部の相互補助により実現するこれまでのユニバーサルサービスは，反競争的な市場構造と極めて複雑な規制形態をもたらした．
- アンバンドル（要素分割）と長期増分費用の相互接続料金は，複雑すぎる規制制度をもたらした．簡明で競争促進的な規制を実現するために，反トラスト基準（不可欠施設論など）とプライスキャップ（上限料金制）を電気通信産業に適用すべきである．
- 独占的公益企業の持株会社化は垂直分割として機能しない．持株会社は，多部局組織を経営する方法の一つにすぎない．親会社（持株会社）は，子会社株の100％を所有するので，子会社の独立的行動を容易に抑えることができる．このため持株会社は持株会社組織を単一組織として経営できる．
- 独占的企業による反競争行為（内部相互補助など）を会計分離やプライスキャップによるセーフガードが抑える効果は限定されている．このため，セーフガード規制は通常，垂直分離の代替策とはならない．

*　本稿は,「APEC 競争政策と経済開発プロジェクト会議」,ヴィクトリア大学(カナダ)・アジア太平洋地域イニシャティブセンター(2000年9月21日～24日)における報告ペーパーを改訂したものである.

1) Winston (1998), p. 107.
2) McTigue (1998).
3) OECD (1997), pp. 9-21.
4) オーストラリアは競争法を改訂し,ネットワーク産業に適用できるようにした. (OECD, 1997, p. 225).
5) OECD (1997), p. 159.
6) OECD (1997), p. 177.
7) 対立する諸説について次を参照——Newbery (1999), pp. 185-87.
8) FTC (1999).
9) Federal Energy Regulatory Commission, *Order No. 888*, Docket Nos. RM95-8-000 and RM94-7-001, April 24, 1996.
10) OECD (1997), p. 178.
11) Federal Energy Regulatory Commission, *Order No. 2000*, Docket No. RM99-2-000, December 20, 1999.
12) U. S. DC Circuit Court of Appeals, USA v. Microsoft Corp., No. 00-5212, June 28, 2000.
13) State of California, *Assembly bill No 1890*, Chapter 854, Approved by Governor, September 23, 1996.
14) 日本経済新聞, 2000.8.11, 3頁.
15) 通商産業省『通商白書』2000年, 141頁.
16) OECD (1999), p. 107 を参照.
17) Newbery (1999), p. 190.
18) United States v. American Tel. & Tel. Co., 552 F. Supp. 131 (D.D.C. 1982).
19) 1999年最高裁判決が代表判決である——AT & T Corp. v. Iowa Utils. Bd., 119 S. Ct. 721 (1999).
20) 米国1996年電気通信法・第254条 [47 U.S.C. 254] は「ユニバーサルサービス」を次のように定義している.「質のいいサービスを正当,合理的,かつ手ごろな料金で確保する」,そして,「ユニバーサルサービスは進化する電気通信のレベルに応じて FCC が本条に従い定期的に設定する.この設定にあたって,電気通信および情報技術・サービスの発展を考慮する」.
21) 米国の電力産業においては,内部相互補助の重要性ははるかに低いようである.遠隔地域への補助が明示の投資補助として実施されているためである——Crandall (1999, p. 10).

22) FCC 委員による次のコメントを参照せよ——FurchtGott-Roth (1999).
23) BOCs は，相互接続と再販を他の電気通信事業者に BOCs の「ネットワークにおける技術的に可能なすべてのポイントにおいて」提供しなければならない——（1996年電気通信法・第251条）[47 U.S.C. 251].
24) 中でも次を参照せよ——Laffont and Tirole (2000), pp. 148-49.
25) FCC の1999年アクセス料金規則はアクセス料金（access pricing）についてプライスキャップを採用した——Federal Communications Commission, FCC 99-206, *Fifth Report and Order and Further Notice of Proposed Rulemaking,* August 27, 1999. 地域通信に関する相互接続料金（Interconnection pricing）にも，プライスキャップを採用すべきである．相互接続料金とアクセス料金を区分するのは論理的に誤っている．
26) Newbery (1999), p. 327.
27) たとえば，Crandall (1999), p. 13.
28) 親会社の NTT は NTT ドコモ株式の67％を所有している（*NTT Annual Report 2000* "Consolidated Subsidiaries", http://www.ntt.co.jp/ir/reports/annual2000web/index.htm)．その他のドコモ株は一般の個人・法人が所有している．
29) NTT『NTT の再編成について』1998.5.29.
30) 郵政省・報道発表資料「日本電信電話株式会社の再編成に関する実施計画案の概要に対する意見及びそれに対する郵政省の考え方」1999.4.23.
   http://www.joho.soumu.go.jp/pressrelease/japanese/denki/990423j601.html
31) *The Economist* (2000) は，太陽電池が代表する新技術が近い将来に送電線を不要にするだろうと報じた．
32) Newbery (1999), pp. 231-32.
33) Helm and Jenkinson (1998), p. 102.
34) FCC (2000), para. 198.
35) プライスキャップの効力は過大評価されてきたと Schwartz (2000, p. 19) が述べている．
36) FCC (2000), paras. 179, 192.

参照文献

Crandall, R. W. (1999), *Managed Competition in U.S. Telecommunications,* Working Paper 99-1, AEI-Brookings Joint Center for Regulatory Studies.
http://www.aei.brookings.org.

The Economist (2000), "The Dawn of Micropower", August 5h-11th, 2000.

Federal Trade Commission (FTC) (1999), *Statement of FTC Concerning Deregulation and Competition in the Electric Power Industry Before the Subcommittee on Energy and Power of the Committee on Commerce, United States House of Representatives* (May 6,

1999).
  http://www.ftc.gov/os/1999/9905/electricpowertestimony.pdf.
Federal Communications Commission (FCC) (2000), FCC 00-221, *GTE Corporation and Bell Atlantic Corporation.* June 16, 2000.
FurchtGott-Roth, H. (1999), *Press Statement of Commissioner FurchtGott-Roth regarding FCC's October 21 Universal Service Orders,* FCC, October 21, 1999,
  http://www.fcc.gov/Speeches/Furchtgott_Roth/Statements/sthfr953.html.
Helm, Dieter and Tim Jenkinson eds. (1998), *Competition in Regulated Industries,* Oxford University Press.
Laffont, Jean-Jacques and Tirole, Jean (2000), *Competition in Telecommunications,* Cambridge, Massachusetts : The MIT Press.
McTigue, Maurice P. (1998), "Alternative to Regulation : A Study of Reform in New Zealand", Regulation, Cato Institute, Winter 1998. http//www.cato.org/public.
Newbery, David M. (1999), *Privatization, Restructuring, and Regulation of Network Utilities,* Cambridge, Massachusetts : MIT Press.
OECD (1997), *The OECD Report on Regulatory Reform, Volume I : Sectoral Studies,* Paris : OECD.
OECD (1999), *Regulatory Reform in Japan,* Paris : OECD.
Schwartz, Marius (2000), *The Economic Logic for Conditioning Bell Entry into Long Distance on the Prior Opening of Local Markets,* Working Paper 00-04, AEI-Brookings Joint Center for Regulatory Studies. http://www.aei.brookings.org.
Winston, Clifford (1998), "U.S. Industry Adjustment to Economic Deregulation", *Journal of Economic Perspectives,* Volume 12, Number 3.

中央・地方の独禁法執行権限のあり方について

岡 谷 直 明

はじめに

EUでは，欧州委員会が専管してきた81条3項の適用除外制度を見直して各国の裁判所及び終審である欧州司法裁判所が当該協定がEU競争法81条1項に違反するか否かを判断する方向にあり，各国の裁判所への権限の分散が行われている．

わが国でも地方分権推進委員会の第4次までの勧告を踏まえて策定された1998年の「地方分権推進計画」では機関委任事務を全廃して地方自治体の裁量の範囲を広げた．これを受けて1999年に景表法が改正され，従前，公取委が都道府県知事を「指揮・監督」（9条の5）できるとしていたのを廃止し，両者の対等な関係を前提とした「技術的な助言及び勧告並びに資料の提出の要求，是正の要求」（9条の5，9条の6）に改めた．

競争法の分野では，米国，ドイツなど主要先進国は地方自治体に権限を委譲し，国と地方自治体とが独禁法を分担して執行している．競争制限行為への監視の目を増やし，独禁法の執行力を強化するという観点から，わが国の国・地方との間における独禁法執行権限のあり方について検討を行う．

I ドイツの州カルテル担当庁による競争法の執行状況

1．競争制限禁止法の執行機関

(1) 概　　要

競争制限禁止法の執行機関は連邦カルテル庁，州カルテル担当庁及び連邦経済省（第1局）の3つである．また，経済力集中の状況，企業結合に関する法律の適用状況等を調査し，報告書を作成し，必要な改正を提案する機関として独占委員会がある[1]．

米国では連邦反トラスト法，州反トラスト法と競争法は2本建てであるが（州は連邦反トラスト法に基づく提訴が可能），ドイツでは競争制限禁止法のみが存在する．

(2) 連邦カルテル庁

連邦カルテル庁はボンに本部を置く独立した連邦上級官庁であり，当庁はGWB第51条第1項に規定されている通り，連邦経済省の管轄に属する．

連邦カルテル庁は，競争制限禁止法の違反事案のうち，競争制限の影響・効果が1州を超える事案を所管し，これ以外の事案は州カルテル担当庁の所管となる．

また，①適用除外カルテルの許可（一部は連邦経済大臣の許可），②企業結合規制（同大臣の許可権限がある），③郵便サービス及び電気通信に対する同法の適用等については連邦カルテル庁の専管事項である．上記3つについて州カルテル担当庁は権限を有さない．

同庁は違反行為が存在するときは自ら審査を行い，禁止処分を命じることができる．

(3) 州カルテル担当庁

① 連邦との管轄権の調整

州カルテル担当庁（11州）は連邦カルテル庁及び連邦経済大臣が有する以外の権限を有する（競争制限禁止法第48条第2項）．

州カルテル担当庁は連邦カルテル庁との間で手続きの開始及び調査の実施について相互に通知する義務を負い，管轄にしたがって相互に事案を移送しなければならない（同法第49条）．手続参加者が当該カルテル庁の管轄権の不存在を主張する場合は管轄権について予備的決定を行う．この決定に対しては，独立して取消訴訟を行うことができる（同法第55条第1項）．

② 調査・処分の権限

1) 調査権限

州のカルテル担当庁は連邦カルテル庁と同等に調査権限を有する．必要とされるあらゆる審査及び証拠調べを行うこと（競争制限禁止法第57条），審査にとって重要となりうる対象物を押収すること（同法第58条），立入調査，資料

中央・地方の独禁法執行権限のあり方について 137

州によるGWB第37a条第1項及び第2項に基づく過料手続及び差止手続

根拠となる法規定		手続件数 1月1日現在で継続中の手続き	新規手続き	報告対象期間中に終結した手続き 処理済総件数	過料の決定	第37a条に基づく処分	手続終結形態 中止 対象行為の取りやめ	その他の理由	他の官庁への引き渡し	12月31日現在係属中の手続き
1条	1997	147	188	190	34	—	12	125	19	145
	1998	145	109	137	45	—	4	82	6	117
15条	1997	1	7	8	—	—	2	5	1	—
	1998	—	8	6	—	—	2	3	1	2
25条1項	1997	7	1	7	1	—	—	5	—	1
	1998	1	5	3	—	—	—	3	—	3
25条2,3項	1997	3	5	4	—	—	—	4	—	4
	1998	4	1	1	1	—	—	—	—	4
26条1項	1997	5	7	8	1	—	1	6	—	4
	1998	4	3	3	—	—	1	—	1	4
26条2項	1997	48	80	106	—	—	22	79	5	22
	1998	22	58	61	—	1	12	46	2	19
26条3項	1997	—	—	—	—	—	—	—	—	—
	1998	—	1	1	—	—	—	1	—	—
26条4項	1997	4	5	7	—	—	2	5	—	2
	1998	2	6	8	—	—	—	6	2	—
38条1項11号	1997	2	1	3	—	—	1	2	—	1
	1998	1	1	2	—	—	1	1	—	—
38条1項12号	1997	—	—	—	—	—	—	—	—	—
	1998	—	1	1	—	—	—	1	—	—
100条1項	1997	—	2	1	—	—	—	1	—	1
	1998	1	1	2	—	—	—	2	—	—
103条2項	1997	13	17	23	—	—	—	23	—	7
	1998	7	22	29	—	—	—	29	—	—
合計	1997	230	314	357	36	—	41	255	25	187
	1998	187	216	254	47	1	20	174	12	149

注：カルテルの禁止（1条），再販売価格維持行為の禁止（15条），競争的制限行為の勧誘禁止（25条1項）・競争的制限行為の強要と強制の禁止（25条2,3項），取引拒絶の禁止（26条1項），不当妨害・差別的取扱いの禁止（26条2項），不当廉売の禁止（26条4項），過料（38条），農林業への適用除外（100条），公益事業の適用除外（103条）である。

資料：ドイツ・カルテル庁19997及び98年の活動報告書

138 I 総論的問題

州による市場支配的地位の濫用規制

根拠となる法規定		手続件数		報告対象期間中に終結した手続き					12月31日現在係属中の手続き
		1月1日現在で継続中の手続き	新規手続き	処理済総件数	処分	中止 対象行為の取りやめ	中止 その他の理由	他の官庁への引き渡し	
12条	1997	3	―	―	―	―	―	―	3
	1998	3	―	1	―	―	1	―	2
18条	1997	1	4	4	―	1	3	―	1
	1998	1	1	2	―	―	2	―	―
22条	1997	34	39	54	―	2	48	4	19
	1998	19	185	111	1	66	43	1	93
102条4項	1997	2	―	2	1	―	1	―	―
	1998	―	―	―	―	―	―	―	―
103条5項	1997	108	177	195	―	74	104	17	90
	1998	90	312	209	1	155	48	5	193
104条iVm 99条2項	1997	1	1	1	―	―	1	―	―
	1998	1	1	1	―	―	―	1	1
合計	1997	149	221	256	1	77	157	21	114
	1998	114	499	324	2	221	94	7	289

注：届出カルテルの濫用規制（12条），拘束条件付取引・排他条件付取引の禁止（18条），市場支配的事業者の濫用規制（22条），銀行業及び保険業の適用除外（102条），エネルギー事業及び水道事業の適用除外により得られた市場地位の濫用等の禁止（103条5項），適用除外により得られた市場地位の濫用等の禁止（104条）
資料：ドイツ・カルテル庁1997及び98年の活動報告書

の提出を求めること（同法第59条）等ができる．

2）　処分権限

州のカルテル担当庁は連邦カルテル庁と同等に行政処分を命じ，カルテル行為者に過料の支払いを命じることができる．

③　州の行政手続への連邦の参加

州カルテル担当庁の行政手続には連邦カルテル庁も参加する（同法第54条第3項）．これは連邦カルテル庁を中心として，競争制限禁止法の統一的運用を

中央・地方の独禁法執行権限のあり方について 139

連邦によるGWB第37a条第1項及び第2項に基づく過料手続及び差止手続

根拠となる法規定		手続件数 1月1日現在で継続中の手続き	新規手続き	報告対象期間中に終結した手続き 処理済総件数	手続終結形態 過料の決定	第37a条に基づく処分	中止 対象行為の取りやめ	その他の理由	他の官庁への引き渡し	12月31日現在係属中の手続き
1条	1997	31	26	26	2	—	5	19	—	31
	1998	31	36	27	3	—	4	20	—	40
15条	1997	1	3	3	—	—	1	2	—	1
	1998	1	3	3	—	—	2	1	—	1
20条1項	1997	1	3	3	—	—	—	3	—	1
	1998	1	—	—	—	—	—	—	—	1
21条	1997	—	1	1	—	—	1	—	—	—
	1998	—	—	—	—	—	—	—	—	—
25条1項	1997	—	1	1	—	—	—	1	—	—
	1998	—	—	—	—	—	—	—	—	—
25条2,3項	1997	—	1	1	—	—	—	—	—	—
	1998	—	—	—	—	—	—	—	—	—
26条1項	1997	1	3	3	—	—	1	2	—	1
	1998	1	3	3	—	—	1	2	—	1
26条2項	1997	9	10	9	—	—	2	7	—	10
	1998	10	10	6	—	—	2	4	—	14
26条4項	1997	—	1	1	1	—	—	—	—	—
	1998	—	2	2	—	—	2	—	—	—
38条1項11号	1997	1	2	2	1	—	—	1	—	1
	1998	1	2	2	—	—	1	1	—	1
38条1項12号	1997	—	4	4	—	—	3	1	—	—
	1998	—	3	3	1	—	—	2	—	—
85条1項EGV	1997	—	1	—	—	—	—	—	—	—
	1998	1	—	—	—	—	—	—	—	1
合計	1997	44	56	54	3	1	14	36	—	46
	1998	46	59	46	4	—	12	30	—	59

資料：ドイツ・カルテル庁1997及び98年の活動報告書

連邦による市場支配的地位の濫用規制

根拠となる法規定		手続件数 1月1日現在で継続中の手続き	手続件数 新規手続き	報告対象期間中に終結した手続き 処理済総件数	処分	中止 対象行為の取りやめ	中止 その他の理由	他の官庁への引き渡し	12月31日現在係属中の手続き
11条	1997	1	—	—	—	—	—	—	1
	1998	1	—	—	—	—	—	—	1
12条	1997	4	—	—	—	—	—	—	4
	1998	4	—	—	—	—	—	—	4
18条	1997	3	3	3	—	—	3	—	3
	1998	3	1	1	—	—	1	—	3
22条	1997	20	8	8	1	2	4	1	20
	1998	20	37	15	—	7	8	—	42
38条3項	1997	—	1	1	—	1	—	—	—
	1998	—	1	1	—	1	—	—	—
38a条3項	1997	11	—	—	—	—	—	—	11
	1998	11	—	—	—	—	—	—	11
102条4項	1997	1	1	1	—	—	1	—	1
	1998	1	—	—	—	—	—	—	1
102a条	1997	—	1	1	—	—	1	—	—
	1998	—	—	—	—	—	—	—	—
103条5項	1997	4	4	4	—	2	2	—	4
	1998	4	7	6	—	2	4	—	5
合計	1997	44	18	18	1	5	11	1	44
	1998	44	46	23	—	10	13	—	67

資料：ドイツ・カルテル庁1997及び98年の活動報告書

図る趣旨である．同じ趣旨から州カルテル担当庁の処分に対して取消訴訟が提起された場合にも，連邦カルテル庁は当該訴訟手続に参加する（同法第67条第2項）．

なお，州カルテル担当庁の手続に参加するということは，そこで連邦カルテル庁が意見の陳述や証拠の提出などができることをいう．第63条第2項でカル

テル庁の手続の参加者は取消訴訟の提起ができる旨定めているから，例えば，連邦カルテル庁が州カルテル担当庁の処分や法解釈に異議がある場合，理論的には，その州の高裁に上訴し，連邦カルテル庁が州カルテル担当庁を相手に争うことが可能である[2]．

上記の法律に基づいた関係以外に，連邦と州は定期的に「連邦及び州カルテル担当庁連絡会議」を開催している．

(4) 1997・1998年の州カルテル庁の執行状況

137，138頁を参照．

2．連邦カルテル庁による競争制限禁止法（GWB）管轄組織の評価

(1) 連邦カルテル庁の概要

GWB第2章（第48条から第53条）はカルテル庁についての規定である．連邦カルテル庁は，連邦経済大臣の所轄に属するものの，独立の連邦上級官庁である（GWB第51条）．

連邦カルテル庁は，約250人の職員を有している．そのうち120人は10の決定部門及び公的発注の監視のための「発注審査局（Vergabekammer）」に配属されている．発注審査局はEUの発注指令に沿った形で改正された公的発注法（第6次改正競争制限禁止法（1999年1月1日施行）第97条以下に組み込まれている）に基づき設置された機関である．

発注審査局の任務は，GWBの第4章，即ち，第97条から第129条で規定され，連邦レベルでの発注者と入札者との間の発注を巡る紛争の解決に当たるが，独立性が認められ，その決定に際しては誰からも指示を受けない（競争制限禁止法第104条以下）．この発注審査局の決定に不服のある者は管轄権を有する上級地方裁判所に即時抗告を行うことができる（同法第116条以下）[3]

(2) 予　算

連邦カルテル庁の年間予算は，約3,500万ドイツ・マルクである．

(3) 命令の範囲（限界）

連邦カルテル庁の措置及び処分の種類及び数は，1997年及び1998年の活動報告書に記述されている．1999年及び2000年の活動報告書は準備中である．

142　I　総論的問題

「不正競争防止法」の執行は，連邦カルテル庁の管轄にはない．

⑷　重大な事件[4]

1997／98年度での連邦カルテル庁による市場支配的地位の濫用行為に対する規制として，価格濫用防止対策（特にドイツ・ルフトハンザの価格濫用に対する連邦カルテル庁の処分），妨害濫用防止対策（例えば，カナダの映写機メーカー IMAX の出荷拒否に対する連邦カルテル庁の禁止命令）及び電気通信，郵便，エネルギー，運輸など規制緩和領域における濫用監視対策が実施された．

⑸　企業結合審査

連邦カルテル庁の専管事項である企業結合審査は1997/98年度において計3,639件である．その内訳は次のようになっている．

・企業結合前に申請，審査されたケース
　　1997年：1,207件，　1998年：1,300件
・企業合併後に届出された監視義務のあるケース
　　1997年：366件，　1998年：391件
・届出された監視義務のないケース
　　1997年：178件，　1998年：197件

届出された企業結合のうち約69％は重点審査が行われたが，弱小，零細企業が大企業に吸収されたケースが圧倒的に多く，競争上の懸念は少ないとされた．企業結合審査については，ドイツ市場に影響を与えるものであっても，規模などの要件を満たす大型合併は欧州委員会の管轄とされるため，上記数字に含まれていないことに注意しなければならない．

⑹　管　轄　権

GWB 第48条は，連邦及び州カルテル担当庁の管轄権について規定している．連邦及び州カルテル担当庁の活動の法的根拠は連邦カルテル法（GWB）にあり，各州においてカルテルないし競争を規律する法律は存在しない．

法律上定められた管轄の分配により，連邦カルテル庁及び州カルテル担当庁が重複して同一の事件を処理することが排除され，それによって両者の判断が異なるという事態は回避される．

(7) 連邦・州間及び州相互の関係

カルテル庁相互の関係も競争制限禁止法に規定されている．競争制限禁止法第49条では，連邦カルテル庁と問題となる事業者がその領域に本拠をおく州カルテル担当庁は手続きを開始し，又は調査を実施する場合にはお互いに通知する義務があるとされている．もし，連邦カルテル庁に管轄が属するのであれば，州カルテル担当庁は事件を連邦カルテル庁に移送しなければならない．逆に，事件が州カルテル担当庁の管轄権に属する場合，連邦カルテル庁は事件を州カルテル担当庁に移送しなければならない．

各州のカルテル担当庁が競争法上の手続きを開始した場合には，GWB 第54条にしたがって，連邦カルテル庁も参加を行う．

なお，連邦及び州のカルテル担当庁は，年1回から2回にわたって，事件実務及び競争法における最新の発展を議論するために，意見交換（Erfahrungsaustausch）のための会合を行っている．

3. ノルトライン・ヴェストファーレン州の執行状況[5]

ノルトライン・ヴェストファーレン州では経済・中小企業・エネルギー・運輸管轄省が競争制限禁止法の運用を行っている．

(1) 組織・人員

ドイツ連邦共和国のカルテル関係当局は，競争制限防止法（GWB）第48条第1項の規定によると，連邦カルテル庁，連邦経済省及び州法規定の所轄最上級州官庁（州カルテル担当庁）である．

ノルトライン・ヴェストファーレン（NRW）ではこの任務は NRW 州経済・中小企業・エネルギー・運輸管轄省が担当している．現在，当任務は計9人の職員が担当している．

(2) カルテル規制

1998～2000年の期間における行政法，刑事法による処分及び民事法による措置の総数については，数字はまだ出ていない．これに関する情報源としては，州カルテル担当庁の手続内容も収めてある連邦カルテル庁の年次報告書があるが，最新のものでも1997/98年度版である（その項目別一覧表，即ち連邦カル

テル庁及び州カルテル担当庁の過料手続，差止手続，カルテル濫用禁止手続及び公認手続の各一覧表は原書巻末参照）

(3) 市場支配的地位の濫用行為規制

NRW 州カルテル担当庁は，特にエネルギーカルテル法の自由化，例えば供給元切替時の妨害問題，配送時の妨害問題及び事業協力（公共事業体，エネルギー消費企業）の認可問題に取り組んだほか，2000年春には個人客を対象に州規模でガス料金の調査を行っている．

カルテル法関連でその他行政手続の実行される対象例としては，特に電話帳出版の独占的価格，新聞雑誌卸売業者による妨害，タクシー本部への加入時の加入費問題及び映画業また宝くじ販売所契約許諾時において起こり得るような競争制限等を挙げることができる．

不正競争防止法（UWG）では，保護対象は原則として競争制限禁止法とは別である．後者はマーケット参入の自由，即ちいずれにしろ競争の存在を保障するが，他方前者は競争における誠実さを保障する．経済上重要な不正競争防止法規定，特に第1条の遵守は民事訴訟の提起という手段で行われている．

(4) 連邦と州の関係

競争制限禁止法の管轄領域を巡る連邦と州間の関係では，市場動向，競争制限，差別的行為あるいは競争規定の影響が州の領域を越えて現れる場合では，連邦カルテル庁が GWB の中で委ねられた任務と権限を引き受けるべく第49条第2項に基づく調整が図られる．それ以外ではいずれの場合でも，この任務と権限は州法に基づく州の所轄最上級官庁が引き受ける．

連邦カルテル庁と州カルテル担当庁間の協力関係については，詳細が GWB 第49条に規定されている（GWB 第49条第1項に基づく通知義務及び第49条第2項に基づく移送義務）．

4．バイエルン州の執行状況[6]

バイエルン州カルテル担当庁の組織・人員，活動の重点については，州政府の州議会への報告書（1993年5月21日．これまで同様の報告が1973年と1981年に行われている）に基づき，また，最近の主要事件についてはバイエルン州カ

ルテル担当庁から提供された資料に基づき作成している．
(1) 組織・人員

バイエルン州カルテル担当庁は，バイエルン州経済交通省の1部門であり，2つの課から成り立っている．人員的には，部長（第1課長を兼任），第2課長，課長補佐4名，事務官3名及び秘書2名の合計11名である．

(2) 活動の重点

1993年時点での重点施策は以下の領域であった．

ア 入札に際しての競争制限的な合意及びその他の協定

イ 中小企業の効率向上のための協力への支援

ウ ドゥアレ・システム及び通信回線を通じたチケットの販売における排他的拘束

エ 熱供給，液化ガス，燃料，道路照明契約，水，オクトーバーフェスト及びレンタカーの分野での市場支配的地位の濫用

オ 企業合併（筆者注：合併審査は連邦カルテル庁の専属所管なので理由は不明）

カ 薬局に対する圧力行使（筆者注：病院側の取引上優越的地位の濫用行為か）

キ 様々な分野における中小企業の差別及び妨害，特にタクシー，映画館，農業機械，葬儀屋等

ク 競争制限的な勧奨行為，中小企業勧奨行為及び条件勧奨行為

ケ 近距離交通の協力（筆者注：運賃協定等か）

コ 電力などエネルギー供給事業の契約締結及び市場行動

II 米国における州の反トラスト法執行状況

米国では1州を超える州際取引には連邦法が適用され，州内取引には州法が適用される[7]．州司法長官は州の反トラスト法の執行のみならず，私人としての提訴，父権訴訟により連邦反トラスト法の執行においても積極的な役割を担っている．現状ではわが国において都道府県が米国の州のように個別に競争制限的行為に関する条例を制定するとはほとんど考えられず，独禁法の執行を担

うことが現実的なので，ここでは州の連邦反トラスト法の執行状況に焦点を当てる．

1．州反トラスト法の範囲[8]

(1) 州反トラスト法制定の経緯

1890年のシャーマン法の制定までに既に少なくとも26州が反トラスト法を制定していた．シャーマン上院議員がシャーマン法の法案を提出した時の立法目的もこれら州法の補完と説明されている．この当時，州は反トラスト法の執行に熱心であり，価格協定に対する当然違法といった連邦反トラスト法の基本概念は州反トラスト法の執行において州裁判所で発展してきた原則に少なくとも部分的には基づいている．例えば，U. S. v. Trenton Potteries Co 事件（273 U. S. 392, 400 (1927)）では最高裁は先例となる州判例法に基づいて競争業者間の価格協定を当然違法とした．

その後，州レベルでの反トラスト法の立法行為は1960年代に連邦法に基づいて提訴された広範な3倍額賠償クラスアクション訴訟への反応として1970年代初めに拍車がかかった．州と郡・市は政府が原告となるケースで実質的な損害の補塡を実現していた．これらの成功は州が司法長官が州及び連邦裁判所で州と郡・市を代理して提訴し，損害補塡を増加させる権限を与える立法化を行う要因となった．

1976年，州レベルでの反トラスト法執行は2つの連邦の制定により実質的に促進された．犯罪規制法への州反トラスト援助計画修正法（the State Antitrust Grant Program Amendment to the Crime Control Act）とハート・スコット・ロディノ反トラスト改善法（the Hart-Scott-Rodino Antitrust Improvements Act）である．前者は州が反トラスト法に基づく提訴を行う場合に着手金を与えるというものであり，後者は連邦司法長官に州司法長官が当該州に影響を与える反トラスト法違反と見なされる行為を通告し，かつ特定の捜査資料を共有するよう要請し，州の司法長官に一般消費者のために連邦反トラスト法による3倍額損害賠償訴訟を提訴する，父権訴訟の権限を与えた．

(2) 現在の州反トラスト法の制定状況

現在，すべての州が一種の反トラスト法を制定している．ほとんどの州はシャーマン法1条，2条に直接比較できる条項を持ち，それよりも少ない州はさらにクレイトン法3条，7条とロビンソン-パットマン法に該当する条項を持つ．多くの州は入札談合やコスト割れ販売といった特定の行為を対象にする法律に加え，特定の産業に関する制定法を持っている．ほとんどの州は，制定法又は判例法により連邦法のもとで提訴される行為に州反トラスト法を適用するに当たり，連邦の先例にしたがう度合いが異なる．労働組合と農業協同組合に対する適用除外は別にして，多くの州が特定産業に関する適用除外を持つ一方で，州によって適用除外は大きく異なる．

(3) 州反トラスト法による制裁

47州とコロンビア連邦特別区は競争制限的行為に刑事罰がある．刑事罰金は1000ドル（ノースカロライナ州）から100万ドル（コロラド州）まで大きく異なる．多くの州は禁固刑を設けている．

ほとんどすべての州は私訴に3倍額賠償を設けているが，いくつかの州は実損害額又は2倍額賠償しか認めていない．いくつかの州は3倍額賠償を認めるか否かを裁判所の裁量に任せるか，違反が悪質又は意図的かつ悪質であることを立証するという条件で認めている．2，3の州は州司法長官が賠償額の一部を保留する「回転式ファンド」(revolving fund) 条項がある．

17州とコロンビア特別区は間接購買者に対して州反トラスト法違反による損害賠償を認めている（連邦法は認めていない）．同じく17州とコロンビア特別区は制定法により州反トラスト法違反に対する父権訴訟を認めている．さらに，いくつかの州は違反企業が州内で事業を行う権利を制限したり，企業の法人免許状 (corporate charter) の強制没収の条項がある．法文の文言上はこうした事業制限や法人免許状の強制没収が必須的に行われるように書いてあるが，実際の適用はまれである．

2．連邦反トラスト法に基づき州が提訴した最近の主要事件[9]

米国では州司法長官は連邦及び州の両方の反トラスト法の執行において積極的な役割を担っているが，日本において地方自治体が独禁法に関する条例を制

定するとは考えにくいので,ここでは州反トラスト法の執行については扱わず,州の連邦反トラスト法の執行状況のみに限定する.

(1) 私人としての提訴

フロリダ州は大手製紙会社2社と衛生用紙製品の価格協定に関する件で和解した (Florida ex rel. Butterworth v. Kimberly-Clark Corp). 和解の内容は Cascades Industries は州に12万ドルの和解金を支払い,かつ将来的な価格協定を禁止する差止めに同意するというものである. また, Georgia-Pasific Corporation は州との和解契約の一部として,環境保全の必要がある271エーカーを州の土地保全プログラムに寄付した.

(2) 父権訴訟 (Parens Patriae Actions)

ニューヨーク州は旅行バス会社及びその代表者と中国語のバス旅行料金の価格協定に関する件で和解した (New York v. Asian Am. Tourist Inc., No. Civ. 97-0897 (E. D. N. Y. July 29, 1999)). ニューヨーク州は数回の会合後に旅行バス会社は顧客に課す料金を実質的に値上げすることに合意したと申し立てた. 和解条件として, 被告は民事制裁金15万ドルを支払うこと, 報告・遵守プログラムを制定し, 州にすべての被告の過去2年間の広告を監査することを認めることとされた.

ハワイ州は州・連邦両方の反トラスト法に基づき父権訴訟として Chevron, Shell, Texaco, Tesoro, Unocal とその他の石油販売会社数社を過去10年間, ガソリンの価格を協定し, 市場を分割する協定を結んだとして提訴した. 修正した訴状ではさらに欺瞞的な誤認表示及び又は1989年の州司法長官及び議会によるガソリン価格についての調査の間の隠蔽工作を申し立てていた.

また, 同州はハワイ, ホノルル市の日刊紙2社の間の協定を提訴した. 協定の内容は夕刊紙は朝刊紙から金銭を受け取り, 発行を停止していた. 両社は広告, 流通及び事業活動を共有していたが, 2012年に期限切れとなる共同事業契約にしたがって別個の編集スタッフを維持していた (The Newspaper Preservation Act of 1970 は倒産の危機がある新聞社は競争相手の新聞社と共同事業契約を結ぶことが可能とされる). 連邦地裁は別個の編集組織を保持することが公共の利益であるとした Hawaii v. Gannett Pac. Corp. (Hawaii v. Gannett Pac.

Corp., No. 99-17201, 1999 U. S. App. Lexis 30030 (9th Cir. Nov. 15, 1999)）を引用し，当該協定を禁止した．

　ニューヨーク州は Service Corporation International（SCI）斎場と和解契約を結んだ．NY州はSCIがNY市のユダヤ人向け斎場サービスにおいて違法な独占行為を行っているとして提訴していた．SCIはユダヤ人の葬儀を行うNY市の3つの斎場を売却すること，その3つの斎場の所有者及び従業員を非競合契約により拘束しないことに同意した．さらに，SCIは今後10年間に提案される斎場の購入について州司法長官に事前通告を行うことに同意した．

　提案されている合併を阻止又は修正するための措置をとった州もある．連邦地裁はオークランド地域における2つの病院の合併阻止を意図するカリフォルニア州の予備的差止命令請求を棄却した．カリフォルニア州は当該合併は地理的市場において違法な集中度を形成すると申し立てた．

　ユタ州はゴミ輸送会社の買収に対して提訴し，同意判決となった．訴状では州は当該買収がユタ州，ワシントン郡における商業的なゴミ輸送サービスの競争を減殺すると申し立てていた．同意判決では，取得会社は自社と同等なゴミ埋立サービスを競争相手であるゴミ輸送サービス会社に提供すること，需要者に対してリサイクルとゴミ輸送とを別個にして料金を課すこと，需要者との契約条件を制約することに同意した．また，その郡の商業的なゴミ輸送市場の60％超を支配する限り，総費用を下回る価格でサービスを提供しないことに同意した．

(3) 複数の州による連邦反トラスト法の執行

1) 水平的及び垂直的取引制限行為

New York v. Toys 'R' Us, Inc においてトイザラス社が5,000万ドルの和解金を支払うことで和解が生じた．NY州はこの父権訴訟の訴状において warehouse club と呼ばれる形態の会員制ディスカウント店を競争上不利な立場に置く目的でトイザラス社は主要な玩具メーカーへの共謀を働きかけ，特定の人気ある玩具の warehouse club への供給を制限させたと主張した．和解の条件にしたがって，トイザラスは現金と玩具で4,050万ドル，Mattel Inc. は同じく現金と玩具で820万ドル，Little Tikes Co. は同じく現金と玩具で130万ドル，Hasbro

は同じく現金と玩具で590万ドルをそれぞれ支払うことになる．玩具は3つの休暇シーズンの間，海兵隊の幼児への玩具計画により貧窮家庭の子供たちに配られることになる（New York v. Toys 'R' Us, Inc, No. 98 MDL 1211 (NG) (JLC) (E. D. N. Y. July 9, 1999)）．

ワシントン州及びオレゴン州のタイヤ・ディーラー協会に対する反トラスト訴訟の提起は同意判決となった．この2州は同協会が会員であるタイヤ・ディーラーに対して仮に消費者が2本のみの購入を望んだとしても4本のスタッドタイヤを装着するように要請していることが反トラスト法に抵触すると申し立てた．同意判決は同協会が2本よりも4本のスタッドタイヤが必要である等という根拠のない主張をすることを禁止し，かつ他のグループ又は会員と装着されるべきスタッドタイヤの数について合意することを禁止した．

2） 合併及び合弁

州司法長官は連邦競争当局と協力して多くの合併に対して訴訟を提起している．例えば，14州がFTCと協力してエクソンとモービルの合併を審査した．州は当該石油会社と4つの異なる同意契約を結び，その内容は，①北東及び中部大西洋州の1,700のSSを処分する，②アラスカ横断パイプラインにおいてモービルの保有する3％の株式を売却する，③カリフォルニア州の精油所と368のSSを売却する，④テキサス州にあるモービルの320のSSを売却するというものであった．

テキサス州と司法省が行ったAetna IncによるPrudential Insurance Company of Americaのヘルスケア事業の取得に対する提訴は当該取得を許可する同意判決となった（United States v. Aetna, Inc., 1999 U. S. Dist. Lexis 19691 (N. D. Tex, Dec, 7, 1999)）．取得を許可する見返りに，Aetnaはその所有するヒューストン，ダラス・フォートワースと北テキサスのいくつかの小都市におけるNYL Care health maintenance organization（HMO）を売却することが条件とされた．当初，州と司法省は合併を阻止する差止請求訴訟を提起した．訴状では，当該合併はAetnaをヒューストン及びダラスのHMO及びHMOベースの特定医療サービスプランにおいてその地区の会員のそれぞれ63％と42％を保有する支配的地位にすると申し立てていた．また，Aetna, NYLCareとPrudentialの結合はAetnaに相当割合の医師への支配力を与え，ヒューストン及びダラスにおいて同社が医師に払い戻す診療報酬を下げることを可能にするとした．

第8控訴裁判所はFTC v. Tenel Health Care Corp.事件において連邦地裁が出した差止命令を破棄した（FTC v. Tenel Health Care Corp, 186 F 3d 1045 (8th Cir.1999))．FTCとミズーリ州は私立病院2つしかないミズーリ州Poplar Bluff市でのこの2つの病院の合併は当市の50マイル範囲での初期及び2次診療の84%を支配するとして合併差止を請求した．

控訴裁は多くの患者の近くに別の町の病院があること，わずかな割合の患者は他の医療サービス機関に転換できるという証拠から合併後の価格上昇は制約されるとし，原告の市場画定は狭すぎると判示した．

カリフォルニア州，ネバダ州，ニューメキシコ州がAlbertson'sによるAmerican Storesの買収に対して提起した訴訟は同意判決となった．当該合併によりこの3州のスーパーマーケット間の競争が実質的に減殺されると申し立てたが，被告スーパーマーケットチェーンが144のスーパーマーケットと5つの建設予定地を売却すること等を合意し，同意判決となった．

3) 独占的行為

1998年，司法省と20州は別個だが並行してマイクロソフトに対して訴訟を提起し，同社がインターネット・ブラウザー市場における競争を閉鎖する目的でパソコンのOS市場における独占的地位を濫用したことはシャーマン法及び州の反トラスト法に違反すると申し立てた．審理の後，連邦地裁はマイクロソフトがインテル互換のパソコンのOS市場において独占力を有していること，その独占力に対する競争の脅威を削減する行為を行ったこと，その行為が技術革新を妨げ，消費者を害したことを事実認定した（United States v. Microsoft Corp., 65 F. Supp. 2d 1 (D.D.C. 1999))．

1998年，32の州が医薬品のノーブランドの製造メーカーと販売業者に対して長期の排他的取引契約を通じて2つの精神安定剤の市場を独占する意図で共謀したと申し立てた．州の連邦反トラスト法に関する請求はコロンビア特別区連邦地裁により一部棄却された（Connecticut v. Mylan Lab., 62 F. Supp. 2d 25

(D.D.C. 1999)). また，連邦地裁は被告以外の販売業者からの購買額も含めて損害賠償を請求する州の主張も棄却した．州は包括的責任（Umbrella Liability）理論のもとで，共謀に参加していなくても市場における他の参加者が被告の行為に便乗して値上げしたと主張した．連邦地裁は多くの価格変数とこれら変数の相互作用は不確かであるので損害額の適切な評価を行うことは相当に不確かな作業であるとして州の主張を認めなかった．

連邦地裁はクレイトン16条に基づく被害弁償と不正利得返還に関する州の請求も認めなかった．州は California v. American Stores 事件最高裁判決（495 U.S. 271(1990)）はクレイトン法16条に基づいて請求された金銭的救済を正当化していると主張した．しかし，連邦地裁は上記事件の救済措置は典型的に将来の競争阻害効果を見越してのものであり，イリノイブリック事件で最高裁が認めた二重の賠償を示唆するものではないとした．連邦地裁はクレイトン法4条の直接的購買者と同法4条c項の州の父権資格の両方から当該事件で州は3倍額賠償が得られるとした．連邦地裁は州の主張する連邦反トラスト法に基づいての直接購買者としての損害賠償と差止命令については棄却しなかった．

III　わが国における都道府県の景表法執行状況[10]

わが国では景表法においては，既に都道府県が執行を行っている．都道府県が独禁法の執行を行う上での課題を検討するために景表法の事例が参考と思われるので，以下に都道府県による景表法の執行状況について述べる．

1．都道府県の執行力

(1)　組織・人員

都道府県の中で景表法を担当しているのは県民生活課（県によって生活企画課）の消費生活係等である．担当の係はほとんどの場合，1，2人であり，しかも消費者保護に関する他の係りと兼任である．ただし，人事のローテーションは3〜5年であり，長くても3年で変わる公取委よりも長い．

都道府県の中では東京都が衛生局など他の部局と協力して広告・ちらしを集めて問題事例を把握するなど一番力がある．

(2) 権　　　限
① 調査権限

景表法第9条の4は都道府県に「報告の徴収及び立入検査等」の権限を与えているが，実際にはほとんど使われることはなく，任意調査である．

ほとんどが電話での聞き取り調査で終わり，事業者を呼び出してヒアリングすることはわずかにある．

② 執行権限

景表法第9条の2は景表法違反行為に対して，都道府県知事が当該事業者に対し，その行為を取りやめるべきこと又はこれに関連する公示をすることを指示することができるとしている．

しかし，平成2～11年度の間，最大で3件しか指示はなく（平成4年度），しかも平成7年以降はゼロである．ほとんどすべての措置は注意である[11]．

最近の問題としては景表法第9条の5「指揮監督」の廃止に伴い，公取委からの委託費がなくなったので試買検査等に使える予算が減ったということがある．

2．公正取引委員会との関係

(1) 執行面での協力

都道府県が公取委に対して具体的案件が問題のあるケースか否かを相談することは日常よく行われている．

景表法第9条の3は都道府県知事に対して事業者がその指示にしたがわない場合に「公取委への措置請求」を与えているが，ここ10年間使われたことはない．

また，同法第9条の6は，公取委に対し，都道府県知事が行う景表法関連の事務の処理が法令の規定に違反していると認めるとき，又は著しく適正を欠き，かつ，明らかに公益を害していると認めるときは当該都道府県知事に是正の要求を行うことができるとしているが，これもここ10年間に行われたことはない．

加えて，平成12年度の改正以前は同法9条の5に「都道府県知事に対する指

154　Ⅰ　総論的問題

平成2〜11年度の公取委及び都道府県の景表法違反事件の処理状況
表　違反事件の処理状況 ①

事　項			年度	2	3	4	5	6
公正取引委員会	排除命令	景　品		4	4	0	3	0
		表　示		9	4	10	5	13
		小　計		13	8	10	8	13
	警　告	景　品		346	506	383	342	305
		表　示		415	399	512	471	420
		小　計		761	905	895	813	725
	計	景　品		350	510	383	345	305
		表　示		424	403	522	476	483
		計		774	913	905	821	783
都道府県関係	指　示	景　品		1	0	2	2	1
		表　示		0	1	1	0	0
		小　計		1	1	3	2	1
	注　意	景　品		997	1,130	812	686	648
		表　示		2,865	2,639	2,593	2,424	2,093
		小　計		3,862	3,769	3,405	3,110	2,741
	計	景　品		998	1,130	814	688	649
		表　示		2,865	2,640	2,594	2,424	2,093
		計		3,863	3,770	3,408	3,112	2,742

表　違反事件の処理状況 ②

事　項			年度	7	8	9	10	11
公正取引委員会	排除命令	景　品		0	0	4	1	4
		表　示		3	6	4	7	2
		小　計		3	6	8	8	6
	警　告	景　品		284	211	166	176	110
		表　示		325	318	293	277	206
		小　計		609	529	459	453	316
	計	景　品		284	211	170	177	114
		表　示		328	324	297	284	208
		計		612	535	467	461	322
都道府県関係	指　示	景　品		0	0	0	0	0
		表　示		0	0	0	0	0
		小　計		0	0	0	0	0
	注　意	景　品		488	313	229	200	141
		表　示		1,646	1,040	572	477	411
		小　計		2,134	1,353	801	677	552
	計	景　品		488	313	229	200	141
		表　示		1,646	1,040	572	477	411
		計		2,134	1,353	801	677	552

揮監督」を公取委に与えていたが，告示・ガイドラインの作成又は改正時に公取委が都道府県宛に通達を出す程度であり具体的な事案についての指揮監督は行われていなかったとされる．

(2) 研　　修

公取委は，毎年4月に都道府県の初任者向けに基礎的な景表法の研修を行う．

また，年2回，ブロックごとに都道府県の担当者を集めて，「景表法担当者連絡会議」を開催している．

3．景表法執行における都道府県の課題

まず東京都は別にして担当者が1，2名でしかも兼任なので投入可能な行政資源が乏しいという問題がある．

また，公取委も景表法の正式処分（排除措置命令）は平成7年度〜11年度に3から8件とそれ程多いわけではないが，この間，都道府県の正式処分（指示）は0件である．公取委の方が社会への注意喚起や違法性基準の明確化のために正式処分により積極的になるという理由があるにしても，都道府県が5年にわたり正式処分ゼロというのは現在の執行力に疑問を持たざるをえない．

これらを考え合わせると，仮に都道府県が独禁法の執行権限を持つ場合，①人員・予算の確保，②専門家の育成，③執行面の透明性確保，などが課題になると考えられる．人員・予算の制約から，報告の徴収・立入調査等の調査権限が与えられても十分な審査が行われない結果，措置は法律に基づかない注意にとどまり，執行面の透明性等に問題が生じると考えられる．

したがって，弊害を防ぐべく，1）対象行為を限定する，2）組織・人員・予算の手当が十分に行われるようにすることが必要である．

Ⅳ　今後の検討課題

都道府県が独禁法の執行権限を持つことは，違反行為に対する監視者を増やすことにより，その防止に役立つという利点がある．しかし，独禁法の統一的運用を確保するためには都道府県と公正取引委員会との間で管轄権，手続きに

おける協力などの調整を図ることが必要である．

今後，わが国の都道府県が独禁法の執行を行う場合の制度としては，ドイツの競争制限禁止法の連邦・州の執行権限の配分のありかたが参考になると考えられる．

何故なら，米国のように地方自治体がそれぞれの独禁法を持ち，カルテル，市場支配的地位の濫用行為，不公正な取引方法，企業結合に至る広範囲な領域に対して，国及び自治体の独禁法を執行していくことは，わが国では都道府県の行政資源，これまでの執行経験からして不可能と思われるからである．他方，ドイツの場合は連邦，州が競争制限禁止法という1つの競争法を対象行為又は行為の影響が及ぶ範囲に基づいて所管し，また，州の行政手続に対する連邦の参加を制度化しているという点でわが国の現状に適していると考えられる．

ドイツの制度を参考にして，①国と地方自治体との管轄権の調整，②都道府県の手続きへの公正取引委員会の参加，③日常的な意見交換の場の設定などについて今後さらに検討を行うことが重要である．

〈今後の検討事項〉

① 調査権限
・都道府県の調査権限
・公取委への調査協力

② 処分権限

都道府県では公取委の審判に当たる聴聞の場がないので行政手続上の問題が生じる．これについては次の2通りのありかたが考えられる．

1） 公取委と同等の権限を持つ場合
2） 都道府県が行政処分権限を持たない場合

③ 国との管轄権の調整
・違反行為の影響・効果が及ぶ地理的範囲による公取委と都道府県の管轄権の区別（共管も考えられる）
・都道府県が規制対象とする行為の範囲
・都道府県と公正取引委員会の間の手続きの開始及び調査の実施の調整

④ 都道府県の行政手続への公取委の参加

都道府県に行政処分権を与える場合の公取委の関与のありかた

〈参考〉

○景表法第9条の五①

　公正取引委員会は，都道府県知事に対し，前3条の規定により都道府県知事が処理する事務の運営その他の事項について適切と認める技術的な助言若しくは勧告をし，又は当該助言若しくは勧告をするため若しくは当該都道府県知事の事務の適正な処理に関する情報を提供するため必要な資料の提出を求めることができる．

○景表法第9条の六①

　公正取引委員会は，第9条の二から第9条の四までの規定により都道府県知事が行う事務の処理が法令の規定に違反していると認めるとき，又は著しく適正を欠き，かつ，明らかに公益を害していると認めるときは，当該都道府県知事に対し，当該都道府県知事の事務の処理について違反の是正又は改善のために必要な措置を講ずべきことを求めることができる．

⑤ 定期的な連絡会議の開催

　「景表法担当者連絡会議」を参考にした定期的連絡会議の開催

1) ドイツの競争法執行機関については船橋和幸編著『最新世界の独禁法ガイド』49・50頁（(社)商事法務研究会，平成10年）参照．
2) 鈴木孝之「西ドイツ競争制限禁止法の論理（10）」（公正取引 No. 394，1983年8月）参照．
3) 真淵博「ドイツ競争制限禁止法第6次改正について」44頁（公正取引 No. 581，99年3月）参照．
4) 最近のドイツカルテル庁の執行事例については，http://www.bundeskartellamt.de. 参照．
　　さらに，そのインターネットは，1997及び98年の活動報告書の要約版を掲載している．
5) ノルトライン・ヴェストファーレン州カルテル担当庁へのアンケート調査（2000年10月実施）に基づく．
6) バイエルン州カルテル担当庁へのアンケート調査（2000年10月実施）に基づく．
7) 州法については ABA Antitrust Law Section, 1990. State Antitrust Practice and

Statutes 参照.
8) ABA Antitrust Law Section, 4th ed. 1997. Antitrust Law Developments 741-755.
9) 1999 Annual Review of Antitrust Law Developments 参照.
10) 公正取引委員会消費者取引課 2001年3月7日のインタビューに基づく.
11) 公正取引委員会年次報告 108-109頁（平成12年11月）参照.

米国，EU，豪及び日本における独禁法カルテル関係適用除外の比較研究

ジャクリーヌ・ボス

はじめに

現代の価格協定や共同ボイコットの行為者にとって，単なる国境はもはや何の障害でもない．ビタミン，黒鉛電極，リジンの製造業者によるカルテルは，地球上の多くの場所で行われた共謀の近年の事例である．これに対して，反トラスト法は，その規制対象のグローバル化に常に追いついているわけではない．貿易のグローバル化とAPEC, WTO, OECDといった国際機関の反トラスト政策への影響が増大していることもあって，各国の競争政策上の取扱いを比較研究することは一層重要になってきている．本稿は，主要4か国において，どのような行為が厳しく扱われ，どのような行為が競争テスト[1]により判断されるのか，競争促進的[2]あるいは公共的要因に資する行為がどのように取り扱われるのかを検討する．

本稿では，競争制限的協定を分析する米国の「合理の原則」アプローチ[3]，EC条約上の多面的で柔軟なアプローチ，それ自体（per se）違法プラス認可という豪の相対的に厳格なアプローチ，及び日本の未発達な仕組みを比較する．ハードコアの正当化事由のないカルテルは本稿で評価されるすべての国で違法であるが，各国間の相違は適用免除の分析においてより明らかとなる．豪，欧州，日本及び米国における反トラストの仕組みにおけるそれ自体禁止の比較から，反トラスト分析の5つの主要な要素が次のとおり明らかとなる．

厳格責任：すべての国でカルテルは厳しく取り扱われており，何らかの厳格な，あるいは「それ自体の」責任[4]を伴う．ただし，それ自体についての定義の射程は異なる．厳格責任の程度には違いがあるが，すべての国で，ボイコット[5]，価格協定[6]，再販売価格維持行為[7]，そして，ときには第三者との取引

の強制（third line forcing）[8]が禁止されている．国により範囲は異なるが，一定の範囲の行為がそれ自体の責任を免除されている．「免除（exemption）」には，（本稿が用いている）最も広い定義では，法令に優先して有益な行為を容認するために様々な状況を考慮に入れるという合理の原則アプローチも含まれる．免除の多くの形態には，次のものが含まれる．

・競争促進効果を有する協定：豪及び欧州では，競争促進的行為が免除される前に，公式の事前のクリアランス手続が完了していなければならないのに対し，米国では，合理の原則アプローチにより，提訴がされてから裁判所が，当該行為が競争促進的であるので，シャーマン法に違反するものではないと判断することができる．日本も米国のアプローチに倣うことができると考える論者もいるし[9]，豪や欧州でも同様の合理の原則理論を主張し得るという議論が一部にはある．日本や米国の仕組みでは，正式な事前クリアランスの手続がない．米国のシステムでは，表面的には競争制限的であるが，正味（net）で競争促進的な効果を有する行為を行うことができる．これにより米国では，クリアランス手続に伴う支障なしに，当事者は当該行為を継続できるという事業上の柔軟性が得られる反面，EUや豪で利用可能な正式なクリアランス手続がもたらす安心や保証が得られないことになる．

・付随的制限：米国の裁判所やEC委員会では，正当な協定に単に付随するにすぎないことから，さもなければ競争制限的な協定であっても違反ではないと判断されるという第2の合理の原則を用いている．これは，法令中に明示的に規定されているものではなく，判例法として発展してきているものである．豪の1974年取引慣行法（TPA）では，正式のジョイントベンチャー協定に付随する価格協定を容認している（他のそれ自体違法の協定はそうではない）．ここにおいて，豪のシステムは，範囲が多少異なるものの，米国及びEUのシステムでは得られない確実性をもたらす．それは，正当なジョイントベンチャーの当事者に広い保護を与えるとともに，ジョイントベンチャーには該当しない正当な共同の取決めをする競争業者には保護を認めない．日本の仕組みでは，付随的制限について未発達であるが，

同様であるという議論もあり得る．JFTC では，これまで明確でない事案は無視してきており，ハードコアのカルテルに該当しない協定を非公式な免除としてきているからである．

・他の適用免除：EU では，前述の付随的制限や競争促進的行為の免除はもちろん，最も広い免除が認められており，危機カルテル，あるいは欧州立法により明示的に除外された行為についての規定もある．デ・ミニマス理論（De Minimus Doctrine）により，取るに足りない行為[10]も問題とされることはない．他の国でも，政府により強制された行為に関する規定があるが，日本では，適用除外を縮小してきており，昨年，危機カルテルの適用除外と類似のものが廃止されている．4 か国すべてにおいて，知的財産権に関連する何らかの免除を有するが，豪では，その見直しが行われている．

厳正な法執行：4 か国でアプローチの仕方は異なるものの，ハードコアのカルテルは，それぞれの法制の下で同様の運命にある．実際，ほとんどの価格カルテルやボイコット協定は極めて疑わしいものとして取り扱われ，相当な公共の利益をもたらし，あるいは極めて競争促進的なものでない限り，生き延びることはできない．法執行のレベルの相違をもたらしていると考えられる主要な要因は，各国が価格協定に置いている優先度の違いである．日本では，1970年まで価格カルテルは摘発されなかったし，EU は，「市場の全体的な把握」の役割を担っていて，詳細は加盟国に任されており，厳正な法執行の必要性が小さかった．米国では，反トラスト政策の重要性が常に認識されてきているが，過去20年間には，シカゴ学派のエコノミストの影響力が強かった．豪では，国家競争政策レビューが1995年に開始されて以来，競争政策が大変重要に扱われるようになってきている．松下＝ローゼンソールが指摘するように，「競争へのコミットの異なる指標を解析すると，米国，欧州及び日本の間の相違とは，種類の相違というより，程度の相違のようになってきている」[11]のである．

I 立　　　法

1．米　　国

米国には，カルテル規制のための法令が二つある．関連する条項は広範であり，後に詳細に述べるように，裁判所による解釈にかなり委ねられている．

1890年シャーマン法第1条

　　数州間若しくは外国との取引又は通商を制限するすべての契約，トラストその他の形態による結合又は共謀は，これを違法とする．

1914年クレイトン法第3条

　　通商に従事する者が，その通商の過程において，商品を賃貸し，販売し，若しくは販売契約を行う場合において，……又はその価格を定めるに際し，……かかる賃貸，販売若しくは販売契約又はかかる条件，取決め若しくは了解の効果が一定の通商分野における競争を実質的に減殺することとなり，又は独占を形成するおそれがあるときには，これを違法とする．

不当な（又は正当化事由のない）価格協定，ボイコット又は再販売価格維持行為であって付随的措置ではないものは，当然違法であるとされてきている．米国法では，「合理の原則」による分析アプローチ[12]が採られてきており，明示の，あるいは透明な免除ないしは認可規定を有していない．

2．EU

アムステルダム条約後のEC条約第81条[13]

　　1　加盟国間の取引に影響を与えるおそれがあり，かつ，共同市場内の競争の機能を妨害し，制限し，若しくは歪曲する目的を有し又はかかる効果をもたらす事業者間のすべての協定，事業者団体のすべての決定，及びすべての共同行為であって，特に次の各号の一に該当する事項を内容とするものは，共同市場と両立しないものとし，禁止する．

　(a)　購入若しくは販売価格又はその他の取引条件の直接又は間接の決定

　(b)　生産，販売，技術開発若しくは投資に関する制限又は規制

　(c)　市場又は供給源の分割

(d) 取引の相手方に対し，同種の給付に対して異なる条件を適用し，その相手方を競争上不利な立場に置くこと
(e) 商品の性質上又は商慣習上契約の対象と関連のない追加的義務を相手方が受諾することを契約締結の条件とすること

2 本条の規定に基づき禁止されるすべての協定又は決定は，自動的に無効である．

3 ただし，次に掲げる場合には，第1項の規定は適用されない旨を宣言することができる．

・事業者間のあらゆる協定又はそれに類するもの
・事業者団体のあらゆる決定又はそれに類するもの
・あらゆる共同行為又はそれに類するもの

であって，商品の生産若しくは販売の改善又は技術的若しくは経済的進歩の促進に役立ち，かつ，消費者に対してその結果として生ずる利益の衡平な分配を行うものであって，次の各号に該当しないもの．

(a) これらの目的の達成のために必要不可欠でない制限を参加事業者に課すこと
(b) 当該商品の実質的部分について，参加事業者に競争を排除する可能性を与えること

条約は，加盟国間の取引に影響を与える協定に対してのみ適用される．条約上は，明記された協定に同等の比重を置いているようにみえるが，欧州司法裁判所（ECJ）では，水平的協定は極めて疑わしいものであり，「水平的なあからさまなカルテルに対しては高額の制裁金を科すことが適切であると判断している」[14]．価格協定（第81条第1項(a)）及びボイコット（第81条第1項(c)）は，条約上それ自体違法であると解釈されてきている[15]．

EU法では，次のような形態の免除が認められている．第81条第3項に規定されている公共の利益テストに合致する特定の行為を免除する宣言又は正式の免除；取るに足りない制限（水平的制限では市場シェア5％未満，垂直的制限では10％未満）を条約に違反しないものとして扱うデ・ミニマス原則；付随的制限を条約違反とはしないといった，一種の合理の原則による分析[16]．EC委

員会では当該行為が条約に違反するものではないとの意見であって，措置を採る意図はない旨の「安心レター（Letter of Comfort）」をEC委員会が出すという形での非公式のクリアランス手続も多くの当事者により用いられている[17]．

3．豪

1974年取引慣行法第4部

第45条　ボイコット（それ自体違法）及び競争を実質的に制限する水平的制限の禁止

第45条A　競争業者間の価格に関する協定は，競争を実質的に制限するものとみなされる（すなわち，価格協定はそれ自体違法）

第46条　市場支配力の濫用の禁止

第47条　競争を実質的に制限する垂直的制限の禁止

第47条第6項　第三者との取引の強制の禁止（それ自体違法）

第48条　再販売価格維持行為の禁止（それ自体違法）

第50条　競争を実質的に制限する合併の禁止

　TPAは，価格協定，ボイコット，第三者との取引の強制及び再販売価格維持行為をそれ自体違法としている．それ自体違法以外の水平的及び垂直的制限並びに合併は，競争テストで判断される．TPAは，ジョイントベンチャー協定に従ってなされる行為について第45条A（価格協定を違法とみなす規定）の適用を免除しており，ジョイントベンチャーは，通常の競争テストにより審査される[18]．さらに，後に詳述するように，その他の免除として，法令により明示的に認められる行為[19]や，公共の利益を理由とする認可[20]がACCC[21]によって与えられる行為又は協定がある．

4．日　本

独占禁止法第3条

　　事業者は，私的独占又は不当な取引制限をしてはならない．

　第2条第6項は，不当な取引制限を「事業者が，契約，協定その他何らの名義を以てするかを問わず，他の事業者と共同して対価を決定し，維持し，若し

くは引き上げ，又は数量，技術，製品，設備若しくは取引の相手方を制限する等相互にその事業活動を拘束し，又は遂行することにより，公共の利益に反して，一定の取引分野における競争を実質的に制限すること」と定義している．

関連する要素は次のとおりである．

1. 事業者間の共同行為
2. 事業活動の相互拘束
3. 価格決定，生産その他の事業条件の制限
4. 公共の利益に反すること
5. 一定の取引分野における競争の実質的制限

価格協定やボイコットがそれ自体違法として扱われるかについて議論されているが，決着していない[22]．法律の規定中の「公共の利益」の文言は法適用に当たって競争以外の要素が考慮されるべきであることを意味しているとして，合理の原則によるアプローチを主張し得るかが議論されている．

独占禁止法（AML）は，他の法令により認可されたカルテルについての適用除外を認めている[23]．

Ⅱ 各国法の目的

売上を増大させ，利益を最大化しようとする競争は，ほとんど常に資源のより効率的な配分をもたらし，製造業者や販売業者によいサービス，品質，価値，低価格を提供するように促す．したがって，競争は，製造業者に一層の技術開発や効率的な事業方法の発展を促すインセンティブになるかもしれない．国全体にとっても，競争力のある産業は外国の同じ産業に先んじることができ，それに伴う競争上の優位により，さらに産業の発展，輸出の増加，世界的な認識の向上をもたらし得る．価格に関する共謀は，競争的市場において期待できるはずの価格より高い独占的価格設定の効果に近いものであり，法令により厳しい取扱いを受ける．独占利潤をもたらす価格設定は，単に消費者から生産者への富の移転にとどまらず，厄介をもたらす（消費者が競争的価格であれば購入したであろうより少ない量しか購入しないのにつれて，生産者も，生産費用より高いが生産者同士で決定した独占価格より低い価格であれば販売できたはず

の量を失うことになる).

　グローバル化を考慮することは，各国の目標を形成する上で意味がある．EUでは，効率向上や小企業保護に加えて，欧州単一市場の形成が条約の大きな目標であり[24]，他の国にはみられないものである．さらに，加盟国はそれぞれの反トラスト法を有しており，EC委員会では，その任務を共同市場全体にわたる問題に限定するという政治的考慮を払っているかもしれない．EUでは，過度に厳しすぎる法執行にならないようにする理由があるかもしれないが，豪では，近年，競争政策によって得られる便益を享受してきており，体制，法執行及び制裁を強化してきている[25]．日本でも，AMLの執行を強化しており，適用除外を削減してきているが，90年代初頭の米国との構造問題協議に始まる外圧の結果であるという皮肉った見方もある．この動きは，新規参入を妨げる国内の取引障壁を除去し，流通及び供給ネットワークを開放するというAMLの当初からの目標に合致するものであろう．こうした目標は，外国企業に競争機会を与えることにより日本市場を開放するための占領軍の目的であった．米国は，反トラスト法の執行に常に厳格であったが，当然（それ自体）違法の仕組みとしては4か国の中で最も弱いという議論もある．これは，米国で過去20年間にわたり反トラスト法の適用範囲を狭めてきているシカゴ学派の影響の強さを反映しているのかもしれない．

　反トラスト法の重要な目標は，社会に便益をもたらすかもしれない行為や協定を過剰規制したり，制限したりしないことにある．公共の利益の取扱いを検討するⅢ2節で述べるように，4か国すべてにおいて，この目標が認識されている．

Ⅲ　カルテルの原則の取扱い

1．それ自体違法の根拠

　　競争業者による共同行為は，経済力を生み出し，あるいは結合するための最も古く，悪名高い方法である．すべての重要な競争業者が価格その他の取引条件に関する自然の競り合いをなくすために結束すると，市場に勝つための装置のうちで最も攻撃的なもの，すなわち，カルテルになる．価

格協定は，競争の中枢神経系を鈍くしてしまう．それは，非効率をもたらすのであり，[米国では]当然違法である[26]．

4か国すべてにおいて，アプローチの仕方に違いがあるものの，価格カルテル，ボイコット，再販売価格維持行為のようなそれ自体違法の行為を厳しく扱っている．「あからさまな制限（naked restraint）」，すなわち，露骨な価格協定，又は競争促進あるいは効率上の正当化事由のないカルテルは，すべての国で違法であるということができる．米国連邦取引委員会と司法省の水平的制限に関するガイドラインには，「当然違法」の取扱いに関する有用な説明がある．

　　一定の種類の協定は，競争を侵害するとともに競争促進的な便益を伴わないおそれが強いために，その効果を具体的に調査する時間と費用を費やすに値しない．かかる協定は，そういう種類のものであることが明らかになると，当然違法のものとして提訴される[27]．

この立場は，4か国すべてにおいて適用されている．4か国での違いは，それ自体違法とされる範囲の根拠にある．

米国及びEUの仕組みでは，取決めが法令又は条約に違反するか否かを判断するために，その競争上の局面とともに，それに伴う公共の利益も考慮する．これに対し，豪では，まず，競争上の争点が違反につながるものか否かを検討し，免除（公共の利益が存在するかどうかを含む）の存在を別途検討する．特に米国ではそうであるが，日本及びEUでも，公共の利益が競争制限効果を正当化するような行為については容認されるのであるが，豪では，事前に当局のクリアランスがない限り，当該行為による公共の利益はTPAに違反するか否かには関係しないと考えられている．日本がどちらの側に入るかについては議論がある．しかし，AMLは，明示的に「公共の利益」を規定しており，後述のとおり，それ自体違法が緩和されているような事件もある．完全に分けることはできないかもしれないが，本稿では，分析の便宜上，競争問題と公共の利益問題とを分けて検討する．

本稿では，それ自体違法の要素ないしは様々な形態を詳細に議論することはしないで，当局がそれ自体違法の行為と通常の競争テストによる行為とを線引きする方法に焦点を当てる．

(1) 米　国

米国では,「当然 (per se)」の用語が法令中に用いられているわけではない. ただし, 文字通りに読めば, 米国法では, 通商に関連するすべての協定が当然違法とされているともいえる[28]. 判例法上, ハードコアの, あからさまな価格協定, 再販売価格維持行為, 抱き合わせ及びボイコットが当然違法であることが明確にされてきている[29]. 裁判所は, 遡れば1898年[30]から, 単刀直入に価格協定の悪質さを述べてきていたが, 先例としてよく引用される判決は, United States v Trenton Potteries 事件[31]である. 同事件では, 陪審は, 価格の合理性や結合体のよい意図は無視するように説示されていたのである. 最高裁判所は, 次のように述べている.

> すべての価格協定の目的や効果は, 実効的なものであれば, 競争の一つの形態をなくすことである. 価格を決定する力は, 合理的に行使されるか否かにかかわらず, 市場を支配し, 恣意的で不合理な価格を設定する力を意味する. ……そうした潜在的な力をもたらす協定は, 特定の価格が合理的かどうかを詳細に調査することなしに, また, 当該価格が不合理なものになっているか否かを確かめる負担を政府に負わせることなしに, それ自体が不当で違法な制限であると判断することができる[32].

しかし, 後述のとおり, 合理の原則の範囲が発展することにより, 当然違法の根拠が存在するか否かに関する疑問が生ずる. 豪では, すべての価格協定が違法であるところ, 米国では, 不当な場合のみ当然違法である (したがって,「当然」というのは米国の概念にとって, 不適切な表現かもしれない). ボークは, 米国には当然違法は存在しないとしばしば主張してきており, 次のように述べている.

> 裁判所が一貫して当然の原則という文字通りの表現を用いることを拒否してきていることは, 通常述べられているようなこうした原則は不適当であるという, やや曖昧ではあるが, 抜き難い意識があることを示している[33].

米国裁判所は, 他の国のようにはそれ自体違法と合理の原則による分析とを明確に区分してはいない. Ⅲ 2 節における合理の原則に関する議論において,

米国の立場をさらに分析する．

(2) EU

条約の文言は，第81条第1項に挙げられている違反がそれ自体違法であると明示的には規定していないし，実際，加盟国間の通商に影響を与えない協定に対しては適用もされないのである．単なる当事者間の競争に対する制限では十分でない．しかし，実際には，価格協定及びボイコットは，ずっと厳しい仕方で扱われている．EC委員会の水平的協力協定に関する規則では，次のように述べられている．

> 事案によっては，協力の性格自体が初めから第81条第1項の適用可能性を示している．価格決定，数量制限，又は市場若しくは顧客の分割という方法による競争制限を目的としているような協定に当てはまる．こうした協定は，市場に悪影響を及ぼすものと推定される．したがって，競争や市場に及ぼす現実の効果を審査する必要はない[34]．

(3) 豪

豪では，価格協定がそれ自体違法である根拠は立法的なものである．TPAの第45条Aでは，価格を決定し，支配し，若しくは維持する目的又は効果を有する協定は競争を実質的に制限する協定の禁止規定（第45条）の違反であるとみなされている．第45条により，（第4条Dに定義される）ボイコットはそれ自体違法であり，再販売価格維持行為は第48条によりそれ自体違法であり，第三者との取引の強制は第47条第6項によりそれ自体違法である．しかし，米国と同様，こうした規定がどこまで広く適用されるかについては議論があり，どのような行為が違反となるのかについても議論は免れない．例えば，第45条Aについて，価格協定に関する法令及び解釈からは，単に価格に関する協定以上の，当該価格に関しての決定，支配又は維持が必要である．2件の重要な事案において，関係人は，「決定」にまで達していなかったことから，訴追されなかった．ボイコットは，その目的が競争制限的であれば，現実の効果にかかわらず，違反とされる唯一の行為である．

(4) 日 本

これまでJFTCの法執行は，不当な取引制限であることについての疑問がな

い明らかな価格協定を対象としてきており,それ自体違法の責任が存在するか否かについては試されたことがない.法令の文言自体は,それ自体違法を意味してはいないが,松下教授は,「不当な」取引制限であることを要件とする明文の規定にもかかわらず,価格協定はそれ自体違法であると主張する[35].伊従・上杉も,この見解を支持し,AML第3条のカルテルに関しては,「カルテル協定又は他の事業者を支配若しくは排除する行為がかかわっていれば,当該行為はそれ自体,問題となる」と述べている[36].JFTCは,「不当な取引制限」は「カルテル」の用語と同義であり,したがって,法はすべてのカルテルを禁止していると主張する[37].JFTCでは,AMLはカルテル協定が形成されるや否や競争の不当な制限が存在していると解釈されることになると主張している[38].

(5) 各国におけるそれ自体違法アプローチの比較

各国間の主要な相違は,米国,EU及びおそらく日本では,法令が当局に柔軟なアプローチを採ることを認めているのに対し,豪では,法令が厳格なそれ自体違法アプローチを規定していることである.米国司法省やEC委員会が特定の行為がそれ自体違法の適用範囲を画する境界線を越えるか否かを議論するのに対し,豪の裁判所では,一般に厳格な見解を示しており,他の分野の法令において明示的に免除とされていない限り,特定の行為がTPAの規制から除外されることを認めようとはしない.価格協定の禁止から外れる行為があることはすべての国で認められているが,それを判断する方法は国により異なっている.この相違は,公共の利益や効率性が考慮される仕方,付随的制限の取扱い,その他の免除システムといった点に顕著である.特に,主要な結論の違いは,各国当局が反トラスト法の目標に従って規制しようとする熱意の差による.

2. 公共の利益及び効率性の考慮

反トラスト法は,市場プロセスへの人為的な関与を意味する.それに伴う人為的な誤りにより,誤った規制がその是正しようとした特定の市場の失敗による問題を一層悪化させる場合には,最適な結果は得られない.したがって,反

トラスト法は，できるだけ目立たず，害悪ではなく便益をもたらすであろう市場取引に影響を与えないことが重要である．

　ある協定の存続を認めることが公共の利益に資することになるか否かを考慮することは4か国すべてで大変重要であるが，その取扱いはそれぞれ異なっている．

　豪及びEUでは，それぞれ，認可[39]及び宣言[40]という正式の免除システムを有している．こうした「事前クリアランス」システムにおいては，豪ではTPA違反となるおそれのある特定の行為を行う前にACCCの決定を得ること，EUではそうした行為を事前に届け出ることが必要である．当該行為をEC委員会に届け出た後，当事者は，委員会の決定が出るまでの間，当該行為をすることができるが，決定後は，その指示に従わなければならない．認可及び宣言は，遡及的には適用されない．豪では認可が与えられる前に，EUでは届出がなされる前に，当該行為が開始されている場合には，既に行われた行為は違反と考えられる．すなわち，これらの国では，明示の免除の範疇がないときには，裁判所は，当該行為による公共の利益と離れて，競争効果を検討するのであり，社会的目標や成果によって正当化され得るような場合であったとしても，あるいは，明らかに認可又は宣言が与えられるであろう場合であったとしても，当該行為は違反になるのである．

　豪とEUの事前クリアランス制度にはいくつかの相違がある．豪の認可は，申請者，あるいは申請書に明記されている者に関してのみ有効であるのに対し，EUの免除は特定の業種あるいは特定の類型の行為に対して適用される．EUの適用免除の例としては，一定の基準（例えば，市場シェア30％未満）を満たすすべての水平的又は垂直的制限に関する新しい免除，一定の条件の下での自動車流通協定に関する最近の免除がある．ACCCによる認可は，認可以降にのみ有効であるのに対し，EC委員会による免除宣言は，委員会に特定の行為が届け出られたときから委員会が決定するまで有効である．EUの制度では，委員会が「迅速な決定」をすることを定めているが，豪の決定にはしばしば時間がかかる．両方の制度とも，透明で，一般への協議及び意見提出の機会が与えられ，上級機関への上訴手続が設けられている．

こうした事前手続に対し，米国では，当局が違反の有無を判断する際に，特定の行為による公共の利益を考慮するという「合理の原則」による分析プロセスがある．米国の制度では，行為について事前のクリアランスを得るということはできないが，違反の有無を判断する際に，同様の要素を考慮する．

豪では，競争分析や公共の利益の考慮に関する厳密な叙述がある．米国では，反対の極として，特定の違反が法令の枠内に入るか否かを判断するために公共の利益を考慮する．

米国における公共の利益の考慮：合理の原則

合理の原則による分析は，米国裁判所が特定の行為が「取引を制限するすべての結合は……違法とする」旨規定する反トラスト法の幅広いテストに違反するか否かを判断する際に，公共の利益その他の事情を考慮するために用いるアプローチである．それは，合理性のゆえに，シャーマン法第1条の広範な規定，すなわち，文言中に読み込まれている「不当な」の用語の意味に含まれないものは何かを厳密に判断する方法である[41]．本節では，競争促進的行為に関連する合理の原則に焦点を当てることとし，付随的制限との関連ではⅢ3節で，複合的なアプローチについてはⅢ4節で扱う．

米国の合理の原則による分析における競争促進的行為の理論は，Chicago Board of Trade 事件[42]まで遡ることができる．同事件の判決で，ブランダイズ判事は，次のように述べている．

> 取引に関するすべての協定，すべての取引の規律は，制限をもたらす．拘束し，制限することは，それらの正に本質である．合法性の真のテストは，課された制限が単に調整するだけであり，それにより競争を促進するものであるか否かであり，あるいは，競争を抑圧し，さらには破壊するものであるか否かである．その問題を判断するためには，裁判所は，通常，当該制限が適用される事業に特有の事実，制限が適用される前後の条件，制限の性質やその実際の，あるいは蓋然的な効果を検討しなければならない．当該制限の歴史，存在すると考えられる弊害，具体的な救済策を採用する理由，達成しようとする目的，これらはすべて関連する事実である[43]．

（強調は訳者）

米国司法省のガイドラインは，この方針を採用し，Topco 事件[44]の最高裁判決の判示を引用している．

　　効率向上的な経済活動の統合に参加する者が，当該統合に合理的に関連し，その競争促進的便益の達成に合理的に必要とされる協定をするときには，当該協定がさもなければ当然違法と考えられる類型のものであったとしても，当局は，これを合理の原則により分析する[45]．

本質的に，このアプローチは，当該行為が公共の利益，効率性，あるいは競争促進的結果をもたらし，存続が容認されるべきものであるか否かを判断するために，裁判所が用いる正式な市場分析を意味するのであり，最近では1982年の Maricopa 事件[46]で適用された．しかし，この見解が正しいかについては若干の議論があり，裁判所では，このアプローチと付随的制限のアプローチ，あるいは厳格な当然違法のアプローチとを調和させるという問題を抱えてきている[47]．これら三つのアプローチの相互作用に関してみられる裁判所の混乱は，これらを相互に排他的なアプローチとして扱うという伝統的な試みの結果であるという議論がある．これに対し，EU及び豪では，競争問題の検討を第1段階，当該行為による公共の利益のような他の要素の検討を次の段階というように分けている．しかし，興味深いことに，後述する California Dental 事件[48]の最近の最高裁判所及び控訴裁判所の判決は，複合的な（「伸縮的な（sliding scale）」）アプローチを採用し，三つの理論の共存を図ろうとしているのかもしれない．

豪やEUにも，前述の正式のクリアランス手続以外に，米国に似たアプローチがみられるのではないかという議論があり，次に述べるように，日本も米国のシステムに倣っている．

日本

JFTC や多くの論者は，AML の「公共の利益」の文言が「競争制限」と同義であり，したがって，競争を制限するいかなる協定も公共の利益に反するのであり，当該文言は事実上無関係であるという伝統的な見解を採っている．この見解は，日本ではかなり確立されているが，最近，もっと柔軟なアプローチを採ろうとする動きがみられるようになってきている．石油カルテル事件[49]

のような最新の判決が競争促進的協定の免除の余地を示唆しているように[50]，日本でも米国の競争促進的行為の理論が採用され得ることを示す動きがみられる．最高裁判所は，同事件において，「公共の利益」とは一般に自由な取引を意味するが，例外があると判示した．しかし，この判決は，例外を極めて狭く解した．これまで，日本の裁判所がカルテルを適用除外として容認したことはない．確かに，経団連は，「公共の利益」の文言が「競争制限」よりずっと広いものであり，消費者の利益，国民経済の成長や安定といった様々な要素を含むものであると主張している[51]．すなわち，「競争の実質的制限」は一般に違法であるが，競争維持の利点を上回る正当な目的を達成する上で必要なときには，適用除外を認めるものであり，本節で述べた他の3か国で用いられているテスト（方法は異なるが）を採用することになる[52]．

松下教授は最高裁判所の見解を支持しているが[53]，「公共の利益」に関する経団連の見解には，この文言が法律に明示的に用いられているという事実からみて根拠があるし，他の国でのこの文言の取扱いや共通の理解の観点から考えると，豪やEUでの正式のクリアランス手続で用いられているこの文言の考慮や，米国で用いられている合理の原則の考慮とも軌を一にするものである．実際，これらの国では，「公共の利益」の概念には事実上限定がなく，効率性，産業合理化，雇用機会の増進，輸出の増加，環境問題を含み得るのである[54]．もちろん，3か国すべてにおいて，価格協定を正当化するためには，極めて高度な公共の利益が求められる．

さらに，日本の法令の文言を詳しく検討すると，合理の原則を議論する余地がある．法令の規定では，「不当な」制限のみが違法とされており，合理性の要件を意味しているようにみえる．しかし，JFTCを含め，いかなる競争の実質的制限も不当であるという主張があり，合理性分析を行う道が閉ざされているようである．もしJFTCの理屈に従うとすると，なぜ法令には「不当に」という文言が加えられているのかという疑問がまず湧いてくるのである．

EUにおける競争促進的行為に関する合理の原則

Craig = De Burcaによれば，法令において公共の利益を考慮することに加えて，ECJは合理の原則の用語を用いてはいないものの，その判決においては，

米国裁判所ほど常に熱心というわけではないが，協定の競争促進的効果と競争制限的効果とが衡量されていることを示す証拠がある[55]．ECJ が競争業者間の協調行為であって，その競争促進的効果のゆえに違反ではないと判断した事例として，STM 事件[56]及び Nungesser 事件[57]がある．しかし，ECJ は，その判決がこの理由付けに拠っていると明示的に認めたり，合理の原則を採用したと認めたりしたことはない．さらに，後述するように，付随的制限理論のスタイルでの「合理の原則」分析を ECJ がした事例がある[58]．

豪における競争促進的行為に関する合理の原則

豪では競争促進的行為による合理の原則は採用されていないと一般に考えられているにもかかわらず，一種の合理の原則による分析と考えられる徴候を示している事件や注釈がある．前述の認可手続に関する豪の事件の中には，上述の合理の原則による分析に明らかに相当する要素があるが，第45条 A に関する司法判断はそれほどなされていない．Corones は，次のように注釈している．

> 豪では，裁判所は，包括的な合理の原則ではなく，簡略化された合理の原則を適用している．豪の合理の原則は，行為が市場における競争に及ぼす影響を「有るか無いか」で測ることに限定されている．当該行為が生産効率を向上させるか否かを考慮したり，そうした費用節約を競争減殺による消費者厚生の損失と衡量したりするといったことはしない．そうした包括的な合理の原則分析は，豪では ACCC や審判所が認可手続の中で行っている[59]．

しかし，豪の仕組みでも，協定が存在しない場合と協定が容認される場合との競争の水準を単に比較すること以上のことをしているという主張がある．この主張には次の三つの理由がある．

第 1 には，独占行為（豪の法令では「市場支配力の濫用」）事件には，裁判所が特定の行為の正当化事由として，効率性を考慮しているものがある[60]．ACCC 自身は，合併が競争を実質的に制限するか否かを判断する際に，効率性を考慮すると述べてきている[61]．

第 2 に，豪の研究者は，その競争法に関する判決が高く評価されている

Lockhart 判事による Radio 2UE 事件判決[62]の記述を深く読み込んでいる．この事件は，「付随的制限」スタイルの合理の原則アプローチを採ったものであるが，Lockhart 判事は，「競争促進的行為による合理の原則」の存在にもヒントを与えている．

> 私の見解では，議会が定めた第45条 A の規定は，競争を促進することによって価格に影響を与える協定を違法とするものではない[63]．

Lockhart 判事は，それ以上に論じてはいないが，本稿のⅢ3節で後述するように，付随的制限による合理の原則分析に従い，本件を判断した．

第3に，競争促進的合理の原則理論と直接関連するものではないが，上述の米国及び EU における合理の原則分析の重要な役割として，当然（それ自体）違法の類型に当てはめるべきでない行為を除外することがあり，Radio 2UE 事件[64]及び Service Station Association 事件[65]の二つの豪における事件では，何かそれに類する点がみられるのである．豪の法令では，単なる価格に関する議論ではなく，価格の「決定，支配又は維持」が違法要件なのである．

連邦裁判所大法廷は，Radio 2UE 事件の Lockhart 判事の判決[66]を支持して，次のように判示した．

> 我々の見解では，一般的な脈絡からも「支配又は維持」という一緒に用いられている文言からも，第45条 A の「決定」の文言が意味を持っている．競争業者間の話合いに続く，価格の決定のすべてが価格「決定」に含まれるものではない．価格「決定」と認められるためには，価格競争に影響を及ぼす意図又は蓋然性の要素が存在しなければならないと我々は考える．

> 2以上の競争業者が，お互いに，あるいは他の業者と競争して通常販売している商品又は役務に加えて，パッケージにした商品又は役務を取り決めた価格で販売することを合意する場合に，こうした商品又は役務の価格を決めるために必要な条項は，第45条 A の意味での価格を決定し，支配し，又は維持するための条項には当たらないと我々は考える．この点は，個々の事業者がそのパッケージを構成する自己の商品の価格を完全に自由に決定でき，いつでも変更できるときには，明らかにそうである．我々は，

何ら留保がなくても，事業計画は妥当なものと考えるが，本件では，この点に関する完結した意見を出す必要はない[67]．

連邦裁判所大法廷の論理は，合理の原則分析を定義的な道具として用い，当然違法の行為と認容され得る行為との間に明確な線引きをするという米国の合意の原則アプローチと類似している．「それ自体違法」の文言は理解しやすく，したがって，すべての価格に関する協定が禁止されていると考えてしまいがちであるが，TPAの文言を綿密に検討すると，価格に関する単なる話合いではなく，(i)協定が存在すること，そして，重要なことに，(ii)決定し，支配し，又は維持するものであることが要件とされているのである．

Radio 2UE事件以降，この問題は十分検討されてきていない[68]．豪の裁判所が価格協定（あるいはその他のカルテル）を合理の原則アプローチで分析するというRadio 2UE事件[69]で示された手掛かりに従うのか，あるいは法令の厳格な文言に従う立場に戻るのかは不明である．

各国におけるアプローチは，付随的制限のアプローチの評価とともに，本稿の5節でさらに検討される．

3．付随的制限（Ancillary）の考慮

付随的制限とは，大きなスキームのうちで，小さく重要ではないが，必要な部分をなす協定である．すべての国では，付随的制限がより重要な目標の達成に役立っている場合にはそれ自体違法として扱われるべきではないことが，ある程度認識されているようである．

(1) 米国における付随的制限の取扱い

Addyston Pipe事件[70]で，Taft判事は，当該行為がシャーマン法第1条に違反する取引制限であるか否かを判断するために2段階のアプローチを用いた．判事は，まず，当該契約の主たる目的が正当で，競争促進的か否かを問うた．もしそうでない場合には，「あからさまな（naked）」制限として，当然違法の原則が適用される．しかし，もし主たる目的が正当で，当該制限が必要な場合であって，付随的措置が主たる目的を実現する上で求められるときには，当該付随的制限は，主たる目的の実現に必要な範囲を超えない限り，違法ではな

い．

　Rothery Storage & Van Co v Atlas Van Lines 事件[71]で，Bork 判事は，次のように判示した．

> 付随的なものとして当然違法の原則を免れるためには，競争をなくす協定が別個の正当な取引に従属する二次的なものでなければならない．付随的制限は，主たる取引がその目的を達成する上で一層効果的なものとなるようにするという意味で，付随的で二次的である．もちろん，その制限は，達成しようとされている効率性に関連するものでなければならない．もし制限が広範すぎて，効率性をもたらすことなしに競争を抑圧するものであれば，当該制限は，その範囲で，付随的ではない．［Addyston Pipe 事件の］Taft 判事は，制限が形式上付随的であっても，市場の独占的支配を得るための一般的な計画の一部である場合には，違法であるという明らかな条件を追加した．

　米国のシステムでは，付随的制限が取引の必要な一部ではないときや，同じ結果を得るのにより制限的でない方法があるときには，容認されないという Maricopa 事件[72]の原則の適用を受ける．付随的制限による合理の原則が米国における独自の理論であるか否かについては，California Dental 判決の観点から，次に検討する．付随的制限の理論は，「迅速な検討（quick look）」アプローチとも呼ぶことができるが，それは，特定の行為が「競争促進的行為」の理論で用いる正味で公共の利益を有するか否かを判断する際に用いられる完全な市場分析を裁判所が行う必要はないという事実を反映したものである．

(2) 豪

　この関連では，Lockhart 判事は，Radio 2UE 事件で，共同広告パッケージを販売する二つのラジオ局同士の価格に関する協定を判断するために付随的制限に関する合理の原則に類似したものを適用し，次のように判示した．

> 私の第45条Ａの解釈・適用に関するアプローチは，米国の1890年シャーマン法に基づく判決において米国裁判所が採っているアプローチと一般的には同じである．それらの判決は，問題の行為について価格競争を制限する取決めとして性格付ける前に，当該行為を注意深く検討するという米

国裁判所の関心を反映しており，直接又は間接に価格競争を制限する取決めと付随的に価格競争に影響を及ぼすにすぎないものとを区別している[73]．

Lockhart判事の判決に対しては，豪の法令が，付随的であるか，協定の主たる目的であるかを問わず，いかなる価格協定も違法としている事実を無視しており，誤っているという多くの批判がある[74]．

興味深いことに，TPAには，ジョイントベンチャー協定について，ジョイントベンチャーの運営に関する競争業者間の価格協定又は排他的協定を容認する明示の免除規定があり，第45条Aのみなし規定の適用を免除していることを指摘しておきたい[75]．しかし，ジョイントベンチャー自体やその協定は，水平的制限に関する第45条や合併に関する第50条に基づき，競争を実質的に制限するかどうかの審査を受ける．したがって，競争業者同士がその商品の価格を共同して定めることができるとしても，ジョイントベンチャー協定全体が，競争を実質的に制限する協定又は合併に該当するか否かについて精査されることになるが，これは，価格協定に対するそれ自体違法テストよりはるかに広範なものである．もちろん，豪の法令は，ジョイントベンチャーの当事者がジョイントベンチャーを形成しないで個々に行う活動に関して価格決定を容認するものではない．こうした場合に，ACCCに事前に届け出る義務はなく，特定の行為に関する宣言を裁判所から得ることは可能であるが[76]，そうした確認なしに，この免除が通常用いられる．このように，明確な事案では，ジョイントベンチャーに付随する制限に対する提訴の結果は，豪においても他の3か国に類似している．

(3) EU

EUにおける合理の原則に類似したアプローチでは，米国の付随的制限の理論と同様の理屈を採用している．EC委員会の水平的制限ガイドラインは，次のように述べている．

> 価格決定，数量制限又は市場・顧客分割により競争を制限することを目的とする協力協定は，競争プロセスの結果に直接的に干渉するものであることから，最も有害なものと考えられる．価格決定及び数量制限は，直接

的に消費者が支払う価格を高くし，あるいは望む数量を入手できなくすることにつながる．したがって，ほとんど常に禁止される．

　しかし，かかる定めが競争制限的でない，あるいは適用免除となる協定の機能にとって必要なものである場合には，これが適用されることはない．

この点は，正当な協定の一部をなす制限がその成功にとって客観的に必要であることを根拠に当該制限を容認したECJのRemia事件[77]及びPronuptia事件[78]の判決を受けたものである[79]．

　EC委員会のジョイントベンチャーに関する方針は，ジョイントベンチャー取決めが価格協定が単独で行われた場合の厳格なそれ自体違法の取扱いではなく，競争への影響により判断されることになるという点を含め，豪の法令による免除にそっくりである．前述のEC委員会の「合理の原則」アプローチに関連して議論したように，法令中に明記されているものではないが，委員会の水平的制限に関するガイドラインでは，価格協定に対するそれ自体違法の性格付けは，かかる定めが競争制限的でない，あるいは適用免除となる協定が機能する上で必要なものである場合には，適用されることはない旨述べられている．ガイドラインでは，例としてジョイントベンチャーが議論されている．

　例としては，製品の共同マーケティングも行う生産ジョイントベンチャーがある．かかるジョイントベンチャーが機能する上で，その当事者が生産量や価格を共同して決定することは固有のことである．この場合に，価格又は数量に関する条項を含めることで当該協定が自動的に第81条第1項に該当することとなるものではない．価格又は数量に関する条項は，第81条第1項の適用に関してガイドラインに示されている枠組に従い，ジョイントベンチャーの市場に及ぼす他の効果と一体に評価されることとなる[80]．

Finnpap事件[81]で，EC委員会は，当該共同販売組織が加盟国間の通商に感知し得る（appreciable）効果を及ぼさないという理由から，措置を採る意図がない旨の告示を出した．ただし，この決定については，EUがフィンランドの加盟を望んでいた時期になされたものであり，政治的な影響があったのかもし

れないとKorah教授は指摘している[82]．

(4) 日　本

　付随的制限に関する日本の方針は，JFTCがハードコアのカルテル以外には提訴してきていないという点のほかは不明である．法令上は，事業者団体による協定に対する適用除外が定められているが[83]，これは，価格決定まで容認するものではない[84]．

4．米国のCalifornia Dental判決以降の「複合的な（Hybrid）」合理の原則アプローチ

　裁判所が付随的制限（あるいは「迅速な観察」）の理論又は完全な「競争促進的行為の理論」の間を行ったり来たりし，あるいは，どちらの理論を用いるべきか，また，ときにはMaricopa判決[85]にみられるような，厳格な当然違法の分析に立ち戻るべきか揺れ動いていたために，上述したこうした二つの合理の原則理論は，混乱をもたらしてきている．米国における合理の原則に関する最新の事件であるCalifornia Dental事件判決[86]では，これらのアプローチを統合し，一緒に用いるための公式を示そうとしており，ここで言及するに値する．ただし，他の国であれば，別個の概念として扱われるものを混同しているようにもみえる．

　California Dental判決は，競争促進的な結果が存在するかどうかを判断するために，完全な市場分析に対抗するものとして迅速な（簡略化された）合理の原則による分析（付随的制限の理論）を採用するかどうかを決定するに際し，「制限の状況，詳細及び論理」[87]に関する「伸縮的な（sliding scale）」アプローチを裁判所が用いることを求めている．本件では，合理の原則からは，次が違反の要件であると判示された．

> 　合理の原則分析は，次の三つの構成要素から成っている．(1)協定の当事者が競争を阻害し，又は制限することを意図していること，(2)競争の現実の侵害が生じること，及び(3)当該制限と当該制限の正当化事由又は競争促進的効果とを比較衡量して判断した結果，当該制限が不当であること[88]．

　Brunetは，二つの合理の原則が米国でどのように用いられているかを次の

ように要約しているが，California Dental 判決[89]と平仄が合うようにみえる．

　　裁判所が制限の経済的効果の分析に転換してきていることから，問題の制限について入り口の審査あるいは迅速な検討を行うことが正当化されている．当該制限が明らかに競争制限的であれば，当然違法のアプローチが適切である．逆に，当該制限が競争促進的な結果を達成する上で必要なもののようにみえる場合には，もっと完全な合理の原則による審理がふさわしい．面倒な比較衡量アプローチがしばしば合理の原則に引用されているが，裁判所は，実際，古い Addyston Pipe 事件の付随的制限の理論を用いているようにみえる．今や合理の原則に関する事実審理では，問題の制限が競争促進的計画にとって不可欠の，あるいは必要な主要点であるか否かに焦点が当てられている．結局，合理の原則の事実審理も，表面的な審理に極めて近いのである．それぞれ，競争への影響を強調し，必要以上に競争制限的なものでないことを要求しているのである[90]．

この統一的なアプローチは，当該行為が当然違法の責任を負うべきかどうかを判断するために，付随的制限や競争促進的効果を審理するための選択肢を提供している．これにより，様々な理論が共存できるために EU で既に受け入れられ，豪でも限定的ではあるが，受け入れられているシステムと米国のシステムが軌を一にするようになっている．ある協定が単に付随的制限にすぎないときや，正味で競争促進的な効果をもたらし，かつ，他にそうした効果をもたらす方法がないときに，どちらか一方を考慮することが排除されるべき理由はない．もちろん，本稿で示されている二つの理論の区別は，米国裁判所ではしばしば，競争促進的な付随的制限であれば容易に正当化され，したがって，これらを一緒に検討するであろうから，人為的なものである．しかし，裁判所はこれまでのところ，どちらかの理由付けを採用してきており，二つを調和させることができていないのであり，かなりの混乱を招いている．California Dental 判決[91]にかんがみれば，米国における合理の原則の見通しは明るい．

Ⅳ 競争促進的行為及び付随的制限に対する様々なアプローチの評価

米国の，そして，今後発展すれば，日本の，競争促進的行為の合理の原則理論は，正味の競争促進的効果のゆえに，あるいは，全体について検討したときには社会に効率的な成果をもたらすために，特定の行為が正当化され得るか否かを検討する仕方において，豪の認可やEUの宣言のプロセスに類似している．豪やEUの事前クリアランス制度では，特定の行為が行われる前に正式の申請がなされるのに対し，米国のシステムでは，行為が生じた後に検討するのであり，しかも，当該行為が提訴される場合に限られる．

豪の認可やEUの宣言のようなクリアランス制度による安定性には明らかに利点がある．すなわち，競争促進的，あるいは経済全体として効率的ではあるが，競争法に違反するリスクがある行為をしようとする会社にとって，事前クリアランスを得ておけば，その行為については保護される．特定の行為から生じる公共の利益を合理の原則により考慮することの欠点は，当局や裁判所が当該行為が安全地帯（safety zone）の範囲内であると考えるかどうかを当事者が後から判断することはできないので，当該行為を行うことについて安心できないことにある．書面による決定理由があれば，規制の透明性が高まり，他の申請者がその事業慣行をいかにして法令に合致させるかを理解するのが容易になる．

他方，事前クリアランス制度にも多くの欠点がある．それは，公開の，費用と時間がかかるプロセスである．豪では一般に，認可プロセスに少なくとも6か月を要し，最終決定までに2年以上かかることもある[92]．EC委員会では，Finnpap事件[93]のクリアランス決定に8年を要したし，UIP事件[94]の免除の付与には7年を要した[95]．この点は，豪の認可がACCCの最終決定まで発効しないことから，豪で特に問題となる．EUでは，協定当事者は，EC委員会に届出をした時点から委員会が決定を下すまでの間，その行為をすることができ，決定に要する長い期間は申請者に有利になっている．しかし，申請者は，委員会が免除やクリアランスを付与しないという決定をした場合には元に戻さなけ

ればならなくなるような大きな投資判断をしたくないであろう.

申請者の運営に関する詳細な内容を当局に提出しなければならないこと,競争業者,顧客,及び関係者も情報を提出する機会があることを含め,事前クリアランス・プロセスの公開性ということも,その利用にとっての障害となる.当局は,しばしば,認可又は免除の前提条件として,当該行為と直接関連しない条件を課すことができる.当局との関係を扱うことの負担は大変大きく,申請者は,当局やその上訴機関(豪では,競争審判所)に自己の主張を証明しなければならない.豪では約4,000米ドルの申請手数料がかかるが,当局に説得力のある意見や競争業者の意見への反論を提出するための弁護士費用に比べれば大したことはない.

本節の最初に説明したように,公共の利益にかなうかもしれない協定に対する規制に柔軟なアプローチを採ること,そして,価格協定のそれ自体違法規定といった厳格な規制に対する免除を容認することが正当化されるなら,正味での公共の利益につながる協定を少なくとも見分けられるようにしておくことが論理的である.唯一日本は,そうした公共の利益を見分けるためのシステムを有していない.したがって,「競争の実質的制限」行為であっても,正当な社会的目的に資するものであれば,AMLの適用が免除されるという,米国の合理の原則のアプローチに倣った経団連の見解を採用することが望ましいであろう.もし日本が米国のアプローチに倣うとすれば,米国に伝統的に存在してきている混乱についてのあと知恵を付け,それ自体違法,公共の利益の取扱い及び付随的制限の取扱いという三つの理論の要素が共存し得るEUのアプローチに沿った複合的な方法を採ることが有効であろう.

EU,豪及び米国は「付随的制限」を多少なりとも受け入れており,また,日本の状況は不明確であるが,実際上,各国の結論にはかなりの相違が出てくるであろう.豪では,認可なしでも付随的制限の取扱いを受けられるのは,ジョイントベンチャー協定に従って実施される協定に限定されている.これが最もよく用いられる例ではあるが,競争業者が厳密にはジョイントベンチャーには該当しない,緩やかな連携を行うという状況は他にも考えられる.そうした場合には,付随的制限は,米国及びEUでは容認されるであろうが,豪では受

け入れられないということになろう.

　他方,豪のシステムの方が,共同する当事者にとって寛大な取扱いとなるような状況も考えられる.豪のシステムでは,ジョイントベンチャーに従って実施される協定であれば,単に付随的なものか,協定の主たる目的であるかにかかわらず,免除となる.米国及びEUでは,単にジョイントベンチャー取決めに付随するのではない,主要な価格協定が容認されるということはないであろう.Fox教授は,「もし,ある取引が(リスクや才能を分担し,新規の,あるいは安い商品を開発するための)正当なジョイントベンチャーであるが,競争制限的なリスクも有している場合には,競争促進的及び効率的な特質と競争制限的及び非効率的な特質とを比較衡量することになる.そして,競争制限的なおそれを小さくするような,明らかにより制限的でない方向があるのであれば,それを採用するようにアドバイスがなされるべきだろう」と述べている[96].

　しかし,豪やEUのシステムの下で申請をして正式の免除を得ることに伴う行政上の困難にもかかわらず,米国当局がハードコアの価格協定その他の協定を「極めて疑わしい」ものと考え,合理の原則による分析がなされることはありそうにないという事実からみて,米国や日本のシステムにおいては当然違法の行為を行うことはほとんど不可能であろう.Fox教授は,「制限が疑わしいものであればあるほど,裁判所は,目的,力及び効果の証明をなしで済ませたり,あるいは,ただ乗り問題をなくすことその他の理由から,商品を効率的に流通させる上で必要ないし重要であるといった,高度の正当化事由を求めたりするであろう」と主張する[97].豪やEUでは,純粋の価格協定が認可される前に,極めて高度な公共の利益の要件が満たされていることが示されている[98].

　各国では,何らかの形での免除が認められている価格協定及びボイコットの事例がある.特に,EU,豪及び米国では,何らかの寛大な取扱いなしには存在し得ないような新商品を生み出す協定をそのように扱っているということは興味深いことである.米国のBroadcast Music事件[99]は,作曲家,作家及び出版社の団体(ASCAP)に対して,個々の作品ごとではなく,一括して,決まった料金でライセンスする方針が価格協定に該当するとして提訴されたもので

ある．最高裁判所は，料金の設定があからさまな料金の制限ではなく，ライセンスの付随的部分であると判示した．最高裁判所は，一括ライセンスが有効であるためには，料金を設定することが必要であると認めた．本件では，この協定によって，さもなければ存在しないはずの商品が利用可能になったということが重要である．類似の事件はEUにもあり，Nutricia事件[100]では，さもなければ存在しないはずの競争が制限されたものであるので，条約違反ではないと考えられた．さらに，豪のRadio 2UE事件[101]では，当事者がTPA違反ではないと判断された一つの要素として，存在しないはずの新商品を生み出すものであり，協定の当事者がそれぞれの個別の価格を自由に決定できたことがあった．日本では，かつて，「指名入札制度」といった協定が小企業に公共プロジェクトに平等に参加する機会を与え，過当競争を回避するといった多くの公共の利益があると考えられてきたが，1988年の日米構造問題協議以降，JFTCは，「すべての産業における入札談合に独占禁止法を厳正に適用する」と約束した[102]．

V　その他の免除

1．EUでは，他の国ではみられない二つの免除が認められている．危機カルテル（すなわち，慢性的設備過剰が存在する場合の合理化カルテル）のための限定的な条件付免除である[103]．日本のAMLにも同様の適用除外として，JFTCの認可を条件とする不況カルテルと合理化カルテルの制度が1999年まで存在していた[104]．

さらに，日本では，経済産業省（かつての通商産業省）が，産業界に対し，行政指導に沿った行動を採るようにしばしば要請していた．しかし，第21条から第24条に従いJFTCが明示的に適用を除外したものでない限り[105]，いかに政府が要請した行為であっても，JFTCは当該取決めを提訴する意向である[106]．JFTCは，適用除外カルテルの件数を着実に減少させてきており，1966年に1079件あったものが今では40件未満である．これに対し，TPAは，政府の立法によってTPAの適用免除が明示的に認可されている行為については，明示的にこれを容認している[107]．豪政府は，日本と同様の方針であり，

立法による免除の数を少なくしており，第51条第1項のテストを厳しくしている．米国では，明示の政府による免除が適用される場合には，法適用されない[108]．

ガイドライン，ノーアクション・レター及び安全地帯

　4か国それぞれの当局は，様々な法令の執行上のアプローチについて，特定の産業や協定の類型に関してガイドラインを策定している．特に米国やEUのガイドラインのほか，豪の合併ガイドラインでは，その基準に達しないものに対しては措置を採らないという境界（threshold）を具体化することにより，安全地帯を明記している．ガイドラインでは，当局が措置を採ることに積極的になり，あるいは採ろうとはしないであろう条件及び事情を記述している．ガイドラインは，産業界に何らかの確実性を与えることを意図して作成され，多くの当事者はそれに頼っているのであるが，こうしたガイドラインが当局を拘束することはありそうになく，また，例えば，「例外的な状況がなければ，当局は，……提訴しない」[109]とか，「入手した情報に基づけば，委員会は，措置を採らないであろう」[110]といったように，言質を与えないような表現で作成されている．したがって，ガイドラインは，正式の適用免除システムや，最終的には裁判所の判決で決まる合理の原則アプローチに代替するようなものではあり得ない．これに対し，EC委員会が第81条第3項により作成したノーアクション・レターやガイドラインは，これらに明記された当事者については，正当な適用免除を構成するものである．JFTCは，法執行権限を有し，自ら勧告をする能力を有しているので，JFTCのガイドラインは，他の国のガイドラインよりも拘束力が強いという議論もできよう．

2．知的財産権

　4か国すべてにおいて，何らかの形で知的財産権に関する免除が認められている．米国では，司法省が知的財産権の安全地帯を認めており，「例外的な状況がない限り，当局は，知的財産権ライセンス協定について，(1)当該制限が外形的に競争制限的でなく，(2)ライセンサーとライセンシーとの合計で，各関連市場の20％超を占めていないときには，提訴しない」旨述べている[111]．EU

では，第81条第3項に基づき，一定の条件を満たす純粋な特許又はノウハウのライセンス協定は適用免除とされている．日本の AML 第23条[112]や豪の TPA 第51条第3項は，一定の知的財産権の適用除外を定めている．ただし，豪では，第51条第3項の適用除外を存続させるかどうかの見直し作業が行われている．

さらに，EU のデ・ミニミス理論は独特であり，価格協定に関するそれ自体違法の原則にある程度矛盾するものである．協定が競争又は加盟国間の通商に感知し得る影響を及ぼさないときには，第81条第1項による規制対象とはされない．EC 委員会では，この点を明確化して，現在の解釈では，水平的協定であれば，当事者の合計シェアが5％を超えないこと，垂直的協定であれば，合計売上高が3億 ECU 以下であって，シェア10％を超えないことを意味すると述べている[113]．

日本の AML に存在する適用除外は，立法上の抜け道によっても生じている．域外適用条項は，日本国内に資産を有しておらず，日本で事業を行っていない，純粋の外国事業者に対しては及ばないのである．

3．規制の熱意

厳密には適用免除として括ることはできないが，類似の（ただし，予測可能性は低い）ものであって，各国間の大きな違いをもたらすものとして，法律ではなく，価格協定を追及する当局の熱意が関係している．ハードコアのカルテルを放任する国はこれら4か国にはないが，EC 委員会はこれまで，十分な審査スタッフを有しておらず，米国のように熱心には事件を取り上げていない[114]．EC 委員会は，前述のように，政治的な考慮を払うこともあり，加盟国の国内問題に介入することを避ける結果となることがある．さらに，米国法は，裁判所に露骨な違反者に3倍額賠償責任を負わせることを認めており，また，米国や日本では，違反に対して，自由刑を含む刑事罰が定められている．

日本では，1950年から1970年まで，入札談合事件が全く取り上げられていなかったが，1970年代以降，価格協定事件が着実に増加してきている[115]．米国が日本に，反トラスト違反に対して強い措置を採るように促した日米構造問題協議により，日本は今ではこの分野で大変積極的になっている[116]．

ビタミンのカルテル事件の結果は，各当局の強さと熱意とを示している．米国司法省は，1999年9月に総額7億2,500万ドルに上る罰金刑を公表し，ACCCは，2001年2月に2,600万ドルの判決を勝ち取った[117]．EC委員会やJFTCも措置を採っているが，審査が継続中である．

Ⅵ 結 論

米国，日本，EU及び豪の反トラスト規制は，次のように簡潔に要約できる．価格協定及びボイコットは悪であるが，公共の利益や競争促進をもたらす行為は容認される．しかし，詳細をみると，いかなる行為が懲役刑に値し，いかなる行為がプラスの結果をもたらすのかを判断するアプローチの仕方が各国で異なっていることが明らかとなる．

豪及びEUでは，事前クリアランス制度があり，当事者は，一定の基準を満たす計画中の行為について，事前クリアランスを得ることができる．このアプローチには，事業にとっての確実性，規制の透明性と統一性といった，多くの利点がある．他方，当事者は，事業上の確実性を得るためには，手続において，事業上の戦略や秘密を当局に提示しなければならないという問題がある．米国の「合理の原則」アプローチは，豪と対照的である．合理の原則は，やや混乱しているが，二つの形態がある．正味で競争促進的効果を有する行為を容認している事件があり，また，正味で公共の利益にかなう大きな活動に付随する制限であるかどうかに焦点を当てている事件がある．さらに，最近の判例法では，これら二つのアプローチの複合的なアプローチが採用されている．

他の3か国でも，米国における合理の原則の二つのアプローチと同様の効果を有する要素を見出すことが可能である．日本の適用免除制度は，AMLの判例が米国，EU及び豪ほど発展していないことから，依然として明確ではない．しかし，多少は予測できることであるが，JFTCはこれまで，伝統的なアプローチを採ってきており，また，産業団体である経団連は，競争の実質的制限であっても，正当な社会的目的に資するものにAMLは適用されるべきでないと主張し，裁判所から支持されている．事前クリアランス制度に対するものとしての合理の原則システムは，事業者がその行為は裁判所でクリアできると考え

れば，豪やEUで求められる時間と費用のかかる事前クリアランス手続を経ることなしに，直ちに実施できるという利点がある．合理の原則アプローチに欠けるものは，事前クリアランスなら得られる，当事者にとっての確実性である．米国司法省（及び他の3か国）の様々な行為や産業に関するガイドラインは，「安全地帯」あるいは閾値，すなわち，それを下回れば訴追しないであろう基準を明らかにしているが，当局を拘束するものではない．さらに，4か国すべてで，知的財産権に関連する行為や他の法令により明示的に授権された行為についての免除が認められており，EUでは，デ・ミニミス理論の基準に合致した行為についても免除となる．

　4か国すべてにおいて，世界中における競争法の普及と軌を一にして，より厳格な法執行に向かうという同じ動きの中にある．しかし，それぞれのアプローチの基礎にある政策的考慮の違いとそれぞれのシステムがそれぞれの必要に応じて機能しているという事実からすると，ある国が他の国と共通のものとなるように，自国の競争法構造を改正する用意があるということは考えにくい．そうであるとすると，国際競争法を求める動きというものは，不可能ではないにしても，ゆっくりとしたプロセスになるであろう．

（翻訳：千葉大学法経学部教授　栗田　誠）

1) 競争テストとは，何らかの方法で競争に影響を及ぼす行為を禁止することをいう．例えば，豪の1974年取引慣行法は，競争を実質的に制限する協定を禁止し，日本の独占禁止法は不当な取引制限を禁止する．
2) 競争促進的とは，競争への正味の効果（net effect）がプラスであることを意味する．例えば，競争業者2社間のジョイントベンチャーは市場における競争を制限し，高価格につながるおそれがあるが，当該ジョイントベンチャーによる効率性が大きく，価格上昇を打ち消すような低価格の形で消費者に還元され得るときには，これは競争促進的である．
3) 合理の原則分析は，本質的に，合理性のゆえに，シャーマン法第1条の広範な規定——すなわち，文言中に読み込まれている「不当な（unreasonable）」の用語——に含まれないものは何かを厳密に判断するための方法である．歴史的には，合理の原則分析には二つの流れがあり，本稿では，(i)付随的制限理論（III 2節で検討する），(ii)競争促進的行為理論（III 3節で検討する）という．最近のCalifornia Dental事件では，これら二つのアプローチの複合形態が採用されている（III 4節

で検討する).
4) それ自体の責任とは，市場における競争に及ぼす効果その他の関連する要素を検討することなく，あるいは，競争への効果がなくても，それ自体違法な行為をいう．詳細は，Ⅲ1節で検討する．
5) 反トラスト法でボイコットとは，他の者への供給を制限する競争業者間の協定（競争業者に市場を割り当てる協定を含む），あるいは，他の者に供給せず又は他の者から購入しない旨の競争業者間の協定をいう．
6) 値引き，リベート及び手数料に関する協定を含む．
7) 再販売価格維持行為とは，製造業者又は卸売業者が小売業者に対し，一定の価格水準で，あるいは，それ以上の価格水準で商品を販売するように義務付け，又は小売業者が製造業者の商品を値引き販売したことを理由に当該小売業者への供給を停止する行為をいう．
8) 第三者との取引の強制とは，顧客が他の供給業者の商品も購入することを条件に自己の商品を供給する行為をいい，例えば，銀行が，ある保険会社から保険を購入することを条件に譲渡抵当 (mortgage) を提供することである．かかる場合に，銀行は，保険会社への付託について，保険会社から手数料を収受するであろう．
9) 本稿のⅢ3節参照．
10) 水平的制限については関連市場の5％未満，垂直的制限については関連市場の10％未満にしか影響しない協定は，法令の適用を受けない．
11) Rosenthal, D. E. and Matsushita, M, "Competition in Japan and the West : Can the Approaches be Reconciled ?" in Graham, E. M. and Richardson, J. D., eds., 1997, Global Competition Policy, Institute for International Economics, Washington, D. C., at 318.
12) 合理の原則に関する簡潔な説明については注3を，詳細な議論についてはⅢ2節及びⅢ3節をそれぞれ参照．
13) かつてのEC条約第85条．
14) Craig, P., and de Burca, G., EU Law : Text Cases and Materials (Oxford 1998), p 150.
15) European Commission, "Competition rules relating to horizontal cooperation agreements," Communication (2000/C 118/03), Official Journal of the European Communities, 27 April, 2000.
16) 同上．
17) 安心レターのリストについては，次を参照．
http://europa.eu.int/comm/competition/antitrust/closed/en/comfor99.html
18) TPA 第45条A第2項．
19) TPA 第51条第1項．
20) TPA 第88条．

192　I　総論的問題

21) かかる決定に対しては上訴が可能であり，最終的には，産業，経済及び法律の専門家で構成された準司法的機関である豪競争審判所（Australian Competition Tribunal）によって判断される．
22) 1947年に占領軍によって押し付けられた日本の独占禁止法は，厳格なそれ自体違法基準を含んでいたが，1953年改正によって緩和された．しかし，松下教授は，石油カルテル事件東京高裁判決（1980年11月26日．この判決は，最高裁判決（1984年2月24日刑集34巻4号1287頁）により支持された．）に依拠して，現行法の下でもそれ自体違法を認めることができると主張する．Matsushita, M., with Davis, J. D., Introduction to Japanese Antimonopoly Law (Yuhikaku Publishing Co. Ltd., Japan, 1990), p. 40.
23) 独占禁止法第21条（自然独占），第23条（知的財産権），第24条（協同組合の一定の活動）及び第24条の2（再販売価格維持契約）．不況カルテルに関する第24条の3及び合理化カルテルに関する第24条の4は，1999年に廃止された．
24) 前掲注14，Craig, P. and de Burca, G., 1998, 892頁．
25) 例えば，TPAの競争規定の違反に対する罰金刑の上限は，1994年に，違反ごとに50万ドルから1000万ドルに引き上げられ，TPAの適用範囲は，1995年に初めて，専門職を含む広範な事業分野に拡張され，豪競争及び消費者委員会（ACCC）の権限は，調査権限の強化，執行可能な約束をする権限，いくつかの分野への権限の拡張によって強化されてきている．
26) Fox, E., "Competitors' Collaboration - A Methodology for Analysis," Antitrust, Fall/Winter, 1990 (5 WTR ANTITR 19).
27) The Federal Trade Commission and U. S. Department of Justice, Antitrust Guidelines for Collaborations Among Competitors, April 2000 ("FTC/DOJ Guidelines"). Learned Hand in United States v. Alcoa, 148 F. 2d 416 (2d Cir. 1945) も参照．当然違法が厳格に適用された最近の事件として，Arizona v. Maricopa County Medical Society, 457 U.S. 332 (1982) を参照．同事件で，最高裁判所は，「価格協定に固有の競争制限のおそれがある以上，たとえ競争促進上の正当化事由が提示されたとしても，外観による無効化が正当化された」（351頁）と判示した．
28) この見解は，1897年に，例えば，United States v. Trans Missouri Freight Association, 166 U. S. 290 (1897) において覆された．その後の United States v. Joint-Traffic Association, 171 U. S. 505 (1898) において，Peckam 判事は，「個人又は会社の正当な事業を促進する目的で行われ，州際通商に影響を及ぼし制限する目的を持たない協定であって，直接的にそうした通商に影響を及ぼさないものは，たとえ当該協定が間接的に，かすかに影響を及ぼすとしても，法により規制されることはない」と判示した．この理由付けは，後述する合理の原則アプローチの基礎をなすものである．この点に関する米国法の歴史と背景については，Areda, P. E., Antitrust Law, Little, Brown and Company, Boston, 1986 の第15章（「合理の原則」と「当然違

法の原則」——一般的論点）を参照.
29) Continental T.V., Inc. v. GTE Sylvania Inc., 433 U.S. 36, 50 n. 16 (1977), FTC v. Superior Court Trial Lawyers Association 493 U. S. at 432-36. FTC/DOJ Guidelines の8頁の議論も参照.
30) United States v. Joint-Traffic Association, 171 U. S. 505 (1898).
31) United States v. Socony-Vacuum Oil Co., 310 U. S. 150, 226 (1940) で議論された United States v Trenton Potteries Co., 273 U. S. 392 (1927).「当裁判所は, 陪審が, 産業の相当部分を支配する結合体のメンバーによる商品価格に関する協定は, 価格の合理性やよい意図と関係なく, それ自体不当な取引制限であると説示されていた本件において, シャーマン法に基づく有罪を支持した.」
32) 現在の判例法では, ボイコット及び価格協定も当然違法であることが明確になっている. 1988：The Direction of Antitrust in the Decade Ahead：Some Predictions に引用された Continental T. V., Inc. v. GTE Sylvania Inc., 433 U. S. 36, 50 n. 16 (1977).
33) Bork, RH, "The Rule of Reason and the Per Se Concept：Price Fixing and Market Division", Yale Law Journal, 74：75. 当然違法の概念が存在しないことを含意する, 同判事による Rothery Storage & Van Co. v. Atlas Van Lines Inc., 792 F. 2d 210 (D.C. Cir. 1986) 中の判示も参照. ルイスは, 少なくとも商標に関してはそのとおりであると考えている. Callman, Unfair Competition, Trade Marks and Monopolies, Ch. 4, p. 13 に引用された, Louis, "Do Sealy and Topco logically survive Sylvania and Broadcast Music？" 66 Va. L. Rev. 879 (1980) を参照.
34) 前掲注15, European Commission, 27 April 2000 のパラ17. The Quinine Cartel Cases (ACF Chemiefarma NV v. Commission, Cases 41, 44 and 45/69, [1970] E.C.R. 661) も参照.
35) 前掲注22, Matsushita, 1990 の41頁に引用の石油価格協定事件（前掲注22に引用）も参照.
36) Iyori, H. and Uesugi, A., The Antimonopoly Laws and Policies of Japan, Federal Legal Publications Inc., New York, 1994 の71頁参照.
37) Matsushita, M, "The Antimonopoly Law of Japan", in Graham, E. M. and Richardson, J. D., eds.,（前掲注11）の172頁参照.
38) Oda, 1992. op. cit.
39) TPA第88条. TPAは, 排他的取引契約について, 負担が小さい届出を設けている（第93条）.
40) 条約第81条第3項による. 特定の行為が条約に違反するものではない旨の「非公式な」クリアランスを競争当局から得ることが適切な場合もある.
41) 米国の判例で追求される「合理性」の水準については, 本稿全体で議論されているとおり, 様々に混乱しているが, 例えば, Chief Justice White in Standard Oil Co.

v. United States, 221 U.S. 1, 60, 65 (1911), Justice Peckam in United States v. Joint-Traffic Association, 246 U.S. 231 (1898) を参照.
42) Chicago Board of Trade v. United States, 246 U.S. 231 (1918).
43) 前掲注 42 の最高裁判所 Brandeis 判事による法廷意見.
44) United States v. Topco Associates, Inc., 405 U.S. 596 (1972).
45) 同上.
46) Arizona v. Maricopa County Medical Society, 457 U.S. 332 (1982).
47) 価格協定に対して豪スタイルの厳格で広範な当然違法の責任を認めた最近の Maricopa 判決とは対照的であるが，当然違法の範疇に含まれるか否かの判断において，競争促進あるいは効率上の考慮の余地を認める Topco 判決の見解の方が一般的であるようにみえる.
48) California Dental Association v. FTC, 526 U.S. 756, 769 n.8, 119 S. Ct. 1604, 143 L. Ed. 935 (1999).
49) 前掲注 22 に引用.
50) CCH International, Japan Business Law Guide, 1993, para 32,004 参照.
51) 前掲注 37, Matsushita の172頁参照.
52) Matsushita, M., International Trade and Competition Law in Japan (Oxford University Press, 1993), pp 96-98.
53) 同上.
54) ACCC, Guide to authorizations and notifications, November 1995 に含まれている公共の利益の一覧表参照.
55) 前掲注14, Craig, P. and de Burca, G., 1998 の913頁参照.
56) STM v. Maschinenbau Ulm GmbH (Case 56/65)[1966] E.C.R. 235, [1966] C.M.L.R. 357.
57) Nungesser (l. C.) KG & Kurt Eisele v. Commission (Case 258/78)[1982] E.C.R. 2015, [1983]1 C.M.L.R. 278.
58) その後の議論を参照. EU Guidelines and Remia BV & Vereingde Bedrijven Nutricia BV v. Commission (Case 42/84)[1985] E.C.R. 2545, [1987] 1 C.M.L.R. 1 and Pronuptia de Paris GmbH v. Prnuptia de Paris Irmgard Schillgallis (Case 161/84)[1986] E.C.R. 353, [1986] 1 C.M.L.R. 414.
59) Corones, S., Competition Law in Australia, LBC Information Service (Australia 1999), p. 45.
60) 例えば，Melway Publishing PTY Ltd v. Robert Hicks Pty Ltd [2001] HCA 13 を参照. Frances Hanks and Philip Williams, "Implications of the Decision of the High Court in Queensland Wire," 17 MULR 437 (1990) の446頁は，最高裁判所が「[第46条について] 米国シャーマン法第 2 条についての裁判所の解釈と極めて合致する方法で説明した」という事実を述べている.

61) ACCC, Revised Merger Guidelines, June 1999, Paras. 5.171-5.174, pp. 59-60 参照.
62) Radio 2UE Sydney Pty Ltd v. Stereo FM Pty Ltd (1982) 62 FLR 437 and the Full Federal Court appeal at (1983) 68 FLR 70.
63) 同上.
64) 同上.
65) TPC v. Service Station Association Ltd (1993) 44 FLR 206.
66) 前掲注62参照.
67) Radio 2UE Sydney Pty Ltd v. Stereo FM Pty Ltd (1983) 68 FLR 70 (Full Federal Court).
68) 第45条については,最も近時のAustralian Competition and Consumer Commission v. CC (NSW) Pty Ltd [1999] FCA 954 において検討された.しかし,同事件で,Lindgren 判事は,正味の競争促進効果を有する価格協定が価格協定禁止規定の違反を構成するものではないというLockhart 判事の判示が正しいか否かを検討する必要はないと述べた.Lindgren 判事がRadio 2UE 判決について述べたことは,価格を支配する協定は競争への影響にかかわらず,違反であるという法令の文言を繰り返しただけであった.
69) 前掲注62参照.
70) Addyston Pipe & Steel Co. v. United States, 175 U.S. 211 (1899).
71) Rothery Storage & Van Co. v. Atlas Van Lines Inc., 792 F. 2d 210 (D.C. Cir. 1986).
72) 前掲注46参照.
73) 前掲注62の448頁.
74) 例えば,Leonard S. Vary, "Price Fixing : Flawed Past, Uncertain Future," 3 TPLJ 126 (1995) 参照.
75) 第45条A第2項.
76) TPA第163条Aによる.
77) Remia BV & Verenigde Bedrijven Nutricia BV v. Commission (Case 42/84) [1985] E.C.R. 2545, [1987] 1 C.M.L.R. 1.
78) Pronuptia de Paris GmbH v. Pronuptia de Paris Irmgard Schillgallis (Case 161/84) [1986] E.C.R. 353, [1986] 1 C.M.L.R. 414.
79) 前掲注14,Craig, P. and de Burca, G., 1998 の913頁.
80) 前掲注15,European Commission, 27 April 2000のパラ25.
81) Re Finnpap [1989] 4 C.M.L.R. 413.
82) Korah, 1994, op cit., p. 157.
83) AML 第24条.
84) 例えば,Bender, M., Doing Business in Japan, 1998, vol. 8, Chap. 2 における議論を参照.
85) 前掲注46.

86) 前掲注48.
87) 同上.
88) America Ad Mgmt v. GTE Corp., 92 F 3d 781, 789 (9th Cir. 1996) を是認する同上判決.
89) 同上.
90) 前掲注59, Corones, 19991の35頁に引用されている Brunet, "Streamlining Antitrust Litigation by 'Facial Examination of Restraints : The Burger Court and the Perse Rule of Reason Distinction," 60 Washington Law Review 1, 11(1984).
91) 前掲注48.
92) 例えば, ACCC Authorisation Determination in CSR Ltd Application No. A50016 CA95/16 では, ACCCに1995年7-8月に申請がなされ, 1997年10月に認可が付与された.
93) 前掲注81.
94) Re United International Pictures [1990] 4 C.M.L.R. 749.
95) Korah, 1994, op. cit., p. 158.
96) 前掲注26, Fox, 5 WTR ANTITR 19 の20頁.
97) 同上.
98) European Commission, XXIVth Report on Competition Policy, 1994, para. 143 (p. 97) 参照.
99) Broadcast Music, Inc. v. CBS, 441 U.S. 1 (1979).
100) 前掲注77.
101) 前掲注62.
102) 前掲注36, Iyori, H. and Uesugi, A., 1994 の 89-90頁.
103) Fox, E., "US and EU Competition Law : A Comparison," in Graham, E. M. and Richardson, J. D., eds., 1997(前掲注11) の342頁.
104) Northern Kentucky Law Review, Vol. 18, No. 3, 335(1991), at 347 参照. これらの適用除外制度は, 1999年7月23日の改正により廃止された.
105) 同上の注22に簡単な記述がある.
106) JFTCの行政指導に関する独占禁止法上の考え方(1993年) 参照. 事例として, 湯浅木材工業事件(公正取引委員会1949年8月30日審決, 審決集1巻62頁), 石油カルテル事件の一つ, 日本石油事件東京高裁判決(1956年11月9日, 行裁例集7巻11号2849頁)がある (Oda, 1992, op. cit., pp. 352-353 に引用されている).
107) TPA第51条第1項. TPAからの免除を定める法令については, 3年ごとに競争政策レビューを受けることになり, 独立機関が当該制限的法令による便益が競争制限的効果を上回るという趣旨の報告を作成しなければならない.
108) Kaysen and Turner, Antitrust Policy, Harvard, 1959, Chapter VI : "Exceptions to Competitive Policy : Regulation and Exemption" and http://www.usdoj.gov. 参照.

109) United States Department of Justice, Antitrust Guidelines for the Licensing of Intellectual Property, April 6, 1995, at 4.3.
110) ACCCの合併事案における安心レターで一般に用いられている表現.
111) 前掲注109.
112) JFTCの特許・ノウハウライセンス契約に関する独占禁止法上の指針（1999年）及び, Trade Practices Commission, Application of the Trade Practices Act to Intellectual Property, 1991を参照（Trade Practices Commissionは, 現在のACCCである）.
113) 前掲注14, Craig, P. and de Burca, G., 1998の915頁.
114) 前掲注103の206頁.
115) 前掲注84, Bender, M., 1998, Volume 4, Chapter 3, para 3.06 [3].
116) 前掲注36, Iyori, H. and Uesugi, A., 1994の90頁は, 日米構造問題協議について議論している.
117) ACCC, "Federal Court Imposes Record $26M Penalties Against Vitamin Suppliers," press release, 28 February 2001.

開発途上国における競争政策と政府介入：
日本の経済発展の経験を踏まえて

伊　従　　寛

I　問題の提起

1．経済発展における自由市場と競争政策の必要性

　1998年12月のWTO貿易政策と競争政策に関する作業部会報告書（WT/WGTCP/2）は，国際貿易における自由貿易政策と国内における競争政策（民営化政策・規制緩和政策・独占禁止政策）が相互に密接な関連を持っており，両者の有機的な結合による国の内外における自由競争の促進が世界の国々，とくに開発途上国の自由競争を促進し，経済効率を高め経済発展を最大限に促進するとし，内外における競争促進が国内産業にある種の打撃を与える場合があるとしても，競争促進に反する保護貿易主義や競争抑制策をとるべきではないとしている．

2．東アジアの開発途上国の経済発展における政府の積極的役割

　一方，1980年以降における東アジア経済の驚くべき発展について，1993年の世界銀行の報告書は「東アジアの奇跡」（The East Asia Miracle）と題してこの発展の事実を確認し，その原因と背景を分析し，この経済成長における政府の積極的な介入をあげている．WTOの上記報告書と世界銀行の報告書の見解の相違はどうなるのであろうか[1]．

3．日本の経済発展における競争政策と政府規制

　上記2つの見解は，必ずしも対立するものではなく，共存という面も存するのであるが，本論文は，この2つの側面に関する問題を明治以降の開発途上国としての日本の経済発展における競争政策と政府介入の経験を検討することに

よって，開発途上国における競争政策の在り方についての参考にしようとするものである．この場合，政府介入を，①市場経済体制の形成維持のための介入（A型介入）と②市場と競争とを規制するための介入（B型介入）とに分けて検討することにする．

II 日本における競争政策と政府介入

1．第2次大戦前

(1) 明治期における政府指導と自由競争

17世紀以来徳川幕府は鎖国政策をとってきたが，阿片戦争（1840-42年）における中国の敗北とその後の欧米の中国への進出は，日本に重大な衝撃を与えた．阿片戦争は産業革命を経たイギリスの経済力とそれを基盤とした軍事力の圧倒的な強さをみせつけ，欧米の開国政策に応じない限り植民地化されるおそれがあることを日本に認識させた．嘉永6年（1853年）アメリカは幕府に対して開国を求め，国内において激論が行われたが，安政5年（1858年）日米修好通商条約を締結し，続いてオランダ・ロシア・イギリス・フランスとも同種の条約を締結し，開国政策に踏み切った．明治維新（1868年）の原動力となった薩摩藩・長州藩は当初鎖国政策の維持を主張していたが，維新後の新政府は幕府の開国政策を継承した．

開国により欧米から新しい思想が導入されるとともに，新政府は欧米先進国へ追いつくため富国強兵策をとったが，そのために，軍事力の強化に努めたほか，社会制度・経済制度について，政府の強力な指導の下に，欧米の制度を範として，革新的な自由主義的改革を行った．

日本が欧米諸国との間で結んだ前記通商航海条約は，外国人の日本国内における裁判権が当該外国政府にあり日本政府にないこと，日本に関税自主権がないことの2点において不平等条約であり，明治政府はその初期からこの不平等条約の是正を外交政策上の最重要課題とした．そして，そのためには日本の社会・経済制度を欧米制度と同様にする必要があることが認識され，条約改正運動の中で制度改革の欧米化・自由主義化はより急速にかつ徹底して進展した．1871年の条約改正のための岩倉使節団は，新政府のキリスト教禁圧が非難され，

日本の制度を徹底的に欧米化しない限り条約改正が困難であることが強く認識され，キリスト教禁令は73年に廃止されたが，信教の自由以外の問題についても服装に至るまで欧米化・自由主義化が革命的に推進された．

自由主義的な制度改革は，廃藩置県，関所の廃止，土地売買の解禁，株仲間（統制的な事業者団体）の廃止，封建的な身分制度の廃止，通信・交通制度の整備，職業選択の自由の確立などが明治5年（1872年）頃までに行われ，明治15年頃までに教育制度の整備，会社制度の導入，貨幣制度の整備，中央銀行の創設，金融制度の整備，証券取引所の設立，刑法や民商法の制定など欧米の法制度の導入が行われ，89年に旧憲法が制定されている[2]．法制度は当初フランス法をモデルとしたが，最終的にはドイツ法制をモデルにしている．以上の制度改革は，経済制度としての視点からみれば，欧米型の自由市場経済体制形成のためのインフラストラクチャーの整備と考えられ，上述のA型介入が極めて強力に行われたといえる．

新政府は，その初期から殖産興業政策を実施し，70年には工部省を設置した．工部省は欧米の産業・技術情報の提供などを行ったが，新政府は，工部省を含め，幕府や諸藩が所有していた製鉄所・造船所・武器製造所・鉱山等を所有しており，また欧米の最新技術を導入して富岡製糸所（生糸製造）等を官営模範工場として経営した．しかし，これらの国有工場は，1890年頃までには民間企業に払い下げられた．それは，欧米との競争による国営工場の経営の悪化のほか，維新前から福沢諭吉等によりイギリスの古典派経済学が導入され，当時は経済思想として自由競争論と政府の市場への不介入政策論が優勢であったという事情があった．この点で日本の欧米化は当時の中国の場合より徹底していた．

ただし，1870年代から郵便・通信・鉄道・鉄鋼・軍事産業などの分野で別途国営企業が設立されはじめ，19世紀末から発展し，部分的なB型介入も行われた．また，いわゆる財閥企業集団も19世紀末から形成されはじめる．

(2) 外国からの自由競争の存在

それより重要なことは，欧米諸国と締結された安政の通商航海条約では，日本は輸入制限をすることはできず，輸入関税率は5％以下に押さえられていた

ことである．すなわち，日本の産業は欧米からの競争に曝され，採算の合わない国営事業は廃止せざるをえなかったのである．日本が関税自主権を実際に獲得したのは，明治44年（1911年）の条約改正によってである．それまでは日本のすべての産業は欧米からの競争に曝され，したがってこの間は自由で競争的な市場経済が基本になっていた．また，明治維新前からイギリス経済学を中心とした経済自由主義の考えが導入され，政策分野においても産業界においても経済的自由主義が優勢であった．

明治初期（19世紀後半）における日本主要輸出品は生糸と茶であり，主要輸入品は綿糸・綿織物・毛織物・機械・武器であるが，明治後期（20世紀初期）における主要輸出品は生糸・絹織物・銅・綿織物・茶などであり，輸入品は綿花・鉄・機械・砂糖・石油などである．綿花を輸入して綿織物に加工してそれを輸出するという加工貿易型の産業が自由貿易政策の下で発展してきているが，このような産業構造の変化は国際的な自由競争の中で行われたとみることができる．

(3) 両大戦間における政府の経済介入

第1次大戦（1914-18年）後の1920年代の不況に際して政府の個別産業へのB型直接介入が行われ始めたが，1929年の大不況後この傾向は著しくなった．強力な中央集権制と民間に対する行政府の伝統的な優位性もあり，また明治後期以降強力な行政制度が整備されており，政府の経済への介入は容易であった．日本は，国土が狭隘で資源に乏しく，人口が多く，国民は貧しく，過当競争が激しく，いまだ経済的に後進国であって，資源を有効に用いるためには，国の指導の下で，競争を制限し産業を合理化する必要があるというのが，介入政策の理由であった．31年の重要産業統制法・工業組合法・貿易組合法等によりカルテルの設立が助長され，市場統制策が展開された．そして，重要産業については個別事業法が制定され，参入規制や価格規制が導入された．日中戦争・第2次大戦の進展に伴って産業と貿易に対する国家統制は厳しくなった．38年の国家総動員法に基づいて各種の産業統制が行われ，40年には戦時物資動員計画による経済統制のために官庁組織が物資別の横割り組織に改編され，その組織は戦後も長く存続した[3]．

日本の産業は，この間軽工業から重化学工業への転換が行われたが，これには政府介入が影響している．

2．第2次大戦後
(1) 経済民主化政策の実施——自由市場経済体制の導入

第2次大戦後，日本においては連合軍総司令部の指令により，政治的・社会的民主化政策の推進とともに，中央集権的経済体制の解体・民主化と非軍事化を基調とする経済民主化政策が実施された．それは，農地改革・労働立法・各種経済統制立法の廃止・カルテル組織の解体・財閥解体・過度経済力集中の排除・独占禁止法の制定などを含む広範な経済制度改革であり，自由市場経済体制の確立のためのものとみることができる．

(2) アメリカにおける対日戦後経済政策の立案

アメリカにおける戦後日本の経済体制に関する構想は，1943年頃から検討され始めた．すでにこの時までに日本の領土は日清戦争（1894-5）以前の状態に縮小し，軍隊を解体し，経済体制を非軍事化することが決定されており，その前提条件の下で，6,000万人の人口を擁する日本の経済再建をどうするかが検討された．国務省の若い事務官ロバート・フィアリーは，この問題について最初に経済民主化政策の考えを明らかにした．日本は領土縮小により多くの資源を失っても，自由な国際貿易に参加できれば，日本の国民は勤勉であるから海外から低廉な資源を自由に購入し加工貿易により経済を発展させうるとしたが，日本には非近代的な地主‐小作人制度・封建的な労使関係・財閥の産業支配等があり，それにより中央集権的な支配が行われ，国内市場が制限され狭隘になっており，この封建的・独占的・中央集権的な経済体制を解体し，民主化し，自由な市場経済を形成し，国内市場を発展させ，拡大する必要があり，そのために農地改革・労働改革・財閥解体等の経済民主化政策が不可欠であるとした．これは日本の産業が平和的・非軍事的な民需中心の発展をし，侵略的傾向を阻止するためにも必要であるとし，当時有力であった日本の産業を農業や軽工業に限定する制裁的措置はとるべきではない，という考えが基本になっていた[4]．この点については，財閥解体に大きな影響を与えた，1946年のコーイ

(3) 独占禁止法の制定

連合軍総司令部は，45年11月，財閥解体や経済統制法の廃止などの臨時的措置とは別に，経済民主化政策の恒久的基本法として独占禁止法の制定を日本政府に求めた．この要請に対して，46年1月，商工省は日本が資源に乏しく人口が多いことを前提に，資源を有効に利用するためカルテル等の形成容認と弊害防止を中心とする産業秩序法案を作成したが，それは戦前の重要産業統制法（1931年制定：41年失効）に類似した法案であった．この案については政府部内にも批判があり，連合軍総司令部も拒否したため，経済安定本部が中心となって新しい法案の検討が行われた．

46年8月には米国反トラスト法に類似したカイム案が総司令部から日本政府に提示され，同年10月頃からそれを参考にし，経済安定本部で検討が行われ始め，同年11月に設けられた橋本龍伍（橋本龍太郎元総理の父）を委員長とする独占禁止法起草委員会は，同年11月に公表されたエドワース報告書の内容も参考にして，経済民主化政策の意義を咀嚼して法案の作成作業をした．この起草委員会は，今後の日本の発展のためには，自由市場経済を基本とし，国際的な信頼をえて国際貿易に参加することが適切であるとの考えをとった．47年1月に独占禁止法政府原案が作成され，さらに連合軍総司令部と折衝の後，同年3月に政府案が作成され，議会に提出され，同年4月に成立公布された[6]．

この法律の内容は，当時米国にあった米国反トラスト法の改正強化意見も取り入れたもので，米国反トラスト法の内容をより厳格にしたものであったが，第1条に法律の目的が書かれていた．このような目的規定は，橋本起草委員会が自主的に咀嚼した独占禁止政策理念の表明と考えられ，そこには新しい経済秩序法の理念が示されている．同法第1条は，「この法律は，私的独占，不当な取引制限及び不公正な競争方法を禁止し，事業支配力過度の集中を防止して，結合，協定等の方法による生産，販売，価格，技術等の不当な制限その他一切の事業活動の不当な拘束を排除することにより，公正且つ自由な競争を促進し，事業者の創意を発揮させ，事業活動を盛んにし，雇傭及び国民の実所得の水準を高め，以って，一般消費者の利益を確保するとともに，国民経済の民主的で

健全な発展を促進することを目的とする.」と定めている.

　以上の点から考えて，独占禁止法が連合軍総司令部から単純に押し付けられたものではなく，日本政府が新しい国際的環境の下で進んで日本の将来の経済秩序の基本法として独占禁止法を採用したものであり，橋本龍伍の著書などをみると講和条約の早期締結と将来の自由貿易への参加を視野に入れた最善の経済対策として考えられていたことが分かる.橋本龍伍は次のように述べている.「この法律の根本精神は，基本的には自由主義的資本主義の経済思想に立脚するものといってよく，最も正統的な考え方である.……勿論，従来我が国が，このような経済組織（戦前の統制経済的組織）を採ってきたことについては，経済力に乏しい国がらとして，資本の消耗を恐れるとか，個人投資が発達しないとか，自由競争によっては却って粗製乱造に陥ったり，共倒れになったりして資源を浪費しがちになるとか，その他色々な理由があったと思う.しかし，これらのことには適当な考慮をめぐらしつつ，未練を捨てて，活発な競争を行い，常に優秀な製品や用益を供給する事業が並立するような，清新溌剌たる我が国経済の将来を期待したい.」[7]

(4) 初期の独占禁止法の運用

　1947年3月に独占禁止法が制定され，7月には同法に基づき同法の目的を達成するために，公正取引委員会が独立行政委員会として設立され強力に運用され始めた.同委員会の初代委員長の中山喜久松（任期1947年-52年）は，日本興業銀行の出身であったが，独占禁止法や経済民主化政策の理念に強く共鳴しており，独占禁止法第1条の目的について次のように解説している[8].「『民主的な経済』とは，真実な正しい人間の力が尊重され，その力が自由に最も高度に又最も円満に発達せしめられて，之より人間が社会的に幸福の機会を有しうるような経済であります.形の上では国防国家的経済思想の払底となり，財閥の解体となり，資本の大衆化となり，勤労者の結集乃至経営参加となり，農地制度の改革ともなるでありましょうが，その根本理念は人間の平等思想を根幹とし自由と社会性を中核とする人間の経済の確立維持発展と云うべきで，之を端的にいえば，資本の偏在と繋縛のない実所得の普遍と向上のある『人間の経済，人間による人間のための自由創造の経済』であります.……世界経済の一

環である国民経済は単に限られたる国民生活の安堵ではなく,世界と共にその健全を享受し得るようなものでなければならぬ,帝国主義的経済侵害の因子を包蔵する如きは,健全な国民経済とはいえないのであります.健全な国民経済は,民族的と同時に世界人類的に人間生活の安堵と発展をもたらし得るような安定のある,闘争も搾取もない『和の経済』であります.……以上を要約すれば『民主的で健全な国民経済の発達』ということは『人間の真実な正しい力が,その天分に従って発揚せらるる機会が均等に認められ,之により人間生活の安堵となるような経済状態の維持発展』ということになります.」これは誠実な個人の自由な活動の上に築かれる市場指向型資本主義経済の意義と基本的な特徴を日本人に分かりやすいように儒教的な考え方を内包した明治・大正期の自由主義思想に基づいて表現したものといえる[9].2代目の横田正俊委員長(52年-58年:後に最高裁長官)も,この文章を引用してこの考えを強く支持されていたし[10],職員もこの考えに共感していたので,少なくとも設立後10年ほどの初期公正取引委員会はこの考えの下で法律の執行を行っていたといいうるであろう[11].

3. 産業政策の発展と独占禁止政策

(1) 戦後初期の政府介入

戦後の生産施設の荒廃と物資欠乏を背景に,独占禁止政策と並んでB型政府介入が臨時的に行われた.その主なものとしては,①戦後の物資窮乏に対応して46年の臨時物資需給安定法等により経済活動が規制されたが,これは49年頃より緩和され撤廃された.②資金不足に対応して,46年から復興金融公庫による産業資金を石炭・鉄鋼等の基幹産業部門に融資する傾斜生産方式がとられたが,同公庫は51年に廃止され,その後日本開発銀行などを通して重要産業部門への政府融資が行われた.③外貨が逼迫していたため,外国から資材や技術を輸入する場合には,49年の外国為替及び貿易管理法により外貨割り当てが行われた.

(2) 産業政策の展開

この戦後の臨時措置とは別に,1951年の平和条約締結の頃から,産業政策と

してB型政府介入が発展し始める．産業官庁は，経済民主化政策における自由市場経済体制への理解が乏しく，戦前の経済統制政策の考えに囚われていたため[12]，産業政策において市場原理や競争原理から乖離してB型政府介入措置をとる場合が少なくなかった．日本は資源が乏しく人口が多く，アメリカのように自由競争に任せることは困難との戦前の考えが強かった．また，戦後の経済学界ではマルクス主義経済学が圧倒的に優勢で，自由な市場経済を主張する学者は殆どなく，社会主義的な計画経済の提唱がなされ，この傾向は60年代まで続いた．主な産業政策としては，輸出の振興，中小企業保護，産業の合理化，産業の復興などが政策目的として掲げられた．日本開発銀行など政府金融機関が多数設立され，政策金融が行われ，様々な分野に多数の特殊法人が設立された．経済企画庁は経済5ヵ年計画を立て，財政投融資などがそれに基づいて実施され，各産業官庁はそれに応じて何らかの形でB型介入が行われ始めた．この産業政策は独占禁止法による市場経済政策とは対立するが，この頃から，独占禁止政策と産業政策との対立と共存がその時の情勢により形を変えつつ続くことになる[13]．

また，政府の対外開放政策への態度は消極的であり，ガット・IMFに加入後，外部からの圧力の下に，60年の貿易自由化措置，68年資本自由化措置が行われたが，戦略的な重要産業分野の自由化を遅らせるとともに，自由化措置に対する対応策が別途とられ，寡占形成政策もとられた．

(3) 適用除外法の制定と勧告操短

企業合理化のための一般法として，52年に個別企業に対する企業合理化促進法が制定されたが，その後業種別合理化や振興を目的とする特別法が制定され，その多くはそのためのカルテル設定を独占禁止法の適用除外とし，その合理化措置や振興措置に従う企業には租税特別措置法による税制上の優遇措置や特別融資措置をとることとした[14]．産業官庁においては1940年の戦時物資動員計画による官庁機構がほぼそのまま維持されており，この縦割りの物資別行政機構を背景に，それぞれの産業の合理化措置や振興措置が立案され，それに対応した措置には金融税制上の優遇措置がとられ，特殊法人も多数設立された．業種別独占禁止法適用除外法令は，55年頃よりいわゆる55年保守安定政権体制の

下で加速され,60年頃までに約40に達していた[15].

　適用除外法の殆どは,当初は2年ないし5年の臨時措置として制定されたが,その多くは更新を重ねて存続した.例えば,56年の機械工業振興臨時措置法や57年の電子工業振興臨時措置法は,繰り返し更新され,廃止されたのは85年であり,52年の中小企業の安定に関する臨時措置法は,2年間の臨時法であったが,その後恒久法となり中小企業団体法として存続し,90年代の適用除外法の全面的廃止方針の下でも,内容は修正されたものの現在でも存続している.これらの産業政策立法は,B型政府介入立法であり,当初は自由市場経済の例外的措置として導入されたが,次第に恒久化されたのである.

　さらに,合併・企業提携を促進して寡占体制を形成するために,1963年には廃案になったが特定産業振興臨時措置法案が作成され,合併促進のための金融税制上の優遇措置もとられた.

　また,1952年頃から通産省は不況に際し特定の産業に対して一定の操業短縮を勧告して需給を削減し,価格を維持する方法をとり始め,これは勧告操短と呼ばれ,1955年頃からは鉄鋼・繊維・化学などの重要な産業で実施され,独占禁止法運用上の重要な問題となっていた.公正取引委員会は1963年にその実態を適用除外カルテルとともに詳細に分析して公表したところ,それが価格の下支えをしていると批判され,64年1月には閣議了解で勧告操短の撤廃が決まった[16].

(4)　53年の独占禁止法改正

　1951年の平和条約の発効の頃から産業界はカルテル活動の原則的自由を主張して独占禁止法の緩和を主張し始め,産業官庁も産業政策の見地からそれを指示し,53年に独占禁止法の緩和改正が行われた.改正点は,米国反トラスト法より厳しいとみられた予防的規定の削除とドイツ法制をモデルとした不況カルテルと合理化カルテルの適用除外規定の導入が主な内容であり,公正取引委員会は産業政策からではなく経済秩序法としてドイツ法制をモデルとし,産業政策からの独占禁止政策の歪曲を避けようとした.しかし,この改正の後も,前述のように,産業政策の見地から別途特定産業のカルテル関係適用除外法の制定が行われ,それはとくに保守安定政権が成立した55年以降激しくなった.い

わゆる55年体制の下で産業界と産業官庁と政治家との関係が密接になり，この体制の下でいわゆる護送船団方式という産業協調体制が形成された．

58年には，独占禁止法の不況カルテルと合理化カルテルの適用除外要件をさらに緩和する改正案が国会に提案されたが，農業団体・中小企業団体・消費者団体等の反対が激しく，法案は成立せず廃案になった．この独占禁止法の緩和改正の失敗が産業政策に与えた影響は決して小さくない．

(5) 産業政策の修正

58年改正の失敗の後に，政府も，物価対策・消費者政策・貿易自由化・資本自由化・西欧諸国における独占禁止政策の発展などの新しい情勢の下で，競争政策・独占禁止政策を重視し始める．通産省の産業構造審議会の1963年の報告書は，「我が国の経済は基本的には企業の自由な活動を容認し，企業の創意と工夫を原動力としていることはいうまでもない．この企業の創意と工夫を刺激し，産業活動の効率を向上させるためには，競争機能の活用ということが必要不可欠である．……こうした競争機能を発揮させるためには，独占禁止法の果たす役割は，きわめて大きい．」と述べている．これは産業政策の転換を意味するが，現実には産業官庁では縦割りの業種別機構が戦前（1938年）から存続しており，実質的な行政ではこの縦割り機構の下で既存の業種別法令と行政指導によりB型介入がその後も積極的に行われ，また1963年には特定産業振興臨時措置法案が提案され（翌年廃案），寡占体制形成のための措置がとられている．

(6) 独占禁止政策と産業政策の関係

独占禁止法を中心とする競争促進政策と産業官庁によるB型介入政策との現実の経済に対する影響はどうであったかの問題がある．戦後の経済民主化政策は極めて構造的・基礎的な広汎な改革であり，それによる事業活動の自由の促進の影響は極めて強く，営業の自由の見地からの新規参入の圧力の下で産業政策によるB型介入は表面的で本質的なものでなく，また産業官庁もかなり現実的な対応をしたので，産業界の競争は活発であり，この活発な競争の下で日本の高度成長が進行したと評価されている（後記II.5参照）．

4. 70年代以降の競争政策の発展

(1) 77年の独占禁止法の強化

日本は70年頃にはGNPからみて米国に次ぎ，明治以来の欧米先進国に追いつけ追い越せの目標は一応達成された．この時点で国家の民間経済活動に対する介入体制（B型介入政策体制），産業官庁の在り方，産業と官庁の結び付きは，市場指向型政策の見地から見直されるべきであったが，その後二度の石油危機や貿易摩擦問題もあり，この見直しは行われず，産業政策は存続した．

他方，73年の石油危機における物価高騰の際の大企業の値上げ行動を背景に，国民の大企業の行動に対する批判は強くなり，公正取引委員会は74年に独占禁止法の強化を提言した．産業界と通産省は反対したが，77年には独占禁止法の強化改正が行われた．主な改正点は，価格カルテルに対する課徴金制度の導入，独占的状態に対する規制，同調的価格引上げに対する報告制度，株式保有制限の強化などであった．

(2) 貿易摩擦問題を契機とする規制緩和政策の展開と産業政策の衰退

1980年代になり，第2次臨時行政調査会においては新しい情勢の下で政府規制や国営企業の在り方が問題になり，1985年には日本電信電話公社・日本国有鉄道公団・日本たばこ専売公社の民営化が行われたが，その後政府規制の緩和は進展しなかった．

80年代に入ると日米間の国際収支の不均衡は拡大し，貿易摩擦が激しくなり，89年から90年にかけて日米構造問題協議が行われた．ここで米国側は日本市場の閉鎖性が自由な貿易を妨害しており，その主原因は複雑で強力な政府規制と民間のカルテル・入札談合・系列関係などの競争制限的慣行であるとし，その対応策として政府規制の緩和と競争制限的慣行を有効に規制するための独占禁止法の運用強化を強く求め，日本側もこれに同意した．政府規制の緩和と独占禁止法の運用強化による競争の促進は，多様な技術革新と経済のグローバル化の進展などの新しい状況の下で，外国からの指摘を待つまでもなく，日本自身の問題解決策として積極的に行うべき問題であることも認識されて，それは90年代の日本政府の基本方針として確認された．その結果，価格カルテル等に対する課徴金額・刑事罰金額の引上げと刑事告発の積極的活用，公正取引委員会

事務局の機構拡充，カルテル関係適用除外制度の大幅整理縮小等が行われ，通産省もこのような措置を積極的に支持し，反競争的な産業政策は廃止された．また，行政機構改革や財政金融制度改革も行われた．

しかし，政府規制の緩和，行政機構改革，財政制度金融制度の改革，特殊法人改革，民間会社の自主的活動体制の推進などの構造改革は十分には進展せず，90年代を通して日本経済は停滞した．この背景には，明治以来の国家の民間部門に対する優越的な関係，産業政策によるＢ型介入の残存，55年以来の保守安定政権下で醸成された産業界・産業官庁・政治家との密接な相互関係等の反競争的体制の影響があり，この影響の下で企業の自己責任と自主的活動が適切に発揮できず，技術革新と経済のグローバル化などの新しい経済情勢に対応できなかった状況が影響している．

5．競争政策と経済発展・技術革新

(1) 競争政策と経済発展

1951年の平和条約締結以降，暫くの間は経済民主化政策の中核である独占禁止法は過当競争を助長し，日本経済の弱体化をもたらすもので，日本の経済発展のためには産業政策により競争を抑制し，資源を有効に用いる必要があり，独占禁止法は緩和されるべきであるとの考えが産業官庁側から強く主張された．そして，日本経済の発展はＢ型介入である産業政策による面が大きいとの評価がなされた．しかし，その後，日本経済の戦後の画期的な発展は，強力なＡ型介入である経済民主化政策と独占禁止政策の下での自由な競争の開放と促進により，民間企業の創意と自主的な活力ある活動が展開され，ソニーやホンダなどの新しい企業が次々に現れ，活発な技術開発が行われたことによる影響が大きいとの認識が高まり，現在では日本経済の発展における経済民主化政策の寄与に対する評価は定着してきている[17]．そして，現在では産業界も産業官庁も，基本的に独占禁止政策を支持している．

(2) 独占禁止政策と技術革新・技術移転

日本の戦後における経済発展には日本企業の技術革新が大きく寄与しているし，また東アジアの経済の発展についても日米欧からの技術移転を抜きにして

は考えられないが，技術革新と技術移転における独占禁止法の積極的な影響を看過してはならないであろう．独占禁止法は2つの面で技術革新を助長した．第1は，競争の促進が技術導入競争，技術開発競争を促進したことであり，企業は競争の中で技術革新を行い，技術革新がまた競争を促進し，経済を発展させたといえる．

　第2は，戦後においては日本と欧米先進国との技術格差は極めて大きく，日本企業は海外技術の導入において激しい競争を展開し，日本企業にとって極めて不利益な条件で技術導入契約を結んでいたが，68年の資本自由化に際しては公正取引委員会は，技術導入契約ガイドラインを設定し，国際的技術導入契約における日本企業に対する不当な拘束条件，とくにグラント・バック（ライセンシーによる改良特許のライセンサーへの無償帰属条項）を，独占禁止法の不当な拘束条件として技術導入契約から削除させる措置がとられたことである[18]．この措置により技術導入契約におけるグラント・バック条項は排除または是正され，日本企業の技術改良意欲は刺激され，それは日本の技術開発と技術移転に大きく寄与するとともに，この改良技術が外国ライセンサーへも移転し，世界の技術発展にも大きく貢献したと考えられる．なお，69年の技術導入契約ガイドラインとその規制は，技術移転に関するOECDやUNCTADの検討を通じて発展途上国における技術導入契約の改善に大きな影響を与え，拘束の少ない国際的技術移転と技術革新の発展に貢献している[19]．

(3) 産業政策に対する評価

　現在，戦後の産業政策は，自由な市場へのB型介入措置として批判の対象となっているが，第2次大戦後のように資源が欠乏している時期にあっては，資源の合理的な配分のために，一時的には必要な面もあったといえる．また，発展段階の低い時期にあっては，内外の情報の組織的提供，経済政策の目標の提示，中小企業の保護，輸出の振興，産業間摩擦の調整などは，産業構造の変革，経営者の不安の除去等のためB型介入も，程度問題はあるが，必要であったと考えられる．しかし，このような産業政策も日本経済が欧米先進国にキャッチアップするまでの例外的・臨時的な措置であるべきであった．したがって，産業政策は基本的に1970年代に廃止し，企業の自主的活動が展開し易い環

境を整備すべきであり，その改革は20年遅れたと考えられる．

Ⅲ　APECの競争政策に関する若干のコメント

1．自由貿易政策と規制緩和・民営化と独占禁止政策

　第2次大戦後，ガット・WTOなどによる自由貿易の推進により，関係国の経済は著しく発展した．日本の明治時代と第2次大戦後の経済発展は，自由貿易政策によるところが大きい．自由貿易のさらなる発展のためには，ガットやWTOのほかに，地域的経済共同体や二国間自由貿易協定の推進が必要であろう[20]．地域的共同体や二国間自由貿易協定がガット協定の枠内で行われる限り，グローバルな自由貿易の推進を損なうことはない．APECにおいても，加盟国間における自由競争の促進を図ることは，国際的な自由貿易の推進と関係国の経済発展に資するであろう．

　国際的な自由貿易の推進に対応して，国内での競争政策（政府規制の緩和・民営化・独占禁止法）を推進することは，その国にとって多くの苦痛があるとしても，国際貿易の発展と国内経済の発展に必要である．

2．政府介入と経済発展

　国内市場における競争促進問題においても，その国の経済的側面のみならず，社会的・政治的・文化的側面の考慮を必要とする場合が少なくないであろう．また，運輸・交通・港湾・通信・教育・法制などの国のインフラストラクチャー面に関する国家のよく計画された合理的なA型介入は，とくに開発途上国においては社会的側面からだけでなく経済的視点からも必要であり，それは長期的にみて競争の促進になる．この面における国家の指導的介入は，日本の明治時代の経験からみても，94年の世界銀行の報告書からみても，とくに発展途上国について肯定されてよいであろう．インフラストラクチャーの形成以外でも政府規制の緩和・民営化・独占禁止法などによる競争促進策はA型介入であり，必要である．

　A型介入以外に，B型介入とみられる産業政策であっても，上記Ⅱ.3(5)で述べたように，それが例外的に過渡的措置として行われれば，経済発展に有効

な場合がありうると考えられる．現実に必要な場合を無視して，市場原理を画一的に貫徹することはかえって問題の解決を困難にする場合も生じうる．それはその国における具体的な状況と選択の問題である．しかし，B型介入はあくまで競争政策に対する例外的，臨時的な措置として必要最小限度で行われるべきである．

3．独占禁止法における禁止原則と適用除外

　独占禁止法において重要なのは，自由な競争の促進が基本的に必要であることを確認し，それを市場経済における基本原則として全産業について競争制限行為を基本的に禁止することと，独立性があり，広汎な調査権限と規制権限を持ち，必要な場合に立法府や関係官庁に意見提出権限を持つ施行機関を設立することである．

　しかし，禁止原則に対しては例外的に適用除外を設けることが必要な場合がある．適用除外は形式的には競争を制限するが，実質的にはかえって競争を促進する場合があるし，業種の特殊性から独占禁止法の運用が制限される場合があるからである．この場合，合理的な競争制限を運用において容認する方法もある．アメリカ反トラスト法は，判例法であるため，価格カルテルなど特定の場合を除いて，基本的に「合理の原則」により運用されている．しかし，それでもアメリカ法においても法的安定性の見地から共同技術開発生産法などかなりの適用除外法がある．ローマ条約81条3項は，より整備された形で競争制限行為の禁止規定の適用除外制度を当初から設けている[21]．重要なことは，独占禁止法が経済秩序の基本法として，公正な競争の促進を基本原理として維持することであり，例外的な場合には社会的・経済的必要性に応じて必要最小限の適用除外を認めることが適切である．独占禁止法が企業活動ルールとしての明確性と透明性を維持するために，違法か合法かを明確に識別できることが必要であり，原理主義的な適用除外全廃論は避けるべきである．適用除外による違法行為と合法行為の識別は，独占禁止法の厳正運用と企業活動の安定性の両者にとって必要である．そして，このような適用除外は，EU法・ドイツ法や台湾法などのように，すべて独占禁止法の中で行われることが，独占禁止法

の統一した運用のために必要である．ガットにおいても一般的最恵国待遇を中心とした無差別の自由貿易原則が基本であるが，必要な場合にはその例外を定めており，このような例外措置があってガットは自由貿易の推進に大きく貢献してきたのである．1999年9月の「競争と規制改革に関するAPEC原則」も，競争の促進を原則としているが，必要な場合の例外を認めている．

　独占禁止法の問題のみならず，政府規制の緩和や民営化の問題についても，例外的な措置，とくに産業保護措置が必要以上に存続した場合には，将来においてより多くの困難をもたらすことは，日本の経験に示すところである．日本が欧米先進国にキャッチアップした70年代には金融政策や産業政策などにおけるB型介入は廃止すべきであったが，それが存続したために，90年代の構造的不況が長引いたと考えられる．例外的措置はその範囲においても期間においても，必要最小限度に止めるべきである．

　各国の独占禁止法について，各国は自国の社会的・経済的・文化的状況に適した独占禁止法を自主的に制定すればよいし，それにより各国の独占禁止法に差異が生ずることに過度に心配する必要はないであろう．米国の独占禁止法も，60年代と90年代以降では大きく異なってきている．むしろ，アメリカ反トラスト法は，経済実態に即した判例法的な運用によりその時代の社会的・経済的条件に対応して変化するところに強みがある．

　各国における経済的・社会的・文化的条件の差異に基づく独占禁止法やその運用の差異が，国際的な競争条件の差異をもたらし，それが国際的な競争を制限し，各国市場へのアクセスを阻害する場合が生じうるが，それについては各国独占禁止法の国際的な平準化と国際的な共通規制が必要になろう．この面ではローマ条約28条（商品の自由移動の原則）の運用が参考になる．そこでは，「合理の原則」により国際的な要請と国内的な要請との必要な調整が行われている．

4．自由と公正の調和――欧米の個人主義と東アジアの集団主義

　独占禁止法や競争政策の思想的な背景には，欧米の伝統的な個人主義・自由主義の思想がある．独占禁止法は欧米諸国において普及し，APECにおける東

アジア諸国では必ずしも普及していない．その1つの原因は，東アジアでは儒教的な思想を背景にした仁義を中心とする家族主義・集団主義的傾向が考えられる．個人主義・自由主義の下では，個人ないし個別企業の能力が最大限に発揮され，これは自由な競争の促進や経済社会の効率化の促進と経済発展にインセンティブを与える．他方，集団主義の下では，個人の自由な活動よりは全体的な調和が求められ，社会は安定するが発展のためのインセンティブは少なくなる[22]．東アジア諸国が経済的・社会的にダイナミックに発展するためには，個人主義的・自由主義的考えとそれに基づく制度（独占禁止法など）をまず導入することが必要であり，その上で競争の行き過ぎからもたらされる弊害については補完的な対策が必要であろう．

独占禁止法についていえば，まず自由な競争の促進が基本的に必要であり，それと並んで公正な競争の見地からの自由競争の行き過ぎや弊害の是正が必要である．現在米国のシカゴ学派の影響で自由市場原理による経済効率優先の考えが強いが，「公正」の見地からの弊害の是正は必要である[23]．アメリカにおいても，反トラスト法の解釈運用について77年シルベニア最高裁判決以来「合理の原則」を基本とすることが再確認され，重視されてきており，価格カルテル以外の競争制限行為については「合理の原則」が適用されている．また，反トラスト法により市場支配的事業者による抱き合わせ販売や略奪価格の規制が行われているほか，FTC法や州法により，不当表示や不公正取引行為が別途規制されている．西欧諸国では市場支配的事業者の弊害規制（例えばローマ条約82条）がより厳しく行われているし，不正競争行為については別途不正競争防止法による規制が展開されている．社会や経済について調和的感覚の強い東アジア諸国においては，自由競争と公正取引の調和がとくに尊重される必要がある[24]．日本の独占禁止法の正式名称は，「私的独占の禁止及び公正取引の確保に関する法律」であって両者の規制を含み，韓国や台湾の場合も同様に独占禁止法の中に不公正競争の規制が含まれている．

欧米の思想とアジアの思想には差異があるが，その差異を必要以上に大きく考えることは適切ではなく，それは調和しうるものであり，むしろその共存と調和によって社会・経済・文化はより豊かになり向上しうる．APECにおいて

は，欧米の先進国も参加し，東アジアの発展途上国も参加し，思想的・文化的にも多彩であるが，多彩であることが新しい発展にとってプラスである．APECにおける競争政策の発展は，その重要な例となりうる．

独占禁止法については，政策的な見地の把握が必要である．アメリカの独占禁止政策は，19世紀以前からコモン・ローと自由主義経済学の伝統の下で，特別に政策的な意図もなく自然に形成され，強力に展開されているのに対して，ドイツの場合には第2次大戦前の国家統制型計画経済の経験と第2次大戦後の東欧の社会主義計画経済の比較と批判の下で，アメリカの政策を参考として，意識的に社会的市場経済政策が選択され採用され，経済秩序の基本法として競争制限禁止法が立案され制定され，それはEUの競争法にも強い影響を与えている．日本の独占禁止政策の採用は極めて特殊な状況のものである．開発途上国の独占禁止法の制定については，ドイツの社会的市場経済政策が良い参考になると考えられる[25]．

独占禁止法については，すべての国が同法を制定することが望ましいが，その内容は競争制限行為を基本的に禁止して競争を促進することを確認することがまず第一に重要である．しかし，同時にそれぞれの国に特有の経済的・社会的・文化的条件に対応して自主的に例外を設けることを容認し，必要とされる例外については必要最小限度の範囲とすることが適切であろう．また，不公正競争の防止も必要である．したがって，各国の独占禁止法が競争の促進を基本とするものの，それぞれ個性を持ち，多様でありうるし，それが自然である[26]．そして，独占禁止法の差異により生ずるおそれのある国際的競争条件の不均衡や市場アクセスの阻害については，事後的に国際的に是正する方法をとることで十分であり，それには上述したEUにおけるローマ条約28条の運用が参考になるし，それは現にWTO，OECD，二国間独占禁止法運用協定等でも具体的な問題を通して実施され始めている．そして，このことは政府規制の緩和や民営化政策についても基本的に同様である．このようにして国際的な自由貿易政策と調和しうる国内競争政策を整備することは，企業の国内的・国際的活動についての共通のルールの設定になり，適切な経済秩序が成され，企業活動を盛んにして，各国の経済発展に貢献すると同時に，文化の多様性の維持が達成で

きると考えられる．画一的なグローバルな競争の無差別な進展は，それぞれの国の個性のある文化や社会秩序を破壊するおそれがある．

1) この面の研究として，M. Aoki, H. Kim & M. Okuno, The Role of Government in East Asian Economic Development, Clarendon Press, 1996；青木，金，奥野編，白鳥訳，東アジアの経済発展と政府の役割，日本経済新聞社，1997年がある．
2) 我が国の経済法の発展については，金沢良雄，経済法の史的考察，有斐閣，1985年；Yoshio Kanazawa, The Regulation of Corporate Enterprise, the Law of Unfair Competition, and the Controle of Monopoly Power, in Law in Japan : The Legal Order in a Changing Society (Arthur Von Mehren ed., 1963) 参照．
3) 野口悠紀雄，1940年体制，東洋経済新報社，1995年参照．同書は金融財政関係の行政機構を中心に述べている．一般産業行政機構については，伊従寛，独占禁止政策と独占禁止法，中央大学出版部，1997年，83頁参照．
4) このフィアリーの考えについては，R. A. Fearey, Japanese Post-War Economic Consideration, E 155, T. 354, July 21, 1943；五百旗頭真，米国の日本占領政策，中央公論社，1985年，上巻，251頁以下；M. J. Mayo, American Wartime Planning for Occupied Japan : The Role of the Experts (ed. R. Walf, American as Proconsuls, Southern Illinois Univ. Press, 1977), pp. 4 et seq. 参照．
5) 1946年1月にエドワーズ財閥調査団が来日して日本の経済実態を調査し，その概要は46年10月10日に公表されたが（公正取引委員会，独占禁止政策20年史，7頁），それは橋本起草委員会に影響を与えている（公正取引委員会，独占禁止法50年史，67頁；橋本龍伍，独占禁止法と我が国経済，日本経済新聞社，1947年，4-6頁参照）．エドワーズ報告書の全文は，ESS (A)-02447-48 (National Diet Library (1982)) にある．
6) この制定経緯については，公正取引委員会，独占禁止法50年史（上），25頁，678頁以下；高瀬恒一ほか監修，独占禁止法制定時の回顧録，公正取引委員会，1997年，66頁以下；H. First, Antitrust in Japan : The Original Intent, Pacific Rim Law & Policy Journal, vol. 9, No. 1, Feb. 2000 等参照．
7) 橋本龍伍，注5前掲書，15頁以下参照．独占禁止法が講和条約の重要な前提であるとの認識については，同書7頁で述べられている．
8) 「経済民主化」，1948年1月創刊号，海口書店，16頁以下参照．
9) 儒教は社会的・現実的な倫理を中核とした思想であり，その中には封建的・身分的な制度に関連した側面もあるが，ここでいう儒教的な考えというのは，そのような封建的側面ではなく，儒教の基本的思想である「仁義」を中心とした論理に自由を加えた明治時代の儒教的論理である．なお，儒教と経済発展の関係を論じたものに，金日坤，東アジアの経済発展と儒教文化，大修館書店，1992があり，その第

7章「儒教的資本主義の精神」においてマックス・ウェーバーにおける「プロテスタンティズムの精神」と対比した「儒教論理」と経済発展の関係などが論じられている．

10) 横田正俊，法の心，毎日新聞社，1971年 96頁以下参照．
11) 伊従，注3前掲書1章7節，1950年代厳冬期の独占禁止政策の再評価，同書77頁以下参照．
12) 例えば，独占禁止法制定作業に関与し，後に通産次官になった両角良彦は，当時のことを振り返って，戦前のカルテル是認政策に携わった者として，米国型の独占禁止政策は基本的に理解することが困難であったと述べている（両角良彦，私の履歴書(13)，日本経済新聞，96年3月13日）．
13) 伊従，注3前掲書，45頁以下参照．
14) 産業政策については，小宮隆太郎ほか編，日本の産業政策，東京大学出版会，1984年；岡崎哲三，石井晋，戦後日本の産業政策（青木昌彦ほか編，東アジアの経済発展と政府の役割，日本経済新聞社，1997年，第3章）参照．
15) 伊従，注3前掲書，236頁参照．
16) しかし，反競争的な行政指導はその後も密かに行われ，1980年の東京高裁の石油刑事事件判決は70年代の石油業界における行政指導による競争制限の実情を白日の下に曝した．
17) 中村隆英，昭和経済史，岩波書店，1986年 175頁以下；小宮龍太郎ほか編，日本の産業政策，東京大学出版会，1984年，序章15頁以下；ハドレー著，小原敬士・有賀美智子訳，日本財閥とその解体，東洋経済新報社，1973年，503頁参照．
18) 独占禁止法第6条第1項は不公正な取引方法に該当する事項を内容とする国際的契約を禁止し，その審査のために同条第2項は，期間1年を超える国際条約の事後届出を定めていたが，1968年公正取引委員会は，資本自由化に際して外国大企業からの技術導入契約において取引制限が行われることを防ぐため，「国際技術導入契約に関する基準」を設定した．同基準は抱き合わせ条項など7類型の条項を不公正な取引方法としていたが，同基準第1項7号は，国際契約において，「契約対象技術について実施権者が獲得した知識もしくは経験を許諾者に報告する義務または実施権者による改良発明，応用発明等について許諾者にその権利を帰属させもしくはその実施権を与える義務を課すこと．ただし，許諾者が同様の義務を負担し，かつ，その内容において均衡がとれている場合を除く．」を不公正な取引方法としていた．公正取引委員会は，上記基準の公表後はその基準により国際的技術導入契約の審査を行い，問題条項がある場合には是正指導を行ってきた．同基準第1項第7号に関する是正件数は，1968年以降1982年までの15年間に合計1,892件，年平均126件に達している（公正取引委員会，独占禁止政策50年史（下），466頁）．同基準は，1990年公取委「特許ノウハウライセンス契約における不公正な取引方法の規制に関する運用基準」の設定により廃止されたが，同基準3第1の3(6)および第2の3(6)

について同種規定があり，これは1999年公取委「特許・ノウハウライセンス契約指針」に受け継がれている．なお，独占禁止法第6条第2項の国際契約の届出規定は，1997年6月に削除され，それ以降国際契約の是正指導も廃止されているが，日本企業の法務部が強化され，グラント・バックなどの不当な拘束条件を受け入れることはなくなっている．

19) UNCTAD, TD/AC 1/17 (1978)「日本特許協会訳，技術移転取引における制限的商慣行集，1979」およびTD/CODE TOT/47 (1985)「International Transfer of Technology; Draft Code of Conduct」参照．

20) この面の動きについては，OECD, Trade and Competition Policies, 2001 参照．

21) ローマ条約81条3項は，同条1項で禁止される協定・共同行為であっても，「商品の生産若しくは販売の改善又は技術的若しくは経済的進歩の促進に役立ち，かつ消費者に対し，その結果として生ずる利益の公平な分配を行うもの」については，目的達成のために，必要不可欠でない制限を参加事業者に課さないことなどを条件に，適用除外できることを定め，関係規則が制定されている．

22) この点については，マックス・ウェーバー，大塚久雄・生松敬三訳，宗教社会学論選，みすず書房，1972の中の「儒教とピュウリタニズム」(165頁以下) が参照になる．また，マックス・ウェーバー著，大塚久雄訳，プロテスタンティズムの倫理と資本主義の精神，岩波文庫，1989と同書中の訳者解説を参照．

23) 独占禁止政策における自由と公正の問題については，伊従，注3前掲書1章2節，独占禁止政策における自由と公正―経済効率性と社会正義，同書20頁以下；H. Iyori, Competition and Social Stability (The Institute of Comparative Law in Japan, Toward Coparative Law in the 21st Century Chuo Univ. Press, 1998); H. Iyori, Competition Culture and the Aims of Competition Law (edited, R. Zäch, Towards WTO Competition Rules, Stæmpfli Pub. (Bern) [Kluwer Law International (Hague — London — Boston), 1999], pp. 127 et seq.；伊従寛，ヨーロッパにおける公正取引の概念（金子晃・根岸哲・佐藤徳太郎監修，企業とフェアネス―公正と競争の原理，信山社，2000，143頁以下）参照．

24) この観点からは，1999年末に公表された中国の独占禁止法案が，その第3条（経営者の活動基準）で，「経営者は，自主決定，公平，公正，誠実と名誉を遵守し，生産と経営を向上し，法令に基づき相互に競争しなければならない」と定めていることは，極めて興味深い．なお，李奎億，競争政策における「公正性」の解釈，公正取引570号，98年12月；金日坤，前記注9前掲書，第7章2「経済道徳と望ましい経済秩序」参照．

25) ドイツの社会的市場経済政策関係の邦語文献としては，W. ケイオン著，大野忠男訳，経済政策原理，勁草書房，1967；I. エアハルト著，菅良訳，社会市場経済の勝利，時事通信社，1960；高橋岩和，ドイツ競争制限禁止法の成立と構造，三省堂，1997などがある．

26) C. D. Edwards, Trade Regulations Overseas, Oceania, 1966, Auther's Preface ; J. O. Haley, APEC 諸国の競争法：多様性を許容する法制度の設計（本書 3 頁以下）を参照.

II　個別国の問題

韓国の経済発展と競争政策

李　奎　億

I　序

　急速な経済成長の時代を通して，韓国政府は，中小企業よりは大企業に高いプライオリティーを置いてきた．この政策は，輸入技術にみられる規模の経済性と相まって，経済力の集中を必然的にもたらしており，一般には「財閥(chaebol)」として知られているコングロマリット集団がそのシンボルである．これらの企業集団を構成する企業は，それぞれの市場において独占企業ないし寡占企業であり，各財閥は，特定の個人又はその近親家族によって所有され，支配されている．

　例えば，既に1977年には，上位30の財閥が製造業における総雇用の21パーセント，総売上高の32パーセントを占めていたし，1983年の上位30の財閥の「集団内株式保有比率」の平均は，57パーセントであった．

ほとんどすべての財閥は，製造業を起源とするものであるが，多くの財閥はその事業を銀行，保険及び証券を含む金融業に拡大してきている．

　ただし，かつて国有の商業銀行は，1981年に財閥に買収されたばかりであることに留意すべきである．何人も全国規模の商業銀行の株式総数の8パーセントを超えて所有することが禁止されているので，少数の財閥が各銀行を共有している．これに対し，地方銀行については上限規制がないので，実際上1又は2の財閥によって支配されている．

韓国の市場構造は一般に非競争的であるが，関連する政策問題が表面化するのは1974年の第1次石油危機に襲われてからのことである．市場メカニズムが大きく歪められ，原材料価格が大きく上昇したことから，多くの市場で急激なインフレと需給の不均衡が生じた．政府は，これに対処するために，1975年に「価格安定及び公正取引に関する法律」（以下「価格安定法」という．）を制定

したが，同法は価格管理と公正取引慣行の確保を目的としていた．

政府は，実際の運用において，価格管理を重視した．政府は，毎年，価格管理の対象となる独寡占商品を指定したが，当初は150品目であった．指定商品数は次第に減少したが，広範な価格規制は1979年まで続けられた．他方，不公正取引慣行として摘発された85件のほとんどは，米の買占めに関するものであった．同時に，競争業者間の共同行為として同法によって提起された事件は，セメント業界のカルテルのみであった．皮肉なことに，同法は，このカルテルに制裁を科すのではなく，正当化するように機能した．こうした事実から，当時，政府が言葉の真の意味での競争政策に大きな注意を払っていなかったことが分かる．

長く続く価格管理は，市場メカニズムを大きく歪め，二重価格，品質低下，超過需要，今後の価格動向の不確実化といった現象をもたらした．この経験から，今後は市場メカニズムがもっと大きな役割を果たすべきことが一般的なコンセンサスとなった．この方向への最初の大きな動きが1981年4月の独占規制及び公正取引に関する法律（以下「公正取引法」という．）の制定であり，同法は事実上，価格安定法に代わり，包括的な新しい市場経済の「ゲームのルール」，すなわち，公正かつ自由な競争を定めた．しかしながら，公正取引法には，財閥と明示的に関係する条項は含まれていなかった．

この点は，その後の同法の改正によってかなりの程度是正されている．

II 公正取引法

公正取引法は，「市場支配的企業」（市場シェア50パーセント超の第1位企業，又は市場シェアの合計が75パーセント超の上位3位企業）の濫用行為を禁止している．毎年，公正取引委員会（以下「FTC」という．）が独寡占企業を指定しており，例えば，1981年には42市場で102企業が，1999年には129市場で324企業が指定された．この指定には，多大の行政的労力を要したが，濫用行為が是正されたのはわずかに32件である．1999年改正により，事前指定は廃止され，市場支配的地位を有するか否かが個別に判断されることとなった．

公正取引法は，企業による事業統合が一定の取引分野における競争を実質的

に制限することとなる場合には，産業の合理化又は国際競争力の強化を目的とするものを除き，禁止している．1999年に，こうした曖昧な例外規定は，米国の1992年合併ガイドラインに類似した効率性及び破綻会社の抗弁に置き換えられた．同法が1980年に制定されたときには，合併・買収といった典型的な事業統合の方法に加えて，「新会社の設立」も事業統合の方法として指定された．これは，各国の競争法の中でも独特のものであったが，急速に発展する韓国経済においては，合併よりも会社設立が多くなされていたことを反映するものであった．1986年には，「新会社設立への参加」にも拡張され，ジョイントベンチャーも含まれるようになった．1999年までに，FTCでは8件の差止命令を出している．

　公正取引法は，大企業グループの経済力集中を軽減するための具体的な措置をいくつか規定している．同法の1999年改正により，財閥の再編手段として，制限付で持株会社が容認された．「金融」持株会社は，金融分野以外の事業分野では子会社を持つことはできず，他方，「一般」持株会社は，金融業に従事する子会社を持つことはできない．この二分の基礎にある考え方は，財閥が経済全体を支配することを防止するために，金融資本と産業資本とを分離することにある．

　公正取引法は，同一の財閥に属する企業間での直接の相互投資を禁止している．ただし，この規制は，それほど有効ではない．ほとんどの財閥は，放射状，環状又はマトリックス状に，間接的に株式を持ち合うことで成長してきているからである．

　　　例えば，上位30の企業集団の企業間株式保有比率の平均は，1984年には47パーセントであった．

間接的な株式保有の複雑な網を解くことは極めて困難であることから，1986年改正により，大規模企業集団に属する会社は，その純資産額の40パーセントを超えて他の国内会社の株式を取得し，又は保有してはならないこととされた．

　　　当初，この規定は，総資産4,000億ウォン超の企業集団に適用されたが，1993年以降，上位30の財閥に適用されている．

この上限規制は，1994年改正で25パーセントに引き下げられた．加えて，銀行業及び保険業に従事する財閥企業もこの規制に服するものとされ，さらに，これらの企業は投資した国内企業の株主権を行使できないこととされた．

この規定は，1998年に十分な根拠なしに廃止されたが，政府は，1999年に急遽この規定の復活を決定した．それは，この規制の廃止以降，1年足らずの間に，財閥による株式保有比率が38パーセントから44パーセントへ上昇し，財閥の奔放な拡張に対する古くからの懸念が復活したことによる．この規定の廃止及び復活についてどのように説明するにせよ，気まぐれに見える政策変更は，財閥問題に一貫した方法で取り組む政府の能力に対する信頼を損なうものである．

財閥に対する追加的な規制手段として，公正取引法の1992年改正により，上位30の財閥の企業間での相互債務保証が純資産額の200パーセントまでに制限され，1998年改正で100パーセントに引き下げられた．1998年改正では，上位30の財閥の新規借入れに対する支払保証を2000年から一切禁止することとされた．このように，財閥は，担保による融資システムの下で，自己の借入れを他の関係企業に保証させることによって，容易に銀行から融資を受けることができた．この取引慣行は，財閥を不釣合いに優遇するものであり，その急激な成長を後押しした．この点からみて，現行の政策は，資金の流れをバランスの採れた方法で他の企業に向けることが期待される．しかし，銀行自身が「担保なければ融資なし」という保守的な慣行を放棄しない限り，実際にそうした結果が得られるかどうかは不明である．

公正取引法は，一定の取引分野における競争を実質的に制限する企業間の共同行為又はカルテルを禁止している．1990年改正により，明示の書面による協定がない，秘密のカルテルであっても規制範囲に入り得るようにするために，推定規定が追加された．しかし，FTCは，産業の合理化，循環的不況の克服，産業再構築の促進，中小企業の競争力強化，取引条件の合理化を達成する上で必要と考えられるカルテルを認可することができる．1999年までに，281件の不当な共同行為が排除された．

1998年までは，公正取引法は，①不当な取引拒絶及び差別，②不当な競争者

の排除，③競争者の顧客の不当な誘引又は強制，④取引相手方に対する取引上の地位の不当な行使，⑤取引相手方の事業活動に対する不当な制限，⑥虚偽又は欺瞞的な表示及び広告，⑦「特別の関係にある者」又は他の企業に対する金融その他の支援の不当な提供という七つのカテゴリーの不公正な取引方法を禁止していた．これらのうち，⑦は，1996年改正で追加されたものであり，⑥は，1999年に制定された適正表示及び広告法に移された．1998年から1999年までに，FTCは，3,825件について是正させた．

公正取引法は，不公正な取引方法の具体的な類型として，あるいは垂直的制限として，再販売価格維持行為を禁止している．この規定は，著作権法に規定されている出版物については自動的に，例外なしに適用が除外される．加えて，(a)品質の同一性が容易に認識できること，(b)一般消費者が日常使用するものであること，及び(c)市場において自由な競争が行われていること，という条件を満たす商品については，この規定を適用しないことができる．1999年までに，126件が再販売価格維持行為として排除され，また，適用除外は1件も認められていない．

同法は，不当な共同活動及び不公正な取引方法に対する規制を事業者団体とその構成事業者に対しても同様に及ぼしている．さらに，事業者団体は，現在又は将来の事業者の数を制限すること，構成事業者の事業活動を不当に制限すること，構成事業者に不公正な取引方法又は再販売価格維持行為をさせることが禁止されている．1999年末現在，7,673の事業者団体が存在している．1981年から1999年までの間に，721件の事業者団体による違反が排除されている．

FTCは，公正取引政策の一環として，1984年公正下請取引法を所管している．同法は，公正取引法を含む，様々な法律の関連規定を一本化し，強化するために制定されたものである．事実上すべての中小企業は，取引上の地位が弱いことから，下請関係にある大企業による不公正な慣行から保護することが不可欠である．加えて，FTCは，競争政策の効能を高める上で，独特の役割を果たしている．公正取引法は，他の行政機関が競争を制限するおそれのある法律，命令又は行政措置を立案し，改正し又は法制化しようとするときには，FTCと協議することを義務付けている．1981年から1999年までに，3,308件の

事前協議が行われ，そのうち634件については修正がなされた．この協議を通して，政府の各部門は，それぞれの政策を形成し，実施する上で，公正かつ自由な競争の原則をよりよく理解し，遵守することができるようになってきている．

III 経済的規制緩和

公正取引制策と並んで，経済的規制緩和が競争政策のもう一つの柱である．韓国政府は，急速な経済発展を追求して，多くは許可制により，特定の市場への参入が認められる少数の企業を選別してきた．そして，これらの企業に当該市場での独占的又は寡占的地位を保証することにより，その成長を支えた．概していえば，韓国経済が小さく，民間部門の能力が成熟していない経済発展の初期の段階においては，政府規制は，その目的にとって効果的に役立つものであった．しかし，そうした政府介入は，より広範に行われ続けることにより，効率的な経済活動を阻害することになった．当初，「市場の失敗」により正当化された規制は，実際には「政府の失敗」につながった．こうした状況の下で，大掛かりな規制緩和を求める圧力が高まった．さらに，規制が汚職や政治的スキャンダルの大きな要因であることが広く認識されるようになり，かつては得られていた規制に対する国民の支持も失われていった．

これに対応して，韓国政府は，1980年代初頭に，規制システムを改善しようと試みた．しかし，政府は単に形式主義や書類を削減しようとしたにすぎなかったから，こうした努力は，ほんの部分的にしか効果がなかった．廃止された規制の数という指標から見る限り，韓国政府が大規模に規制緩和を始めたのは1988年になってからである．1995年に，行政改革委員会は，必要に応じて，断片的に規制緩和を実施したが，まもなく，外国からの直接投資，金融，工場設置といった，相対的に重要で，経済に広範な影響を及ぼすような種類の規制に焦点を当てるようになった．さらに，1997年には，行政規制基本法が制定され，規制の論理的必要性を精査し，不要な規制を廃止する権限を与えられた規制改革委員会が設置された．

韓国における規制緩和プロセスの目立った特徴は，規制改革の必要性が事実

上全員一致で主張されてきていることである．しかしながら，社会の各グループないしは部分は，規制緩和に対してそれぞれ異なる見解を有している．その結果，実施された規制緩和のほとんどは，政府と産業界とで深刻な利害の対立がない分野で行われてきており，自由競争を最もひどく妨げる，参入・退出に対する制度的障壁については，全面的に見直すことは行われていない．実際のところ，規制改革はこれまでのところ，韓国経済に期待された効果をもたらしてはいない．

規制緩和は，公正取引政策と一体的に推進される必要がある．さもないと，市場メカニズムがその本来備わっている機能を適切に果たすことはできない．公正取引法は，個々人の創意を制約するもう一つの仕組みではなく，創意を促すものである．しかし，韓国経済界の多くは，依然として，同法を政府規制の一種として考える傾向にあり，最近，そうした主張が支持を増してきている．規制改革が成果をもたらすためには，政府の適切な役割をあらためて明確にする必要がある．

具体化された規制・規制緩和プログラムが立案されたとしても，成功裡に実施されるとは限らないということにも留意が必要である．既得権益がなくなるかもしれないという危機に直面すれば，規制から恩恵を受けている者が規制の撤廃に抵抗する勢力となることは見やすいことである．規制緩和を当初の予定どおり進めるには，そうした組織的な反対を克服することが不可欠である．韓国の経験に照らせば，慎重に指揮された二面的なアプローチが必要である．政府は，特にセンシティブな規制緩和については，利益集団の騒がしい声を封じるために，広範な一般の支持を取り付けることができなければならない．規制緩和に伴って影響を受ける集団の調整コストを削減できるような具体的な措置を用意することが同様に不可欠である．

究極的には，規制緩和に対応した政府の再編成が必要になる．「小さいが強力な政府」の原則により再編成されなければならない．小さな政府とは，すべきことをし，すべきでないことをしない政府である．強い政府とは，必要に応じて再編成や削減ができる指導力を持った政府である．政府も経済界も，規制緩和は専ら経済界のためのものであると考えるべきではないということを忘れ

てはならない．規制緩和は，経済界の利益追求による要求に対する反応というにとどまるものではなく，韓国経済の転換のための基本的な準備作業なのである．

Ⅳ　結　　び

韓国における競争政策の進化の過程は，簡潔にいえば，自由市場経済に釣り合った全体的な経済自由化への着実な進展であったということができる．振り返れば，自然な歴史のダイナミズムと環境変化に対する慎重な選択という，両方の結果である．かつて政府規制を正当化した環境は，急速に失われてきている．一つには，競争こそが市場を規律する明快なルールである．さらに，競争は，イノベーションによって動かされ，グローバル化した経済活動に基づいているという新しい性質を帯びるようになってきている．韓国の経験からは，競争的な経済秩序と民主的な政治システムとは，基本的には共通の理想と論理を有するものであるから，両者が別々に発展するということはありそうにない．

独占化や規制が効率性を達成する上で不可避であるとか，経済発展の初期段階では，競争や経済的自由が資源の浪費をもたらすとか主張されることがある．こうした議論の論理を完全に否定することはできないが，「人為的な」独占が経済的効率を損なうだけでなく，より重要なことは，経済成長の真のエンジンである社会の競争心を失わせてしまうことに留意すべきである．政府介入により生み出され，社会の一部の構成員に分けられるレントは，利益集団を形成する強力なインセンティブとなり，非常に大きな社会的コストをもたらすのであって，市場メカニズムが適切に機能していない経済においては容易に除去できないものなのである．

競争促進のための法制度を導入したとしても，政府を含む，すべての経済主体がそれに応じて，価値観，認識，考え方を変えない限り，意味がない．法令が認めていることをするのが自由であるといえるのは，法令が変化する現実に遅れないで不断に改正されている場合のみである．この意味で，競争政策や関係する行政運営も，変化し続ける経済的・技術的条件に対応して，絶えず見直される必要がある．

公正かつ自由な競争の原則は，すべての産業で同時に実現されるべきである．さもないと，経済資源が非効率に配分され，同時に，分配上の衡平も損なわれる．産業ごとに，経済自由化のスピードや範囲，規制緩和や開放的な競争の仕方が異なっていると，1997年の韓国の金融危機によって証明されているように，大きな危機につながることがある．競争政策に関していえば，韓国政府は，主として公正取引法違反の処理と軽微な手続的規制の廃止に手一杯で，銀行や金融といった基幹産業の再編には力を注いでおらず，また，財閥問題には取り組んでこなかったという指摘がしばしばなされてきている．

この経験からは，競争政策が，公正取引法に基礎を置きつつ，他の政策と調整される必要があることが分かる．競争政策が市場秩序の最も基本的なルールを提供しており，一般的な産業政策の要素をも含むものである以上，他の産業法や産業政策は，同法に体現された原則に基づいて形成され，実施される必要がある．そうした調整が必要な特別の問題は，財閥による経済力の集中である．韓国政府は，この問題に本気で取り組み始めたところであり，正しい政策メニューを用意するための試行錯誤を繰り返してきている．財閥問題は，韓国経済が公正かつ自由な競争の原則に従って運営されるようになるにつれて，解消していくであろう．それにもかかわらず，韓国経済の将来にとってのこの問題の重要性にかんがみれば，これ以上の遅滞を招くことなく，適切に取り組む必要があり，それが韓国の競争政策にとっての最重要課題である．

（翻訳：千葉大学法経学部教授　栗田　誠）

競争法及び競争政策の育成：
台湾の政治経済の外観*

ローレンス・シャオ・リアン・リウ

I

　本稿は，台湾の公平交易法（FTL）の最初の10年間における競争法及び競争政策による実験について検討するものである．私は，グローバル化の圧力が競争政策を求める考え方を広く一般に育んできたと考える．FTLは，こうした考え方を強化してきたが，FTLの最初の10年は波乱に富んだ執行の歴史でもある．FTLのような重要な法令にとって，その執行の最初の10年は，台湾の政治経済状況に大きく影響されてきている．

　FTLの最初の10年間を台湾の政治経済の外観として描くため，Iでは，FTLの一般的原則と政策面を概観することから始める．そこでは，FTLのような競争法制に対する抵抗と最終的な立法化に関連する限りで，台湾の経済発展について述べる．市場規制に対する中国の伝統的見方と唐の時代の法典に見られる競争法の初歩的痕跡についても概観する．そして，台湾における小規模経済現象とそれによりFTLのような競争法を継受する際に生じる問題を検討する．

　経済学の文献では，小規模経済に最適な競争政策に関する議論が行われてきている．台湾経済が小規模で輸出依存であることから，米国，ドイツ，EUのような大国から，そして日本からでさえも，競争法を継受するには問題が生じるであろう．それは，こうした大国から競争法を継受する際の「学習の外部効果（learning externalities）」を考慮してもそうである．こうした学習の外部効果には，「整備された法令内容並びに包括的な判例法及び注釈の体系」が含まれる．小規模であることから，合併規制政策，独占規制政策のような特別な問題が生じるし，よく用いられる市場シェアその他の経験法により市場支配を測る上での特別の困難がある．後述するように，これらは，FTL制定後の最初

の10年間に台湾公平交易委員会（TFTC）に突きつけられた問題であり，FTLの目的や行為を解釈するTFTCの決定には相互に平仄が合わないものがある．

　TFTCとその活動を批判的に概観するが，そこでは台湾のような急速に民主化する社会における委員会及び委員に対する政治的制約を吟味してみたい．TFTCの組織的な設計や政党による支配からの保護にもかかわらず，TFTCは，最初の10年間において十分な独立性と専門性を獲得してきていないというのが私の意見である．

　次に，条文や事件により示された事業者の定義を通して，初期のTFTCの決定及び解釈からうかがわれる政府行為の理論（state action doctrine）について論評する．台湾は国家介入を伴う混合経済であることから，FTLがどこまで政府機関や関係機関の行為に適用されるのかが台湾法上の重要な争点である．確かに，「事業者（enterprise）」あるいは「事業運営者（business operator）」の定義には，法人格を有する国有企業が含まれる．しかし，公式の行為をする政府機関が関係している場合に，どこに線を引くかはより難しい．TFTCの解釈及び決定からは，当該機関が市場取引と考えられる行為を実際にはしているのか，政府の機能を果たしているのかという基準ができつつある．その結果，政府の公式の行為に該当する場合には，FTLは適用されない．公式の行為理論が当てはまるかどうかではなく，その具体的適用が問題となることがある．競争法の執行において，国有企業が提訴した事例についても取り上げる．それに続いて，規制産業における法令に従った行為についてはFTLの適用除外とされること，そして，TFTCではこの適用除外から生じる競争唱導プログラムにある程度成功していることを論ずる．最後に，FTLにおける知的財産権に関する適用除外を紹介し，トートロジーであることを示す．

II

　IIでは，独占規制を検討する．まず，FTLにおける独占の定義と独占行為（monopolization）の規定を概説する．かつての反独占規定の変わった特徴について論ずる．それは，韓国法を真似たものであり，TFTCに独占的事業者リストの公表及び定期的改訂を義務付けるものである．この要件は，厳格な数量

的基準によっており，公的及び私的な執行活動が行われる前に，費用が高く，余り有効でなく，経済理論からは支持されないものであることが判明した．この規定の比較法的な源泉についても辿ることにする．

　第10条の独占行為に関する規定は，FTLの中核である．この規定は，独占体（又は寡占企業グループ）が不公正な方法を用いて，直接又は間接に他の事業者が競争に参加することを妨げることを禁止している．独占体は，商品の価格若しくは役務の報酬を不当に決定し，維持し，又は変更してはならない．さらに，独占体は，取引の相手方に対し，正当な理由がないのに，有利な取扱いをさせてはならない．最後に，第10条は，市場支配的地位の濫用の一般的禁止を含んでいる．抽象的には，こうした反独占規定は，健全で適切なもののようにみえる．しかし，CPC液化ガス事件やCD-R独占行為事件のような代表的な事件からは，問題は実際の運用にあり，国有企業に対しては簡易な扱いをするとともに，外国企業に対しては高圧的な執行方針で臨むという危険があることが示されている．

　次に，台湾における合併規制について述べる．台湾の合併規制は，小規模経済性を反映する進化した政策を発展させることが困難であることから，分かりにくいものとなっている．合併規制が萌芽段階での措置であることから，市場規模の問題が一層鮮明になる．さらに，台湾の合併規制では，合併による競争制限効果の問題とともに，公正の問題が浮き彫りになるようである．それは，合併規制が企業間の経済的資源の統合を規制する際のポピュリスト的態度や，関連企業間での独立当事者間とは異なる取引や大企業による小企業に対する脅威といった変則的な企業活動に対する懸念を反映するものである．

　台湾における合併規制の規制費用を示す統計を検討し，決定的な許可制度を「迅速な審査（quick look）」に変更し，短い期限内に追加情報を要求するか提訴するようにして，規制費用を低くすることを強く提案する．次に，TFTCが企業結合の申請を認めなかった数少ない事例を述べる．そして，台湾にも関係する国際的企業結合に重点を置きつつ，合併規制法がどのように改革されるべきかについての提言を示す．

III

IIIでは，水平的制限，垂直的制限及び不公正な競争について検討する．まず，どのような種類のカルテルがどのように認可されるかを含めて，台湾においてカルテル禁止規定がどのように機能しているかを示す．FTLは，水平的カルテルについて，制裁と規制を共にしようとしている．まず，競争事業者は価格，数量，顧客，地域その他の相互の事業活動を制限する協調行為をしてなならないと規定して，一般的な「当然違法」原則が前提とされている．しかし，この禁止の次には，7つの具体的な例外を容認する広範な規定が置かれており，TFTCが一般的な経済上の便益や公共の利益を勘案して許可すると，カルテルが合法化されるのである．これらの7つの例外においては，TFTCによる「合理の原則」の分析が求められる．2つの追加的な例外がFTL改正法案の形でTFTCにより提案されているが，1つは一般的な適用があるもの，他の1つは事業者団体による自主規制活動に関するものである．

次いで，カルテル規制の執行に関する実証的結果とそうした執行が困難を増している分野に言及したTFTCのスタッフ・レポートを取り上げる．FTLに基づく価格関連及び価格以外の垂直的制限並びに差別的取扱いと，こうしたFTLによる規制をする上での理論的問題を検討する．1つは，前述した反独占規定の一部をなしており，もう1つは，不公正な競争につながるおそれがある限り，不当な差別を一般的に禁止する規定である．この禁止は，価格差別よりも広範であり，価格以外での差別もFTLの対象となる．このように，FTLは，一応有利な事件（prima facie case）となるためには価格差別を要件としている米国のロビンソン・パットマン法とは異なっている．同一価格を設定することも経済的には価格差別となり得る．他のFTLの規定と同様に，「合理の原則」アプローチが採られ，例えば，市場の需給関係，費用差，取引量，信用リスクといったことを審査することにより正当化事由が認められる．

FTLでは，同一の章に反トラスト規制から不公正な競争まで連続的に規定されているので，次に不公正な競争に関する記述が続く．この章の重要かつ厄介な特徴は，欺瞞的で明らかに非良心的な行為に対する一般条項（catch-all rule）であり，それは，米国の連邦取引委員会法第5条を継受したものである．この規定は，包括的な救済として，競争法の他の規定の一応の違反とするには少し足りない行為を捕らえることができる．この継受がFTLの異なる執行メカニズムの下でなぜ機能していないのかを示す．

Ⅳ

Ⅳでは，FTLの執行メカニズムを検討する．民事責任，刑事制裁，行政的執行の順に紹介する．次いで，これらの異なる執行メカニズムの特徴について，それぞれの利点と制約を比較しつつ，述べる．

台湾の競争法は，他の国と比べて，外見上は強力であるが，実際には弱い民事的救済を定めている．FTLでは，被害者は，被害が証明できる限り，誰でも原告適格が認められる．最近，政府の直接規制による伝統的解決ではなく，消費者のために認知された消費者団体が代表する集団訴訟が認められるようになったが，被害者は，訴額の1％あるいはそれ以上の裁判所費用を事前に支払わなければならない．FTLでは，塡補的損害賠償（compensatory damages）のような通常の事後救済が定められているが，同時に，擬制的損害賠償（constructive damages）も可能である．実損額の認定が困難な場合には，競争制限行為をした事業者の不正な利益が被害を受けた事業者により剝奪されるようにするために，不正目的使用（misappropriation）理論が採られている．要するに，これまでの台湾での経験からは，訴訟当事者は，経済的問題を解決するために対立的アプローチだけに頼っているわけではない．この現象は，生産者と消費者という異なる利害グループ間の紛争だけでなく，生産者同士の紛争にさえ当てはまる．前述のとおり，TFTCは，攻撃的な理由からFTLの執行を独占することにしてきているが，防御的な理由からもFTLの執行を支配することを望んできた．短期的には，FTLの法理は民事訴訟によっては発展しないであろう．むしろ，当局による決定及び解釈，研究者による注釈その他の見解を通して発展していくであろう．

FTLは，独占行為，違法カルテル，詐称通用（passing off）及び違法なマルチ商法といった違反について，刑事罰を定めている．1999年改正以降，TFTC

は，より積極的な執行姿勢を採ってきている．しかし，TFTCは，すべての刑事訴追に続いて行政的執行措置を採ることにしており，これまでのところ，刑事罰による抑止を支持しているものの，行政的執行に集中してきている．

　FTLは，表面的には民事的執行，刑事的執行，行政的執行のそれぞれに同等の重点を置いている．しかし，実際には，行政的執行，特にTFTCによる執行に最も重点が置かれている．TFTCは，公式には認めようとしないが，準司法的権限を振り回している．TFTCは，正式の手続を採らずに，非公式なヒアリングによる行政調査を行うこともできる．1999年以降，TFTCは，「警告措置（warning shot）」を採ることなしに，行政制裁をすることができるようになり，その範囲は拡大している．それ以来，競争法に関する専門的報告書はごく少数であり，上級行政裁判所が同様の品質管理機能を果たすかどうかは今後に待たねばならない．したがって，上級行政裁判所及び最高行政裁判所では，FTL上生じる難しい法的・経済的争点及び市場慣行に関して分かりやすい準備書面が提出されるように，新しい行政事件訴訟法（ALL）の対審的なシステムに拠らなければならないであろう．最初の10年を過ぎて，FTLは，明らかに行政法としての形態になってきている．この現象は，制度としてのTFTCに重要な意味合いを持っている．それは，事件数，事件選択，執行方針及びFTLの実効性にも影響する．

V

　次いで，Vでは，焦点を少しずらして，競争法それ自体ではなく，競争政策を検討する．ここでは，台湾の市場構造を変える上で競争政策がどのように役立つかを記述することに焦点を当てる．競争法及び競争政策を育む上で最も実効的で直截なアプローチは，経済をできるだけ開放していくことであろう．市場構造を変化させ，企業に競争する自由をできるだけ認めていくことによって，消費者利益が最もよく実現される．言い換えれば，競争政策が経済発展政策全体を指導するようにさせることであり，それによって競争法の執行がずっと容易になる．

　いかにして競争政策を育むかの例として電気通信改革を取り上げ，台湾の政

治経済の脈絡における電気通信改革の状況を段階別に詳述してみる．国際組織に加入する試みとして，一連の新たな電気通信法（TL）が提案され，電気通信市場に複数の企業が参入できるようになった．電気通信改革の第1段階では，自由化は徐々に行われ，第1種事業者の外国人持株比率は20％までに制限された．Chung Hua Telecom（CHT）の組織形態も難しい争点となり，当時，大きな関心を集めた．この段階の後期には，移動体通信，呼出・移動データ・サービスの民間事業者が設立され，運営されたが，多くの規制上及び競争上の障害があった．

電気通信改革の第2段階は，1998年初めから，移動体通信分野の開放とほぼ背中合わせにして始まった．1年以上にわたり，内外の電気通信会社の代表，政府機関，学者，専門家，消費者グループの代表といった百名を超すメンバーからなる第1級の委員会で，固定ネットワークの開放のための入札規則，電気通信市場での公正競争に関する規則，技術的問題が検討された．電気通信総局（DGT）を拘束するものではないが，少なくとも，透明性を高め，説明責任を果たすような方法で市場開放問題を検討するためにフォーラムが設けられたのである．別の論議の多い規定がDGTのジレンマを示していた．DGTでは，固定ネットワークの入札を機に，すべての申請者に対して代替的インフラの構築を義務付けたいと考えており，同時に，新規の申請者同士及びこれらとCHTとの間での強靭な競争のメカニズムを設けたいと考えていたのである．

電気通信市場の開放を超えて，台湾におけるメディアの融合の問題やそれによる競争法及び競争政策への影響についても探究してみる．台湾では，ケーブルテレビが70％以上普及しており，情報社会に向けた良好な基盤となっている．融合の流れにどのように対応するかは，すべての事業者にとって試練である．一方，技術の融合によって，規制上の仕切りがますます耐えがたいものとなってきている．

Ⅵ

Ⅵでは，電気通信法（TL）とFTLのような競争法との相互作用に関する検討を続ける．1996年及び1999年に改正されたTLは，今では明らかに競争政策

を志向している．しかし，固定ネットワークの開放及び入札に関する政策が示しているように，産業政策を克服することは，言うは易く行うは難しである．FTLが一般的な競争規則を含んでいるにもかかわらず，TLに別の競争規則を追加する理由は，外国の例から見て，競争政策を2つの経路で実施するアプローチが実効的な競争を確保する所以であることによる．電気通信分野では，いまだ対等な競争の場にはなっていない．したがって，FTLの執行を補完するものとして，競争規則がTLに設けられるべきである．しかし，TFTCとDGTとは，2つの法令中の様々な競争規則を執行するに当たっては，調整を強化する必要がある．これまでのところ，両者の調整には改善の余地が大いにある．TLにおける競争規則は，望ましい産業構造と慣行を確保するためにある．

通信市場に競争規則を適用する場合には，FTLの規制についても真剣に再考する必要がある．確かに，市場や産業が融合してくれば，関連市場の画定は一層難しくなる．さらに，市場にとって時間がますます重要になってくるので，FTLの反独占規定に基づく執行措置も迅速に採られる必要がある．TFTCは，それほど厳格な規制でなくても機能するであろうという期待から，こうした規定を萎縮させてしまうことがあってはならない．FTLのカルテル規制規定は，できるだけ早く徹底的に見直す必要がある．競争業者は，相互接続するか，効率的に協力する必要がある．

台湾の通信産業に関する法制についても，真剣に再考する必要がある．放送・テレビ法，TL及びケーブルテレビ法は，台湾の経済・政治の異なる発展段階で制定されたものである．こうした立法の前提となっている技術は目覚しい進歩を遂げてきている．これらの法令では，外国人所有制限に関して異なる規定となっている．ケーブルテレビ法では，厳格な所有者分散要件が定められており，投資計画の立案を困難にしている．電気通信では，画期的な技術によって，古い規制規則が急速に時代遅れになってしまう．最後に，独立性の確保と政府の利害相反の回避を求めて，この部を終わりにする．最善の方法は民営化であるが，労働側の反対のために困難であろう．台湾が採用した電気通信産業の欧州モデルも，競争条件を平等にすることを難しくしている．

Ⅶ

　Ⅶでは，台湾における競争法及び競争政策の成果について簡単にまとめる．TFTCがFTLの一般への普及のための基礎を築いたこと，競争法執行の重要な分野で判例法を発展させてきたことを讃えたい．しかし，同時に，FTLとTFTCの欠点についても指摘しておきたい．FTLの執行上のアプローチを誤ることの危険を指摘して，TFTCにとっての重要課題を示すとともに，改善策を提示したい．

　上記のとおり，台湾におけるFTL執行の最初の10年は，競争法及び競争政策の育成にとって興味深く，重要な事例を示している．この経験について，いくつかの意見を述べることができるが，他の類似の状況にある経済との比較の観点から有用であるかもしれない．

　第1に，本稿が明確に示しているように，競争法及び競争政策は，それぞれの法域における政治経済の一部である．台湾の場合には，独占に対する伝統的な中国の政治的見方と独占行為及び違法カルテルに対する初歩的な規則の形態を採っていた．政治経済はまた，FTLの立案・成立やTFTCの構成や役割を決めるものでもあった．

　第2に，競争法と競争政策との間には適切な役割分担がなされるべきである．産業構造により大きな関心を払うものとして競争政策の用語を私は用いている．活発な競争政策は市場を開放し，競争法の執行をずっと容易にし，意味のあるものとする．

　第3に，競争法を「公正取引」法と呼ぶことは危険である．立法の目標は，賞賛に値するように述べられ，優雅に多元的である．しかし，そうしたものは，消費者厚生の増大という競争法の真の目的を曇らせてしまう．FTLは，公正の用語で行為を分類することにより，しばしば配分効率を損なっている．FTLの規定やTFTCの執行方針の中には，明らかに競争制限的なものがある．

　第4に，公共選択の観点からは，TFTCは，自らの地位の最大化を図っていると見ることができる．活発に活動することが政治的に受け入れられないときには，TFTCでは，実際の執行活動よりは広報や対外活動に力を入れることか

ら控え目に始めたし，行政指導やモラルによる説得といった洗練された手法を発展させてきた．しかし，台湾の政治権力が分散化されると，TFTCは，より多元的になり，また，活発になった．最後に，TFTCがFTLの執行を独占しようと夢中になっているのは，有益なものというよりは自己に好都合だからである．

第5に，FTLのカルテル規制や合併規制といった規定については，グローバル経済への対応という台湾にとっての必要を満たすものであるように，注意して見直さなければならない．

第6に，TFTCでは，内外企業の利害対立をもたらしているハイテク分野に大きな関心を寄せてきている．TFTCの執行方針や決定の中には，見直されるべきものがある．知的財産権者による警告状（warning letter）の発出に関するTFTCのガイドラインやCD-R事件がそうである．TFTCは，たいていがライセンシーである国内企業を有利に扱っているように見えたり，熟慮された反トラスト経済学に基づくことなくライセンス条件に介入していると受け取られたりするようなことがあってはならない．

第7に，手続規則も，実体規則と同様に重要である．台湾のTFLは，3倍額損害賠償といった特異な規定を有しているが，司法的執行は依然として弱体である．FTCが政府当局の法になればなるほど，規制的でわずらわしいものとなる．

第8に，台湾の経験からは，政府こそが，しばしば競争制限的な市場環境をもたらす犯人である．国有，特定産業に対する厳しい規制，内部補助，単なる保護主義といった通常の手段が用いられてきている．FTLは異なる哲学を示しているのであり，それは，競争政策が産業政策や産業保護に優るということである．TFTCは，最初の10年間には，産業政策の移行期に適合した実効的な執行方針を確立するために注意深く策略を用いなければならなかった．実際，TFTCでは，その執行プログラムを守るためにファウスト的な取引をしなければならなかったのである．

第9に，TFTCやその執行するTFLには欠点があるものの，台湾の競争法の執行及び競争政策の育成にとっての最初の10年間には目覚しい成果がもたら

された．TFTC は，自らを確立できた今，真のプロフェッショナリズムと反トラストの専門性を発展させるために，次の10年のプログラムを開発すべきである．グローバル化は台湾のような小規模経済に一層の試練を与えるから，台湾が競争的であるためには，あらゆる形態で競争と市場開放を取り入れる必要がある．それには，リソースが最適に活用されるように，FTL の改正と執行プログラムの調整に向けて，TFTC が真剣に自己点検することである．

(翻訳：千葉大学法経学部教授　栗田　誠)

* 本論文は，ビクトリア大学，ワシントン大学，ワシントン大学（カンサス），中央大学及び三菱財団の主催で2001年7月に東京で開催されたワークショップにおいて発表したペーパーに基づいている．

タイの競争法：予備的分析

サクダ・タニッカル

　本稿は，現行のタイの競争法を一般的に紹介すること及び1995年5月1日の施行後の状況を予備的に分析することの二つを目的としている．

I　序

1．歴　　史

　1986年から1991年の間の急速な経済発展により，タイの経済構造は根本的に変化してきていると政府は考えた．タイ商務省（MOC）は，主として同省の官僚と2人の大学教授からなる作業委員会を設置した．その主要な任務は，現行の1979年価格統制及び独占禁止法が二桁の成長期を終えた経済構造に依然として適合したものであるか否かを検討することであった．作業委員会は，1979年法には二つの重大な欠陥があるという結論を出した．第1には，同法の主要な目的が消費者の利益のために商品及び役務の市場価格を統制することにあり，独占禁止規定は，価格統制の追加的手段にすぎないことである．第2には，独占禁止規定を執行するためには，まず価格統制の規定を執行する必要があることである．これら二つの欠陥のために，執行機関が同法を執行する上で，法的・政治的に多大の困難が生じていた．1979年に制定されて以来，執行機関は，氷の価格協定1件に対して措置を講じたにすぎなかった．

　筆者は，多数のMOC高官及び大企業幹部にインタビューしてきたが，様々な見解がみられた．MOC官僚は，タイの官僚が現行の競争法を制定するアイディアを出したと主張し，産業界は，米国の圧力により始められたという意見である．

　筆者は，作業委員会の主要メンバーへのインタビューにより，現行のタイ競争法の主要規定が韓国法及び台湾法をモデルとしたものであり，一部，日本法

及びドイツ法をモデルとする規定があると分かった．英米法国の競争法も研究されたが，大陸法国であるタイの法制度に取り入れるには複雑すぎて困難であるという理由から，モデルとしては採用されなかった．

2．法的枠組

　タイの1999年競争法（TCA）は，タイより進んだ市場経済の反トラスト法制，特に韓国及び台湾の法制に倣ったものである．それは，タイの経済構造が韓国に似ており，多くの国内商品市場が既に独占的ないし寡占的であるという作業委員会の推論を反映したものである．したがって，TCAは，独占化行為や独占自体を禁止するのではなく，市場支配的企業による不合理な又は反競争的な行為に焦点を当てている．

　筆者の見解では，タイの経済構造は，約200の財閥が国内市場を支配している韓国と，98パーセントの企業が中小企業である台湾との中間に位置している．タイには韓国と比べて支配的でない企業が多く，ほとんどの企業が中小企業であることから，タイ経済には台湾経済と似たものになっていく動きが見られる．タイ政府は，韓国のようなナショナル・チャンピオンを育成しようとする民族主義的経済政策を採ってきていない．タイの経済発展が優れていることの現れが新自由主義，すなわち，貿易・投資を自由化していることと産業政策がほとんど存在しないことである．

　筆者は，韓国とタイとの経済構造の類似性に関する神話のために，支配的企業の行為に対する規制が過大に強調され，中小企業の行為，特に不公正な取引方法の規制が看過されていると考える．

　上記の神話は，TCAの末尾の備考に規定されている同法の政策目的に表れている．そこには，「商品の価格統制の規定と独占の防止の規定とを同一の法律に含む現行法が廃止されるがゆえに，独占の防止に関する規制を改正し，独占や事業活動における競争の削減・制限に該当する行為の防止に関する規定が体系的に整備され，それにより事業における自由競争が促進され，不公正な取引方法が防止されるように，事業競争を規律する法律を具体的に定めることが適切である．」とされている．

したがって，TCAは，市場支配的地位の濫用，大規模な事業統合，水平的及び垂直的制限，国際的流通協定，不公正な取引方法を禁止している．

3. 運　　用

TCAの実体規定に違反する行為が行われると，タイ公正取引委員会（TFTC）は，事業者に対し，当該行為を中断し，停止し，是正し，又は変更するように書面で命令することができる．TFTCは，命令において，規則，手続，条件及び猶予期間を定めることができる．

TFTCは，同法を執行するほぼ専属的な権限を有する．タイ司法省は，反トラスト法の執行を任務とする部局を有していない．地方検事は，同法違反を訴追することができるが，そうした訴追は，TFTCによる請求を条件とするものである．TFTCの決定に納得できない事業者は，上級委員会に上訴することができる．上級委員会の決定は，最終のものである．

上級委員会の決定に対する司法審査については，多くの論点が議論されている．第1に，事業者が上級委員会の決定を裁判所に提訴して争うことが法的に可能であるのか．第2に，司法裁判所と行政裁判所のいずれの裁判所が決定を審査する権限を有するのか．

II　実体規定の概要

1. 競争者との関係

MOCの国内取引局（DIT）が行ったTCAの目的に関する一般への啓蒙により，国民は，TCAが，競争者ではなく，公正かつ自由な競争のプロセスを促進し，維持するものであることを理解するようになった．また，TCAが，事業の構造ではなく，事業者の反競争的行為を規制することを目的としていることが強調されてきている．

タイの前政府も現政府も，中小企業の振興を推進してきている．現行の中小企業振興政策は，中小企業の振興とTCAが目的とする公正かつ自由な競争プロセスの維持という対立する目標を，大企業によって一掃されてしまう中小企業に注意を払うことなく，TFTCがいかにして両立させるかという重要な問題

を提起している．

2．適用除外（5条）

TCAは，次の者の行為には適用されない．

(1) 中央政府，管区政府又は地方政府
(2) 予算手続法令の規制を受ける国有企業
(3) 法律により承認された農民団体，協同組合又はその連合体であって，農民の事業利益を目的とするもの
(4) 省令の規定により，本法の規定の全部又は一部の適用を除外される事業

これら四つの適用除外のうち，国有企業（SOE）については特に論議がある．タイの大企業は，大企業の行為が25条（支配的地位の濫用）で規制されるのに対し，SOEの行為が規制されないのは公正ではないと主張する．タイの国有企業は，自然独占産業，すなわち，電力，電気通信，水道，鉄道，郵便局に集中しており，徐々に「民営化」されつつある．現下の争点は，新たに民営化された企業（旧SOE）を米国やヨーロッパのような特別の規制制度の下に置くべきか，日本のようにTCAの広範な規制の下に置くかという点にある．電力，水道，電気通信および鉄道事業を営む旧SOEについての傾向としては，特別の規制制度の下に置かれることになっている．

3．支配的地位の濫用（25条）

TCAは，市場支配力の保有又は獲得自体を直接禁止するものではない．同法は，大きな市場シェアを有する大企業による不合理な又は反競争的な行為を禁止している．特に，25条は，「市場支配的地位の濫用」を禁止している．TFTCは，TCAの3条及び8条の規定により，内閣の承認を条件に，事業者が市場支配的事業者に該当するものとみなされるための基準となる市場シェア及び総売上高の数値を告示する権限を有している．内閣に提出され，承認のための検討が現在行われている最中の基準とは，(1)市場シェア33パーセント超の企業，(2)国内総売上高10億バーツ（約2,200万ドル）超の企業である．TFTC

は，これら二つの基準を用いて市場支配的事業者を識別し，その事業者名は，官報で公告される予定である．これらの基準に当てはまらない中小企業による市場での独占的行為は，25条の規制対象外である．しかし，TCAがモデルとした韓国の独占規制及び公正取引法と異なり，かかる行為は，29条で禁止される不公正な取引方法のカテゴリーにも該当しないのである（29条の項参照）．

TFTCから市場支配的事業者と指定された企業は，厳重な調査を受けることになる．市場支配的事業者による次の行為は，25条に違反する支配的地位の濫用に該当する．

(1) 商品又は役務の購入価格又は販売価格を不当に設定し，又は維持すること，

(2) 直接であると間接であるとを問わず，自己の取引相手の事業者に対し，商品の生産，購入若しくは流通又は役務の受領若しくは提供を制限すること，又は商品の購入若しくは販売又は役務の受領若しくは提供又は他の事業者からの与信の機会を制限することを要求する強制的な条件を不当に設定すること，

(3) 正当な理由がないのに，商品の生産，購入，流通，引渡し若しくは輸入又は役務の受領若しくは提供を中断し，削減又は制限すること，又は品質を市場の需要を下回る水準に引き下げるために商品を毀損し若しくは損害を与えること，

(4) 正当な理由がないのに，他の事業者の事業活動に介入すること．

タイ法の25条と1980年韓国法とが明らかに類似していることは，タイの現行法を立案した作業委員会が，タイ経済が韓国経済と似た独占的又は寡占的な状況にあるという基本的な推論をしていたことによる．この推論は正確ではなく，タイの1999年法の誤った制度設計をもたらしている．

4．事業結合（合併その他の結合）(26条)

タイ法の26条は，台湾の1999年公正取引法の6条1項に倣ったものである．26条の目的は，独占の形成と競争の減殺を防止することにある．TFTCは，「事業結合」を規制する権限を与えられている．TCAの26条の下で，事業結合

は，次のいずれかの形態を採る．

(1) 製造業者間，流通業者間，製造業者と流通業者との間，又は役務提供事業者間の合併であって，一方の事業の存続と他方の事業の廃止又は新規の事業の創設をもたらすもの

(2) 事業の管理，監督又は経営を支配するために，他の事業者の資産の全部又は一部を取得すること

(3) 事業の管理，監督又は経営を支配するために，他の事業者の株式の全部又は一部を取得すること

同法の26条は，大規模な結合に対してのみ適用されることが想定されている．現時点では，事業結合の規模に関する公式の閾値は存在しない．MOCの官僚によると，TFTCは，25条の基準について内閣の承認を待っている状況にある．25条の基準が承認されると，TFTCへの届出及びその承認が必要となる事業結合に関する次の二つの閾値が実施される．

(1) 結合企業の市場シェアが三分の一以上であること

(2) 結合企業の前年の売上高が100万バーツ超であること

5．水平的及び垂直的制限（27条）

水平的制限及び垂直的制限は，27条により禁止されている．筆者は，この27条が韓国の不当な共同行為の禁止（価格，販売条件，生産，販売割当，顧客，販売地域等に関するカルテル）と台湾の垂直的非価格制限及び排他的行為（地域制限，顧客制限）の合成であると考える．

27条により禁止される水平的制限及び垂直的制限は，次のとおりである．

(1) 商品若しくは役務の販売価格を同一若しくは合意した水準に設定すること，又は商品若しくは役務の販売数量を制限すること

(2) 商品若しくは役務の購入価格を同一若しくは合意した水準に設定すること，又は商品若しくは役務の購入数量を制限すること

(3) 市場の占拠又は支配をもたらす協定をすること

(4) 商品又は役務の入札において，ある事業者が落札できるようにし，若しくはある事業者が応札できないようにするために協定をし，又は共同で条

件を設定すること
(5) 各事業者が他の事業者による競争を排除して，商品又は役務を販売できる地理的範囲又は顧客を決定すること
(6) 各事業者が購入できる商品又は役務の地域又は購入先を決定すること
(7) 市場の需要より少なくするために，各事業者が生産し，購入し，販売し，又は提供する商品又は役務の数量を決定すること
(8) 当初の又はより高い価格で商品又は役務を販売することにより，以前に生産され，販売され又は提供されていた水準より低い水準に品質を低下させること
(9) 同一又は同種の商品又は役務の総代理店又は総供給者を指定すること
(10) 商品又は役務の購入又は販売に係る条件又は方法を同一に設定し，又は合意すること

(5)ないし(10)の行為をする必要があるときには，事業者は，委員会に35条による許可を申請しなければならない．

6．国際契約における制限（28条）

28条は，TCAが立案されたときに依然として一般的であった，タイ特有の消費者の慣行を反映している．二桁成長のバブルの時代（1986年～1991年）に，少数の成金のタイ人は，高級車，特にメルセデス・ベンツをドイツ国内のディーラーから購入したがった．ドイツのディーラーでは，ディーラー契約上の制限のために，タイの需要者に販売することはできなかった．ベンツの本社では，タイの需要者がタイのディーラーから購入することを望んでいた．そこで，タイのディーラーが本社とそうした契約を締結したり，そうした政策を受け入れたりすることを禁止するという極めて具体的な目的で，28条が設けられた．

28条は，「契約により，政策，パートナーシップ若しくは株式所有を通して，又はその他の類似の形態により国外の事業者と事業上の関係を有する事業者は，タイ国内に所在する者で，個人的消費のために商品又は役務を購入しようとするものが，国外の事業者から直接購入する機会を制限する目的による行為をしてはならない．」と規定する．

28条は，韓国法における韓国企業と外国企業との契約又は取引に適用される32条1項とは異なる．韓国法の32条1項による輸入代理店契約における不公正な取引方法には，(1)代理店による競争品取扱いを不当に制限すること，(2)契約対象商品の部品を外国企業又はその指定する供給者から購入する不当な義務を代理店に課すこと，(3)販売数量を不当に制限し，又は不当に高い最低販売目標を設定することが含まれている．基本的に，韓国法32条1項が，外国製造業者による不当な搾取から輸入代理店を保護することを目的としているのに対し，タイ法28条は，少数の金持ちのタイ人が高級車を直接外国のディーラーから購入できるようにすることを目的としている．

7．不公正な取引方法（29条）

筆者は，29条は台湾法の24条に倣ったものであると考える．両方とも，不公正な競争のその他の方法を禁止する包括的な規定を含んでおり，市場の秩序ある機能に悪影響を及ぼす行為をしてはならないと定めている．

タイ法の29条は，「事業者は，公正かつ自由な競争ではなく，他の事業者の事業活動を駆逐し，疎害し，妨害し，遅延させ，若しくは制限し，又は他の者が事業を行うことを妨げ，若しくは事業から撤退させる効果を有するいかなる行為もしてはならない．」と規定している．

前述のとおり，韓国法は，200の財閥の行為を規制することに大きな注意を払っている．しかし，同時に，200の財閥及びかなりの数の中企業による不公正な取引方法を規制することも忘れていない．韓国法の不公正な取引方法の規定は，日本の1947年独占禁止法にそっくり倣ったものである．韓国の法施行後の最初の10年間（1981年～1990年）の経験では，市場支配的地位の濫用に対しては11件しか申告がなかったのに対し，不公正な取引方法については2592件もあった．

TCAの実体上の欠陥の一つがこの29条にある．執行当局にとって，この規定を執行するには余りにも漠然としすぎていることである．筆者は，機会あるごとにTFTC事務局職員に対してこの欠点を挙げて，日本の公正取引委員会（JFTC）の不公正な取引方法に関する1982年の一般指定を採用すれば，経済界

も，どのような行為が反競争的であって，29条に違反するおそれがあるのかがずっと分かりやすくなると指摘してきた．しかし，TFTC が JFTC の1982年の一般指定を採用できない法的な障害が一つある．すなわち，29条は，日本法の2条9項と異なり，不公正な取引方法を指定する権限を TFTC に与えていないのである．

8．知的財産権にかかわる特別問題

日本や韓国では，産業政策が大きな関心を集めてきている．日本の独占禁止法6条や韓国法23条ないし25条は，技術導入に対する両国政府の強い懸念を反映するものである．両国では，技術導入契約における不公正な条項を除去するための仕組みが設けられてきている．

日本法6条又は韓国法23条ないし25条に相当する規定が TCA にはない．筆者は，現行法にこうした規定がないことでかえって気楽であると考える．タイの技術導入側と外国の技術提供側との間の契約に含まれている不公正な条項を審査しなければならないとしたら，タイの法執行担当官は，多大な困難に直面することだろう．

9．その他の適用除外

日本と異なり，タイ法では，次の活動が適用除外となることはない．

(1) 輸出入取引法
(2) 輸出カルテル
(3) 輸入カルテル
(4) 不況カルテル
(5) 小企業カルテル
(6) 海運同盟
(7) 保　　険

不況カルテル及び小企業カルテルが認められていないことに対しては批判がある．日本の経団連に相当する，タイで最も強力な利益集団であるタイ産業連盟（FTI）は，タイミングが悪いこと（1997年の経済崩壊以降，大変な苦境に

あること)と,それについてのセーフガード措置(不況カルテル)がないことを理由に,TCAを批判してきた.また,タイ政府による中小企業振興政策も,同法によりかなり制約を受けるであろう.

III 執 行

1. タイ公正取引委員会(TFTC)

TFTCは,タイの競争法を直接執行する権限を有する唯一の行政機関である.検察当局も,法執行上一定の機能を果たすが,それは限定的に規定されている.

委員会は,商務大臣(委員長),商務次官(副委員長),財務次官,8名以上12名以内の内閣により任命される専門家(法律,経済,商務,経営又は公務の知識及び経験を有する者.半数以上は民間部門から任命されなければならない.)で構成される.現在の委員会は,16名で構成されており,3名がFTIを,他の3名がタイ商業会議所を代表している.現在の委員会には,次のような欠陥がある.(1)委員数が多すぎること,(2)多くの委員が競争法の専門家ではないこと,(3)委員は非常勤であり,8か月間に2回しか会合を開催できなかったこと,(4)民間部門の代表が多すぎること,(5)委員としての報酬が低すぎること,(6)議事規則が定められていないこと,(7)事務局の行政能力が低いこと.

TFTC事務局は,MOC国内取引局(DIT)に置かれ,国内取引局長が事務局長を兼ねる.事務局は,委員会,上級委員会及び委員会により任命される小委員会の行政事務を処理する.事務局に関しては,多くの重大な欠陥がある.第1に,事務局には約45名しか職員がおらず,全員がDITからの移籍であり,引き続き政府職員であって,DITと同じ庁舎に勤務している.委員会は独立であると考えられているが,事務局及びその職員は,独立機関ではなく,行政機関である.第2に,事務局職員のメンタリティーが市場介入から市場促進の監視へと切り変わることができないことである.職員の多くは,TFTC事務局に最近移ってくるまでずっと,価格統制法(1979年法及び現行の1999年法)の執行に携わってきている.さらに,多くの職員は,競争法の概念に通じておらず,十分な研修を受けていない.最後に大変重要なことであるが,職員が行うこと

になる審査及び聴聞の公式の手続がないことである.

TFTCの構成及び事務局組織の弱体のために，TCAの執行は実効性を欠いている．決定に至るまでには極めて長い期間を要し，また，決定は非常に短く，論拠がほとんど記載されていない．

2．制裁（51条）

タイ法の51条は，台湾法のパターンに倣っているようである．25条，26条，27条，28条，29条の違反又は39条の不遵守に対しては，最高で3年の懲役若しくは600万バーツ（約12万ドル）の罰金又はその併科が定められている．罰則規定の重大な欠陥は，最長3年の懲役刑が事業結合の許可申請を怠る罪（26条）や不公正な取引方法の違反（29条）に対しても科されることである．事業結合規制の違反者や不公正な取引方法（すなわち，抱き合わせや排他的取引）にかかわる違反者に対しては，懲役刑ではなく，罰金刑によるべきである．

3．TFTCの執行手続（18条5項）

違反行為を知った者は誰でも，TFTC事務局に報告することができる．事務局職員が審査を行う．指定された事務局職員は，必要なときには，違反被疑為者の事業所での物件の検査，審訊のための関係者に対する出頭命令といった，情報を収集するための適当な措置を採ることができる（19条）．

日本では，審査，審判及び審決の執行手続が大変よく発達している．執行手続の全体のプロセスは，訴訟手続に似ている．タイにおける執行手続は，日本と異なり，初歩的な段階にある．8条1項及び12項により，TFTCは執行手続を定める権限を与えられているが，いまだ進展はない．

Ⅳ　動　　向

現在，TFTCでは，3件の研究を進めるために，外部の研究者を雇っている．

(1) 市場シェア，売上高といった，TCAを執行するために必要なデータベースを構築するための，重要な100品目の調査

(2) 29条の不公正な取引方法に関する包括条項の漠然とした文言を具体化するための、不公正な取引方法に関する研究
(3) TFTC事務局の法的性格を、MOCと緊密につながった行政機関から、日本、韓国及び台湾のような独立機関に変更するための、独立機関に関する研究

(翻訳：千葉大学法経学部教授　栗田　誠)

インドネシアの独占禁止法の概要

ヒクマハント・ジュワナ

I 歴史的背景事情

インドネシアの競争法及び競争政策の歴史にとって,1999年3月5日は重要な日である.独占的行為及び不公正な事業競争の禁止に関する1999年法律第5号(以下「法律第5号」という.)が制定されたのがこの日である.同法の制定により,インドネシアは,競争法を有する国の仲間入りを果たした.

法律第5号は,事業者間の競争に関する具体的で包括的な規則を定めている.その制定前には,インドネシアでは,競争にかかわる法的規定は多数の法律中に散在していた.例えば,不正競争に関する規定が刑法典382条の2にあり,また,競争促進を意図した規制が産業問題に関する1984年法律第5号にあった.加えて,事業者が競争業者による不正競争により被った損害を回復するための根拠として,民法典1365条がしばしば引用されてきた.

インドネシアで包括的な独占禁止法を制定したいという要請は,1990年ころに遡る.多くの学者,政党,非政府組織,そして,政府機関の中にも独占禁止法の制定を議論し,提案するものがあった.実際,インドネシア民主党(PDI)では,独占禁止法草案を取りまとめることまでした.インドネシア産業省でも,インドネシア大学法学部と協力して,「健全な事業競争」と題する法案を取りまとめた.残念ながら,当時の政治的・経済的環境はこうした動きを後押しするものではなく,独占的慣行を排除しようとする十分な政治的コミットもなかったことから,これらの法案が政治エリートによって本気で検討されることはなかった.逆に,様々な産業では,一部の事業者による独占が跋扈し,実際のところ,政府によって助長されていたのである.

1998年7月29日に政府が国際通貨基金との間でレター・オブ・インテント(LOI)を締結したときに,独占禁止法の制定提案は勢いを得た.インドネシ

ア政府は，LOIにおいて，1998年12月までに独占禁止法案を代議院（DPR）に提出することを約束した．政府は，部分的には独占的慣行の廃止を求める国民の要求に応えて，独占禁止法案を提出することに真剣になったのである．さらに，そうした法律は，汚職，共謀及びクロニズム（インドネシアでは「KKN」の頭字語で知られる．）の根絶を求める国民の声をなだめるための一つの手段と見られていた．

他の法案の提出と比べて，独占禁止法案の提出に見られた特徴は，政府が既にその法案を準備していたにもかかわらず，DPRが初めて自ら法案作成作業を行う権利を行使したということである．政府とDPRとが法案について討議した際に，DPRの案を作業用草案として用いることが合意された．

Ⅱ 法律第5号の内容

法律第5号は，11章53条から成り，1999年3月5日に成立し，1年後の2000年3月5日に施行された．事業者は，2000年9月までの更に6か月間，過去の行為を見直し，法律第5号に適合させる時間を与えられた．

1．法律第5号の禁止原則

法律第5号は，不当に競争を制限する事業慣行を禁止している．同法は，市場構造や市場シェアだけに基づいて行為を禁止するものではないが，一定の市場構造や市場シェアを禁止しているかのように見える規定を含んでいる．一定の市場シェアの数字に言及している4条2項，13条2項，17条2項cといった規定である．しかし，注意して規定を読めば，市場シェアは，事業者が法律第5号に違反しているおそれがあるという推定をもたらすものとしてのみ機能することが分かる．この推定は反証可能であり，当然，違反が立証されなければならない．

市場シェアの数字を取り入れている規定は，おそらく，政府とDPRとの妥協の産物である．当初，DPRは，自らの草案中の，「いかなる事業者も，単独で又は共同して，国内市場シェアが30パーセントを超える商品又は役務の生産又は流通若しくはマーケティングを支配する事業をしてはならない．」という

規定に見られるように, 違反認定の基礎として市場構造及び市場シェアを用いることを考えていた. 法律第5号の類似の規定と比較すると, 違いがよく分かる. 例えば, 4条2項は,「2若しくは3の事業者又は事業者集団が, 一定の商品又は役務の市場シェアの75パーセント超を支配するときは, 各事業者は, 当該商品又は役務の生産又はマーケティングを共同して支配するものと推定することができる.」と規定している. この規定から, 事業者が一定の市場シェアを超えること自体は禁止されておらず, また, 市場シェアだけでは独占禁止法違反の認定にとって十分ではないことが明らかである.

2. 法律第5号における当然違法と合理の原則

多くの法域と同様に, インドネシアの独占禁止法も, 違法性判断のために, 当然違法と合理の原則の概念を用いている. 大雑把な見分け方としては, 合理の原則による分析を必要とする規定とは,「独占的慣行又は不公正な事業慣行となり得る」という文言で終わっている規定である. ただし, どの規定が違反の認定のために合理の原則による分析が必要で, どの規定が簡単な当然違法の取扱いを受けるかは, 今後, 法律第5号の執行権限を有する事業競争監視委員会と裁判所の決定が明示的に示すことになる.

3. 法律第5号による禁止行為

法律第5号による禁止行為には, 禁止協定, 禁止活動, 及び支配的地位の濫用という三つのカテゴリーがある.

(1) 禁止協定

法律第5号が禁止する協定とは, 寡占, 価格協定, 地域分割, ボイコット, カルテル, 購入寡占, 垂直統合, 排他取引及び国際協定の意図を有し又はそうした効果をもたらす協定であって, 独占的慣行又は不公正な事業競争をもたらすおそれがあるものである.

(2) 禁止活動

法律第5号が禁止する活動とは, 独占, 購入独占, 市場支配及び共謀である.

(3) 支配的地位の濫用

支配的地位の濫用の禁止は，役員兼任，株式保有並びに合併，統合及び買収を中心としている．

4. 適用除外

法律第5号は，50条において，次のような様々な適用除外を規定している．(a)法令の実施を目的とする行為又は協定，(b)特許，商標，著作権，意匠，半導体回路及び営業秘密といった知的財産権に関連する協定又はフランチャイズに関連する協定，(c)商品又は役務の技術標準のための協定であって，競争を制限しないもの，(d)協定で合意された価格よりも低い価格での商品又は役務の再供給を禁止していない，代理目的の協定，(e)社会全体の生活水準向上のための研究協力協定，(f)インドネシア共和国政府によって批准されている国際協定，(g)輸出向けの協定又は行為であって，国内市場の需給を混乱させることがないもの，(h)小企業に分類される事業者，又は(i)専ら組合員の利益のための協同組合の行為．

5. インドネシア特有の独占の廃止

インドネシアでは，ほとんどの独占は，政府による後押しの結果である．事業者は，政府が定めた規則に基づいて特権的地位を与えられてきている．多くの国有企業は，誰も反論することができない憲法33条を理由に独占権を与えられてきている．そうした政府による反競争的行為が，長い間，他の事業者が市場に参入することを妨げてきている．

法律第5号により，インドネシア特有の独占は，同法に違反するとされる．51条に規定されている例外（国民一般の生活にとって重要な商品若しくは役務の生産若しくはマーケティングに関連する独占又は活動の集中及び国家にとって重要な生産部門は，法律によって規制されなければならず，また，国有企業又は政府によって設立され，指定される企業若しくは組織によって実施されなければならない．）を除き，いかなる特権も政府による規則に基づいて事業者又はBUMNに与えられることはない．

こうした特権が法律の形式で付与されなければならない理由の一つは，DPRにおける国民代表を通して国民参加を可能にすることにある．

6．委員会

独占禁止法を有する他の法域と同様に，法律第5号は，同法の実施を監視する任務を有する「事業競争監視委員会（KPPU）」を創設している．

(1) 法的枠組

KPPUは，法律第5号の第6章により設立されている．KPPUに関しては，1999年大統領令第75号が法律第5号の規定の多くを具体化している．

KPPUは，2000年大統領令第162/M号により，2000年6月に11人の委員が任命されて初めて活動を開始した．

(2) 任務と機能

法律第5号の35条の規定により，KPPUの任務は次のとおりである．(a) 4条ないし16条に規定されている，独占的行為又は不公正な事業競争となるおそれがある協定を評価すること，(b)17条ないし24条に規定されている，独占的行為又は不公正な事業競争となるおそれがある事業活動又は事業者を評価すること，(c)25条ないし28条に規定されている，独占的行為又は不公正な事業競争となるおそれがある支配的地位の濫用行為が存在するか否かを評価すること，(d)36条に規定されている委員会の権限に従い，措置を採ること，(e)独占的行為又は不公正な事業競争に関する政府の政策について助言し及び検討すること，(f)法律第5号に関する解説又は出版物を収集すること，(g)委員会の活動結果を大統領及びDPRに定期的に報告すること．

KPPUの委員長令05/KPPU/KEP/IX/2000が委員会の事件処理及び審査手続を定めている．

Ⅲ　課　題

インドネシアの独占禁止法の実施が成功するためには，いくつかの課題がある．第1に，法律第5号が制定された理由やその法目的については様々な解釈が存在する．財閥から国民に富を再分配するために同法が用いられるべきであ

ると主張する者もいれば，大企業による攻撃的な競争から小企業を保護することが同法の目的であると考える者もいる．外国人であれば，インドネシア市場を開放するための手段と考えているかもしれない．3条には，同法の基本的な目的が，国民の利益を保護するとともに，国民福祉の向上のために国民経済の効率性を高めることにあると定められている．

第2に，法律第5号の成立を求めたIMF（国際通貨基金）の隠された意図を疑っている多くのインドネシア人の抵抗によって，独占禁止法の実効が挙がらないかもしれない．

第3に，実効的なものであるためには，国民も経済界も同法を理解する必要がある．現時点では，社会化プロセスは初歩的な段階にあり，それほど理解されているわけではない．

第4に，法執行の問題がある．効果的な法執行ができるかどうかは，KPPUに大きくかかっている．現時点では，予算不足，認知不足，職員不足，インフラ不足といった多くの問題がKPPUにはある．

Ⅳ　結　　論

いまやインドネシアは，独占禁止法とその執行を任された独立機関を有している．もちろん，これにより独占的行為や不公正な事業競争が即座になくなるというものではない．法律第5号の実効性は，どの程度同法が執行されるか，どの程度同法が社会に受け入れられるかに大きくかかっている．同法は完全ではあり得ないが，有益な目的に貢献できる可能性を有しているし，今後の経験や時間の経過により改善されるであろう．

現在，法律第5号は，大きな白いキャンバス上の小さな点にすぎないが，KPPUによるリーダーシップ，政府及びDPRの支持，同法の機能を注視する国民及び経済界の意思によって，インドネシアの競争法及び競争政策の将来の状況がこの点から現れてくるであろう．

（翻訳：千葉大学法経学部教授　栗田　誠）

中国における独占禁止法制の展望

王　暁　曄

　中国は，1993年9月に不正競争防止法を制定したが，依然として特別な独占禁止法を公布していない．近年，経済の市場化の拡大，とりわけ近く予定される中国のWTO加盟に伴って，迅速な独占禁止法の制定と公布の要請が中国ではますます大きく唱えられるようになってきている．独占禁止法の公布は間違いなく中国の経済改革と政治改革とを大きく促進することになろう．

I　社会主義市場経済における競争保護システムの必要性

1．現在の中国経済における競争の状況

　現在中国は依然として計画経済から市場経済への移行途上にある．市場はなお十分には発達していないうえ，開かれた公正な競争への環境が依然整備されていない．だが以下に述べる諸要因から，経済の市場化への趨勢はすでにきわめて明確なものになっている．すなわち，第1は国家独占価格制度がすでに破綻していることである．特に2001年8月以降は，国家備蓄用穀物，特定肥料，重要薬品，天然ガス，水道，電力，郵便，電気通信を含む13の産品またはサービスのみが国家独占価格制度を維持しているに過ぎない[1]．ほとんどの産品の価格統制が緩和されたため，国家統制生産計画の範囲と数は劇的に減少した．その結果，企業はしだいに競争意識を発達させることとなった．これは企業間競争にとって最も重要な条件である．

　第2は多元的な企業所有制度がすでに発達していることである．1998年の統計によれば，国民経済に占める国有企業の比率は1998年にはすでに28.8％にまで減少する一方で，集団所有企業の比率は44.4％へと増加し，非公営企業は1993年の13.4％から1998年には30.8％へと増加した[2]．競争市場経済を建設するという目標に照らせば，国民経済に占める国有企業の割合の漸減は非常に望

ましい現象である．

　第3は国有企業がますますその経営の自立性を強めていることである．1999年までに，統合，合併，リース，契約，持株会社制度の採用，販売，譲渡，倒産によって，およそ75％ないし80％，分野によっては90％の小規模国有企業が経営システムの再編と改革を行ってきた[3]．1万4,000に及ぶ大規模及び中規模国有企業のうち，三分の一がすでに再編を終えて有限会社または株式会社に移行している[4]．このことは，国家資産の株式所有システムの実施と市場での国有株式の流通と譲渡によって，国有企業が政府への行政的な従属関係を清算してさまざまな政府官庁からの統制から自由になることを意味している．

　第4はすでに中国が海外に向かって開かれた構造を確立していることである．1979年の中国及び外国資本の合弁事業に関する中国国内法の公布以降，中国は20年以上にわたって外国企業による直接投資を受け入れる政策を実施してきた．1999年末までに，中国は2,800億ドル以上の海外直接投資を受け入れ，32万社を超える海外投資企業を設立した[5]．これらの海外企業は中国に，資本，技術，雇用機会だけでなく，新しい経営手法をもたらしており，これが中国市場と経済に多大の活力を注入している．

2．中国経済における競争制限

(1)　経済的な競争制限

　経済的な競争制限とは，企業が行う競争を制限する行為をいう．中国と外国の経験から明らかなことは，市場自体は公正で自由な競争を維持するメカニズムを備えていないということである．反対に，競争に由来する圧力を減少させリスクを回避するため，企業は当該市場で独占を手にするためのさまざまな手段を講じるのが常である．市場が依然として未成熟で市場メカニズムが未だ不完全である現在の発展段階においては，競争を制限しようとする企業の行動がしばしば発生する．しかしある程度まで，こうした制限はなお何らかの行政的な色彩を帯びている．経済的競争制限は調整的制限と障害的制限とに分けることができる．

　調整的競争制限とは，各種の法的に独立した企業が，互いに，価格，生産量，

販売市場または市場競争に関するその他の事項について，契約または暗黙の協定により，競争を制限する目的をもって，行動することをいう．ここ20年間では，競争の激化に伴って，競争者間の価格協定があたりまえのように行われてきた．たとえば，1999年5月には，TV用ブラウン管メーカー大手8社がそれ以上の価格の低下を阻止する目的で北京において協定を定め生産の1ヶ月休止を強制した[6]．2000年3月には大手エアコン・メーカーが南京で別の協定を締結した[7]．また最近では，Konka，TCL，Chuangweiを含むカラーテレビ・メーカー大手9社がShengzhenで会合しカラーテレビ製造業初の価格協定のための話し合いを行った[8]．価格カルテルの消費者利益に対する弊害は明らかである．しかしながら，上に述べたカルテルは参加者がごく限られておりごく一部の産業において形成されていたため，その競争に対する効果は，関連政府官庁の指導により1998年にさまざまな産業で採用された「産業自主規制価格」に比べると，はるかに弊害が小さかったのである．

どのように弁明しようとも，「産業自主規制価格」は常に，政府が奨励する価格調整であり，企業間の価格競争への行政介入と同義であると考えられなければならない．1998年8月，国家経済通商委員会は「一部産業製品に対する自主規制価格の強制に関する意見」[9]を発表したが，これは，特定の産業製品の生産者がそれぞれの事業者団体の定めた最低価格を遵守するよう求めるものであった．こうした製品には，板ガラス，セメント，自動車，農業用車両，発電機，その他15種類の製品が含まれていた．中国農業機械協会運送車両局は，最初に産業自主規制価格の強制を擁護し，Shandong Shifengグループその他の企業に対して産業自主規制価格を遵守しないことを理由に罰金を科すことさえした[10]．

障害的競争制限とは主に，企業が競争者の経営上の自主活動を制限する目的で，抱き合わせ販売，制限的再販売価格もしくはその他の排他的制限に関する強制的協定を締結する慣行，または，商品供給の差別もしくは拒否のような特定の措置をとることによって競争者を競争上不利な立場に置く慣行をいう．現在の中国の経済生活では，競争に関する障害的制限は主として電気通信，電力，水道，ガスその他の公共事業の分野で行われている．たとえば，郵便・電気通

信公社は電話利用者に指定された受話器を購入することを義務づけており[11]，電力公社はその利用者に指定の配電器を購入することを，また，水道会社は利用者に指定の給水設備を購入することを強制している[12].

(2) 行政的な競争制限

中国は現在なお計画経済から市場経済への移行過程にあり，経済行政に関する政府機能の転換は未だ完全に終了したとはいえない．その結果として，旧来の経済システムに由来する行政的な競争制限は依然きわめて深刻な問題であり，中国における有効競争という目標の確立にとって大きな障害となっている．

現在のところ，中国の学会は行政的な競争制限を，官庁独占と地域独占とに，あるいはもっとはっきりと水平独占と垂直独占とに分類している．垂直独占とは，様々な政府官庁が認可・設立する行政法人をいう．これには，行政機関としての役割を果たすとともに生産者または事業運営者として機能する会社，産業行政の任務を与えられた大企業グループ，特定省庁と結びついて特別な優遇措置を受けている企業が含まれる．こうした企業は，政府権限をもっているので，他の企業がもつことのできない競争上の利点をもっている．この現象は「権力の濫用による事業活動」と呼ばれている．

水平独占とは，地域的な保護主義をいう．それは主として，地方自治体が，他の地域原産の特定製品について当該地方市場への参入を禁止しまたは当該地域で生産された原材料を他の地域に持ち出すことを阻止することにより，本来統一的な国家市場を多数の狭い範囲の地方市場に分割する行為をいう．例をあげると，河南省 Gushi 郡政府は，他地域原産の化学肥料が同郡に持ち込まれることを阻止する目的で，1997年に「郡内の化学肥料生産を保護するため，郡政府は（供給およびマーケティング協同組合を含む）いかなる単位または個人も他地域で生産された炭酸アンモニアを購入することを禁止する．この禁止に違反した者は，関係規則に従って厳罰を科され，併せて商品および不当利得を没収されるものとする」[13]と定めた特別な条例を制定した．

もうひとつの典型的な行政的競争制限の形式は，合併におけるいわゆる「強制結婚」，すなわち政府が，ある企業に対してある企業グループに入ることを

強制したり，優れた経済的成果をあげている企業に対して経済成果のよくない企業と合併することを強制する行為である．このような事情の下では，多くの企業は合併から何ら利益を得ることができない．反対に彼らは，合併先企業のために債務の弁済を行い，余剰労働者に配置を見つけることを余儀なくされている[14]．これは，これらの企業の経済的な力を弱体化させ，市場での競争条件の悪化をもたらしてきた．

II　独占禁止立法の現状と問題

1．現行の独占禁止に関する規定

1980年以降，中国政府は一連の独占禁止にかかる政策，法律，規則を公布してきた．これらの中で最も重要なものは次のとおりである．

(1) カルテルの禁止

さて，最も重要な規定は価格カルテルを禁止する規定である．1997年12月の第29回全人代総会で採択された中華人民共和国価格設定法は，その第14条1項で次のように定めている．すなわち，「事業者は他の事業者と共謀して市場価格を操作し，それによって他の事業者又は消費者の法律上の権利及び利益を侵害してはならない」．これとは別に，不正競争防止法はその第15条において，「入札者は，入札価格を引上げ又は引下げる目的で互いに共謀してはならない．入札者及び入札募集者はその競争者を公正な競争から排除する目的で互いに共謀してはならない」と定めている．この規定はまた，競争を制限する協定を禁止している．入札者同士の共謀は水平的な競争制限であるが，入札者と入札募集者との間の共謀は垂直的な競争制限である．1999年8月30日，入札及び入札募集に関する法律が第9回全人代第11回総会において採択された．入札及び入札募集に関する規定を別にすれば，入札及び入札募集における共謀の禁止はこの法律の重要な内容のひとつなのである．

(2) 行き過ぎた合併の阻止

1987年，国家経済制限委員会と国家経済委員会は共同で企業集団の設立と発展に関する意見を公表したが，これは「企業集団の設立は競争を促進し独占を阻止するという原則に基づかなければならない」こと，「一般原則として，ひ

とつの産業内にはいかなる独占的企業集団も設立されてはならないし，技術の進歩を促進し経済効率を向上させるためには同一産業内の企業集団間の競争が促進されなければならない」ことを要求するものであった．さらに，1989年に国家経済制限委員会と国家計画委員会その他の国家機関が共同で公布した企業合併のための中間措置はまた，企業合併は規模の経済に貢献するものでなければならないと同時に市場競争を損なうものであってはならないことを指摘した．

(3) 市場支配的地位の濫用の禁止

現段階において，この分野における中国の立法は主として公益企業と他の，法律により独占的地位を享受している企業に関心を寄せている．不正競争防止法第6条は，「公益企業又は法律により独占的地位を与えられているその他の事業者は当該事業者からその指定する商品を購入するよう人民を制限し，これにより他の事業者を公正競争から排除してはならない」と定めている．国家商工行政管理局は，1993年12月に，公益企業による競争制限の禁止に関する規定を公布したが，これは，利用者に指定製品を購入するよう制限すること，抱き合わせ販売，当該企業の不当な契約条件を拒否する利用者に対する製品提供の拒絶，恣意的料金などを含む，競争制限の様々な形態を列記したものであった．不正競争防止法第23条によれば，公益企業または法律により独占的地位を与えられているその他の事業者がその地位を濫用しまたは競争を制限する場合には，商工業を所管する行政機関は当該事業者に対して違法行為をやめるよう命令しなければならないとともに，状況に応じて5万元以上20万元未満の罰金を科すことができる．

不正競争防止法の他の規定はまた，支配的地位の濫用に関する禁止規定を置いている．たとえば，同法第11条は，事業者がその競争者を閉め出す目的でその商品をコスト割れ価格で販売してはならないことを定めている．同法第12条は，事業者が購入者の意思に反して抱き合わせ販売を行ってはならないし，他の不当な条件を商品の販売に付してはならないことを定めている．さらに，電力に関する法律はまた，第26条において，「いかなる電力供給役務地域における電力供給事業者もその役務提供地域内の消費者に対し国の規則に従い電力を

供給する義務を負う．電力供給事業者は国の規則に違反してその役務提供地域内の電力供給を申請するいかなる単位又は個人に対しても電力供給を拒否することはできない」と規定している．

(4) 行政による競争制限の防止

1980年代以降，国務院は行政的な競争制限を禁止する規則を多数制定してきた．たとえば，1984年12月3日に採択された，党及び政府機関の事業活動または企業運営への従事を厳正に禁止する党中央委員会及び国務院の決定は，「党及び政府の指導的機関，特に経済機関とその指導者は，政府の役割を企業の役割と分離するという原則を維持しつつ，経済建設を指導・組織する自己の権能を適正に実行しなければならない……．事業に従事する権限の濫用，企業の設立，個人的利益の追求，ならびに党及び国家の規則に違反して人民の利益を損なうことは厳に禁止される」と規定している．地域的保護主義の防止に関しても，国務院は多くの命令を制定しており，これには1990年11月に制定された地域市場の障害除去と商品の移動促進に関する通達が含まれている．

行政権限を濫用し競争を制限する活動を禁止する現行規定の中で，最も重要な規定は不正競争防止法第7条である．同条は，「政府及びその下部機関は行政権限を濫用して，人民が事業者から当該事業者の指定する商品を購入するよう制限を課してはならないし，また他の事業者の適法な活動に制限を加えてはならない．政府及びその下部機関は行政権限を濫用して，他の地域原産の商品が当該地域市場に参入することを制限してはならないし，当該地域原産の商品が他の地域市場に流通することを制限してはならない」と定めている．行政権限濫用事件について調査を行い詳細を明らかにすることが困難であるとの立場から，同法第30条は，行政権限を濫用した国家機関は上級国家機関により是正措置をとるよう命ぜられるべきこと，重大な事由があるときには，直接責任を有する者は同等または上級の関連機関により行政罰を科せられるべきことを規定している．

2．現行独占禁止規定の問題点

上記の諸規定を検討した結果からは，次のような中国における現行独占禁止

立法の主要な問題点が明らかである．まず第1に，既存の独占禁止規定は多数の「規則」,「通達」,「中間規定」,「不正競争防止法」に分散していることである．それらの規定は独占禁止法というまとまった専門的法体系を構成していない．それらの中には政府の特定の意図を表明したに過ぎないものもある．たとえば，企業集団の設立と発展に関する意見は，「一般に，国家規模の独占的企業集団が一産業内部に設置されてはならない」と規定している．これは，2ないし3の企業がひとつの産業における市場を寡占することが認められているという，特定の条件または事情の下では，国家規模の独占企業が設置できるということを意味しているのだろうか？

第2に，これらの文書のほとんどは，国務院または国務院に置かれた部もしくは委員会が定めたものであるため，法的権限を欠いていることである．それらの中には，法的責任に関する規定を置いていないため，運用できない規定もある．たとえば，党及び政府の機関ならびに職員が事業活動に従事しまたは企業を設立することを禁止した数多くの政府規則にもかかわらず，党及び政府の機関または職員が事業活動に従事しまたは企業を設立する現象は依然として広く行われている．国家商工行政管理局の統計によれば，1992年に，党または政府機関によって設立された公司は依然同年に新たに設立された公司の10パーセントを占めていたのである[15]．

第3は，行政的な競争制限に対する罰則が不十分である点である．不正競争防止法第30条によれば，行政権限を濫用して競争を制限した場合にとられる法的措置は，「上級国家機関により是正措置をとるよう命ぜられる」ことである．こうした行為による被害者が行政手続法に従い行政訴訟を提起する権利は，同条には規定されてさえいない．この種の法的責任は明らかに不十分である．上級行政機関が下級行政機関による権限濫用行為を黙認したり，そうした行為に対する法的な責任追及を最小限にとどめようと試みるならば，そうした行為の被害者の正当な権利利益が保護されないことになり，行政権限を濫用して競争を制限した政府機関の行為は適正に是正されないことになる．

第4に，既存の独占禁止機関が不十分である点があげられる．独占禁止法は他の法律とは異なっており，不正競争防止法とも違っている．その任務は，大

企業集団や独占企業の競争制限的な活動だけでなく，行政権限を濫用して競争を制限する政府の活動とも戦うことなのである．こうした任務の性質からは，独占禁止機関が十分な独立性と権限をもつことが求められる．しかしながら現段階においては，独占禁止問題を所掌する機関は商工行政に関する諸機関であり，それらの機関は十分な(？)独立性と権限を有している．たとえば，中国の多くの地域にみられる地域的保護主義のせいで，商工行政に係る一部の官庁は事件を偏りなく，また法律に従って処理することができない．こうしたことから明らかなのは，中国は，早急に体系的でまとまった独占禁止法を採択する必要があるだけでなく，高度の独立性と権限を有する独占禁止法運用機関を設けなければならないということである．

3．中国独占禁止法案要綱

(1) 要綱の内容

不正競争防止法は1993年に制定された．1994年5月には，独占禁止法草案作成グループが設置された．このグループのメンバーは主として国家経済通商委員会法令局と国家商工行政管理局法務局から選出された．独占禁止法案要綱の作成と検討の過程で，草案作成委員会は独占禁止問題に関する中国人専門家の意見を求めただけでなく，ドイツ，アメリカ，日本，オーストラリア，韓国など多くの諸国からの援助と協力と並んで，経済開発協力機構（OECD）や世界銀行，国連通商開発会議，アジア太平洋地域協力機構などの国際機関からの援助と協力を受けた．

中華人民共和国独占禁止法案要綱[16]は，1999年11月30日に完成したが，全8章56条から構成されている．その主要な内容は次のとおりである．第1章「総則」は，主として立法目的を定めている．同章には，政府機関が行政権限を濫用して競争を制限する行為を防止するという目的が規定された．第2章「市場支配的地位の濫用」は，市場支配的地位の概念と諸形態を定義する．第3章「独占協定（の禁止）」は，禁止の対象となる競争制限に関する水平的及び垂直的な協定を定義するとともに，この法律の適用除外が認められる競争制限的な協定を定義している．第4章「企業結合規制」は，企業結合の概念，合併の申

請，禁止される合併条件，特別な合併の認可を明らかにしている．第5章「行政上の独占」は，地域独占または特定分野における独占，購入強制，提携強制を含む，様々な形態の行政上の独占を定義している．第6章「独占禁止機関」は，独占禁止機関の権能及び権限，独占禁止委員会の委員の任命，任期，免職と審査及び事件処理における委員の権能と権限を定める．第41条第2項は，国務院の関連独占禁止機関は行政（権限）を濫用して競争を制限する行為の審査について責任を有し，その事件処理について責任を負う上級行政機関に対して解決案を提出することを規定する．第7章「法律上の責任」は，行政責任と民事損害賠償責任を内容とする，独占禁止法違反の法律上の責任を定める．この章はまた，独占禁止法違反事件の被害者の法的救済と関係する独占禁止機関の職員の責任を定めている．第8章「附則」は，この法律がその公布から5年間は，国務院の関係独占禁止機関の認可を得た郵便，鉄道，電力，ガス，水道供給などの自然独占または公益事業者の独占行為に対して適用されないことを定めている．同章はまた，適法な知的所有権の行使に対して適用されないことを定める．

(2) 要綱の問題点

独占禁止法は，法律学のみならず経済学まで関係する，きわめて専門的な立法である．このことは，政府が高度な草案作成主体を設置することを要求している．現行の独占禁止法案要綱は政府職員によって立案された．この要綱の草案作成中に，彼らは中国ならびに外国の専門家の意見を求め，何回かそのための国際セミナーさえ開催したけれども，政府職員によってすべての専門家の意見が検討され採択されたわけではなかったため，なお多くの重要な問題が要綱には残されている．たとえば，要綱第3条は，「事業者は，自由意思，平等，公正，誠実及び信用の原則を遵守し，生産及び活動を展開し，法に基づいて相互に競争しなければならない」と定める．一見したところ，「自由意思」，「平等」，「公正」，「誠実及び信用」の原則に関して問題はない．しかし，独占禁止法の目的が独占の防止と競争の保護であり，その重要な内容が企業に対して協定による競争制限を禁止し，企業間の合併を規制していることからすれば，「契約自由」の原則や「当事者意思の自治」の原則はここでは適用がない．も

うひとつ例をあげれば，要綱第8条第4号は，一事業者が一定の商品の市場占拠率の二分の一を占めているか，または，二事業者が当該市場の三分の二以上を占めているか，もしくは，三事業者が当該市場の四分の三以上を占めている場合には，他の事業者を当該市場の参入から排除しているのであるから，これらの単独または複数の事業者は市場支配的地位にあると考えられる，と定めている．だが，要綱第21条は，合併の結果，企業が合併後一定商品の市場の三分の一以上を占めると認定されるときは，当該企業は関係独占禁止機関に合併を申請してその認可を得なければならない，と定める．ここには明らかな矛盾がある．市場の三分の一を占める企業は市場支配的地位にはないのであり，したがって，当該企業は独占禁止機関に申請して認可を得る必要はないことになる．第41条には部分的に問題がある．独占禁止機関は行政機関の権限濫用に関する審査権限を有するが，こうした濫用行為について決定を行う権限をもっていない．これを不正競争防止法第30条と比較した場合，この要綱は行政権限の濫用行為防止という点で大きく前進してはいないのである．

III WTO加盟——中国の独占禁止法採択は急務である

1994年に設置された独占禁止法案作成グループは，独占禁止法制定に向けた中国の初めての試みではない．事実，1987年という早い時期に，国務院法制局に独占禁止法案作成グループが設けられた．同グループは1988年に「独占禁止及び公正競争に関する暫定規則案」を提出した．だが，1993年9月の第8回全国人民代表者大会常任委員会第三部会において不正競争防止法が採択されたのに対して，同じ時期に独占禁止法は採択されなかった．独占禁止法が採択されなかった主要な理由は，中国の企業規模はなお小さ過ぎて規模の経済が未だ発達していないとする意見があり，これが当時独占禁止法の採択に消極的に働いたのであった[17]．現在では，こうした独占禁止法と規模の経済が矛盾するという考えは，すでに重要性を失っている．それというのも，規模の経済は企業の生産規模に基礎を置くものであるが，必ずしも生産規模が直接企業の効率性に比例しない，ということをほとんどの人民が認識するようになってきているからである．

私の見解では，独占禁止立法が遭遇する本当の困難は，現行の経済システムに原因がある．中国は依然として計画経済から市場経済への移行期にあるため，中国企業はいままさに市場指向の経営システムを取り入れ始めたばかりであり，中国企業の多くは，とりわけ大企業と独占的産業にある企業は，ある程度まで，依然政府のアクセサリに過ぎないのである．中国はなおも政府の役割と事業経営とを分離する長い道のりの途上にある．したがって中国の実体的独占禁止法規範は，先進市場経済システムを有する諸国のそれとは非常に違ったものとなるだろう．中国の現行の経済改革の中で遭遇する最大の問題は，国有企業が直面している問題，すなわち硬直した経営機構，技術革新を実現する能力の欠如，債務，社会的責任，余剰労働者，生産と運営の困難，経済効率の低下，そして雇用の低下なのである．独占禁止法は市場経済秩序を支える基本法であるため，こうした国有企業の改革と発展は独占禁止法の制定にとって重大な影響をもつことになるだろう．現在の中国の経済生活において，あらゆる種類の独占が特定の行政的色彩を帯びており，競争を制限する企業の行為さえ，ある程度は政府の支持や黙認によって行われていることからすれば，特にそうだといえる．したがって，行政による独占を規制することは，中国の独占禁止法制定にとって，きわめて重要な点であると同時に困難な点でもある．

　さらに，市場経済を有する諸国の経験から明らかなように，独占禁止機関は高度に独立した，権威ある機関でなければならない．企業経営が政府の機能と完全には分離しておらず，国家行政機関と地域的保護主義の問題が依然深刻である，中国が置かれている現状の下では，そうした独占禁止法運用機関が設置されうるかどうかはきわめて疑問である．独占禁止機関が独立して事件を処理することができない場合，または，独占禁止機関が独自にその職員を選任することができない場合には，独占禁止法は，制定されたとしても，単なる反古になってしまうだろう．

　だが，独占禁止法の採択と制定が現段階では尚早であると考えるべきではない．これは，一方では，様々な独占行為と競争制限が現在の中国の経済生活に存在していることが理由である．そうした行為を排除することなしには，中国が開かれた競争的な市場と公正で自由な競争秩序を確立することは不可能であ

り，それゆえに，社会主義的市場経済体制を確立することもまた不可能なのである．他方で，独占禁止法の採択と制定はまた，経済改革の深化と政治改革の実行にとっても必要なのである．現在中国が，アメリカや日本のような，独占禁止法の運用のための成熟した市場条件を欠いていることは事実である．しかし，そうした条件の成熟を待っていては，そうした法律の制定が遅れ，市場経済体制の確立が不当に遅延することになるおそれがあるので，われわれはそれまで待つことができないのである．事実，われわれは市場指向の法制度を定めることで，市場経済体制の確立を促進することができる．有効な独占禁止法が中国における経済体制の転換と国有企業改革において基本的な役割を演ずるであろうことは疑問の余地がない．

　WTO加盟が中国にとって，単にこれまで以上に外の世界に開放されることを意味しているだけでなく，その経済生活に競争メカニズムを導入することをも意味していることは確かである．こうした状況の下で中国は，その競争に関する法を是正し，自由で公正な競争のための法的環境の創造を目的として，独占禁止法をできるだけ速やかに採択・制定すべきである．独占禁止法は少なくとも，WTO加盟という課題に合致する次の2つの役割を演ずることになろう．

　第1は，中国企業の市場競争力の拡大である．これは，経済の基本原則に従えば，市場の競争圧力の下ではじめて企業は，コストを削減し，製品の品質とアフターサービスを向上させ，絶え間なく新たな技術と製品を開発し，経営を改善する努力を払うからである．官庁による独占と地域的障害を除去することによってはじめてわれわれは本当の意味で競争メカニズムを機能させ，<u>絶え間ない建設と絶え間ない投資から生まれる「大きくて完全」または「小さくて完全」</u>といった現状を変えることが可能になるのであるから，現段階で，官庁による独占と地域的な市場の障害を排除することが，中国に開かれた競争的で統一的な国家規模の市場を確立するために，とりわけ重要なのである．そして，こうした方法でだけ，企業は様々な行政的介入を免れ，競争を通じてその経済効率を向上させ，その生産と経営の規模を拡大し，規模の経済を実現することができるのである．

第2は，多国籍企業の独占力をチェックすることである．中国のWTO加盟によって，ますます多くの多国籍企業が中国市場に進出してくるであろう．こうした多国籍企業は，豊富な財政資源，世界的に有名な商標，強力な販売網と広告を有するだけでなく，資本と生産技術による親会社からの支援に頼ることができる．多国籍企業は急速に中国市場において支配的地位を，場合によっては独占的地位さえも，獲得することができる．多国籍企業が中国市場を独占することを阻止し，市場支配的地位を有する企業がそうした地位を濫用することを阻止するために，中国は緊急に独占禁止政策と独占禁止法を採択する必要がある．独占禁止政策と独占禁止法は市場支配力をもつ企業を対象とするから，独占禁止法の採択は中国が多国籍企業の影響力をチェックするための重要な手段となるだろう．

(翻訳：青山学院大学国際政治経済学部講師　佐藤　宏)

1) See China Daily, July 12, 2001.
2) See Jin Pei, Economics of Industrial Organization (Chanye zuzhi jingjixue), Economic Management Publishing House (Jingji guanli chubanshe), 1999, p. 15.
3) See Jin Pei, supra note 2, p. 15.
4) Id.
5) See Wu Jing, Legislation made the foreign investment flow into China (Lifa shi waizi liuru zhongguo), China Daily (Renmin ribao), July 28, 1999.
6) See Workers' Daily News Weekend (Gongren rimbao xinwen zhoumo), April 20, 2001.
7) Id.
8) Id.
9) See China Daily (Renmin ribao), Sept. 11, 1998.
10) See China Daily (Renmin ribao), Oct. 19, 1998.
11) See Legal Daily (Fazhi ribao), Nov. 21, 1996.
12) Li Bida, Main Manifestations of Monopoly in China and Their Legal Supervision (Longduan xinwei zai zhongguo de zhuyao biaoxian jiqi falv jindu), in : Wang Xiaoye (ed.), Antimonopoly Law and Market Economy (Fanlongduanfa yu shichang jinji), Publishing House of Law (Falu chubanshe), 1998, pp. 10-12.
13) Li Bida, supra note 12, p. 11.
14) たとえば，現在までにおいて中国最大の合併は，1997年のQilu石油化学株式会

社とZibo石油化学製作所，Zibo化学繊維製作所との合併である．この合併の過程で，Qilu石油化学株式会社は30億元の負債と契約に必要な5,000名の従業員・労働者を引き受けた．この合併前にはQilu石油化学株式会社の資産負債比率は41パーセントであったが，合併後は資産負債比率は60パーセントに上昇した．See Economic Daily (Jingji ribao), Nov. 24, 1997.

15) See Antimonopoly Law Drafting Group (set up by the State Economic and Trade Commission and the State Administration of Industry and Commerce), On several issues concerning the antimonopoly legislation in China (Guanyu woguo fanlongduan wenti de yanjiu), Economic Working News (Jingji gongzuo tengxun), No. 5, 1995, p. 26.

16) 中国独占禁止法案要綱は，国家経済通商委員会と国家商工管理局が準備した「独占禁止法草案作成グループ」によって起草された．全国人民代表者大会常任委員会による採択に先立って，同要綱は審議のために国務院法制局に提出される．

17) China Enterprise Evaluation Center, China's 100 Biggest Enterprises and 9 Biggest Industries in 1987 (Zhongguo 1987 nian zuida yibaijia qiye he jiuda hangye), in Management World (Guanli shijie), No. 2, 1989, p. 103.

競争促進と独占維持:経済移行期における中国産業政策の二重の役割

江 小 娟

　1970年代後半以降,中国の産業政策は,競争の促進と独占の維持において顕著な役割を演じた.逆説的ではあるが,改革の手始めは競争を促進ないし維持することであったため,次々に産業政策を決定することが政府の主要な目的であったということができる.

　この論稿の第1節は,中国が改革開放政策を採用して以来,その産業政策を促進している方法について簡潔に検討する.第2節はこれらの政策が競争を促進ないし制限する際に果たしてきた役割を概観する.第3節では筆者の結論と見解を提示する.

I 改革開放政策採用後の産業政策の促進

1. 産業政策の種類

　1970年代後半以降中国はきわめて多くの産業政策を制定してきた.調査によれば,中国はこの期間に第二次大戦直後に日本が行ったよりも遙かに多い産業政策を公布した[1].1978年から1997年までの期間に,80以上の包括的な産業政策が,事実上すべての政府官庁と産業を網羅して,中国中央政府の名で公にされた[2].これには国務院直属の部及び委員会が制定した無数の産業政策は含まれない.この論稿では,国務院の名で公布された包括的産業政策に焦点を絞ることにする.

　これらの産業政策はさまざまな基準に従って以下のカテゴリに分類される.
(1) 特定の問題に対応する産業政策
　処理されるべき問題に応じた分類であり,中国の産業政策は3つの類型に分けられる.

(a) 産業構造再編を目的とする産業政策

長年にわたる中央計画のために1970年代には大変に偏った経済構造が発生していた．1970年代には重工業が製造業よりも急速に成長した結果，多くの資本財が過剰生産となる一方，消費財供給がひどく不足していた．

こうした経済的疾患を是正するため，政府は1970年代後半から1980年代半ばにかけての期間に数多くの産業政策を制定して消費財産業を押し上げようとした．1980年代の中頃までに，消費財の不足は基本的に解消したが，エネルギーや原材料その他の基本的な工業製品の供給不足が未解決の問題として浮上してきた．これを契機に中国政府は，1980年代半ばから1990年代半ばにかけての期間，その産業政策の重点を基本的工業製品の発展へと移すことになった．

(b) 産業構造改善を目的とする産業政策

1980年代半ばには国家の産業構造の改善に多くの関心が払われるようになった．これは，先進技術を用いて高い付加価値を生産する産業が中国製造業にはほとんどないので，それらが中国工業全体の長期的発展を阻害する重大なボトルネックになること，また，自動車，マイクロエレクトロニクス，高度の耐久消費財といった産業が多くの新産業諸国及び地域にとって産業上のバックボーンとなってきたこと，について共通の認識が存在したためであった．1980年代半ば以降中国政府は技術指向の新規産業の発展を促進する一連の産業政策を制定した．

(c) 産業組織再編を目的とする産業政策

改革の初期には中国政府は，できるだけ速やかに消費財生産を拡大するため，中小企業の発展を促進する政策を採用した．しかし何年もしないうちに，非国家部門のそうした企業の急速な成長はすでに，国有大企業の市場占拠率や原材料供給，利益に重大な影響を及ぼすに至った．これは，1980年代半ば以降，中国政府がその産業組織政策を中小企業，とりわけ非国営部門の中小企業の発展抑制へと再び転換させたことが原因である．

(2) 異なる国際的措置に伴う産業政策

これは政府介入の態様に従った分類であり，中国の産業政策には，直接介入と間接介入の2タイプがある．

(a) 直接介入による産業政策

こうした産業政策によって政府は，強制的な生産要素の配分割当，行政による産業計画の審査と認可の義務づけ，行政「通達」と行政「決定」，そして，外国為替を管理し輸出入割当量を異なる産業に配分するさまざまな手段などを用いて，特定の産業に介入するため，直接的な行政措置に訴えることができる．

(b) 間接介入による産業政策

間接的介入による産業政策によって，さまざまな産業に対する多様な利子制度または税率，さまざまな産業の異なる価格決定方法，経済的な報償または制裁，企業行動に影響を及ぼす意図でなされる政府による情報提供といった特定の経済措置を用いて，政府は産業の発展に介入することができる．

(3) 助成的産業政策と制限的産業政策

その役割が助成的であるか制限的であるかに従って，中国の産業政策は助成的政策と制限的政策の2つに分類される．

(a) 助成的政策

助成的産業政策は，特定の産業ないし企業の発展を加速するために，政府が優遇措置を与えることを可能にする．1970年代後半から1980年代前半にかけて，消費財メーカーには投資と課税面で政府の優遇措置が与えられた．

(b) 制限的政策

制限的産業政策とは，政府が，特定の産業または企業を抑制する目的で，差別的ないし制限的な政策に訴えることをいう．たとえば，1980年代半ばから政府は，都市の大規模紡績工場に対して安価な綿の供給を保証する一方，中小の紡績工場に対してはその閉鎖のために特にそうした保証を行わなかった．

直接的介入・間接的介入のいずれであっても，産業政策は助成的・制限的でありうることを考慮すれば，(2)と(3)のカテゴリに属する中国の産業政策はひとつにまとめることができる．中国の産業政策は，直接介入による助成的政策，直接介入による制限的政策，間接誘導による助成的政策，及び間接誘導による制限的政策，という4つのタイプに分けることができる．

表1はこれら4つの産業政策とそれらに含まれる措置を一覧にしたものであ

表1：1970年代後半から1990年代後半までの中国における
産業政策のカテゴリとその関連措置

	直接介入による助成的政策	直接介入による制限的政策	間接誘導による助成的政策	間接誘導による制限的政策
財政措置	政府財政投資および補助金	政府財政投資の禁止	減税と免税，加速償却	高率課税，加算税
金融措置	優先的な融資と融資引当金，資本市場での資金調達の許可	融資の禁止または条件付き融資	優遇利子率，有利な弁済条件	高率課税，不利な弁済条件
原材料供給	政府補助金付価格での原材料供給，逼迫局面における優先的供給	政府補助金付価格での原材料供給なし，供給逼迫局面での優先的供給なし	ノルマを上回る生産物の市場価格での販売の許可	市場価格での生産物販売の禁止
通商政策及び為替政策	輸出入割当，政府補助金付価格での外国為替の提供，政府間借款の優先的利用，外国からの借入に対する政府保証の提供	輸出入割当なし，政府補助金付価格での外国為替の提供なし，政府間借款の優先的利用なし，外国からの借入に対する政府保証なし	輸出入負担金の減免，輸出に対する優遇税制	輸出入に対する高率関税
審査と認可及び行政命令	特定プロジェクト実施の許可とインセンティブの提供	新規プロジェクトの禁止と罰則		
意思決定権限	企業に対する価格決定，販売，外国貿易における自主決定権の承認			
情報提供			関連情報の提供による政府誘導	進展を阻害する意図でなされる政府の情報提供

る.

II　産業政策：競争の促進か制限か

　市場競争の観点からみれば，中国の産業政策は，1）1970年代後半から1980年代半ばまでの，産業政策の中心的な役割が競争を促進することであった時期，2）1980年代半ばから1990年代半ばにかけての，産業政策が競争を制限することを意図していた時期，3）1990年代半ば以降の，産業政策が両方の役割を演じてきた時期，という3つの発展段階を経てきている.

1．市場競争の観点からみた産業政策
(1)　中央計画と中国製造業の独占的性格
(a)　さまざまな産業に対する多様な産業組織の形態

　中央計画の時代には，中国のさまざまな部門の製造業がさまざまに異なる産業組織構造を有していた．これら部門のあるものは，ごく少数の大企業だけで構成されていた．たとえば，自動車産業は主として第1自動車工場と第2自動車工場によって構成されており，両工場が国内自動車生産高の90パーセント以上を占めていた．これは製鉄，非鉄金属，重機械工業についても同じであった．こうした企業数の少なさと高い市場占拠率から判断する限り，それらは概して独占的産業に属していた．

　中央計画の下では，多数の企業から構成されている産業も存在したが，これは消費財製造業の大部分についてあてはまることであった．たとえば，1970年代半ばには，全国に180あまりの大規模・中規模な国営の綿紡績工場があったし，200以上の家電メーカーが存在した．これら企業の数の多さ（？）から判断すると，こうした産業が性質上独占的でないことは明らかであった．

(b)　中国産業の一般的特性としての（？）競争の欠如

　だが，中央計画の下にある国家にとって，ある産業が競争的か独占的かを判断するうえで，企業数はたいした意味をもたない．それは，中央計画の下では，国営企業は互いに競争者ではなく「兄弟」と見なされるからである．こうしたシステムの下では，多くの企業の仕様，生産高，価格，売上高，製品の発達，

労賃は国家計画に従って統一されているため，企業が競争者となることは不可能になっている．したがって中央計画の顕著な特徴は，どれほど企業数があっても市場は競争的ではなく独占的だ，ということなのである．

(2) 産業政策と独占禁止への努力

経済の構造改革が進行中であった1970代末までの期間には，中国政府は中央計画の欠点について敏感に認識しており，企業が相互に競争して，生産を増加させ効率を向上させ新しい製品を開発し労働者と職員の所得を上げるよう助長し始めた．この時期，中国産業政策の重点は競争に置かれていた．この目的に沿って3種類の政策措置がとられた．

(a) 新規参入の促進

中央計画の時代には，新規の工場が設置されるべきか否かは政府に委ねられていたため，工場設置は企業活動としてではなく行政的に行われていた．改革初期において，政府ができるだけ迅速に発展させたいと望む産業や通商への新規投資を促進するため，政府は一連の政策を立法した．たとえば，1978年に政府は，消費財生産に対する新規の投資家に6種類の優遇措置を提供して，非国営企業の数を大幅に増加させる契機とするとともに，この分野での競争を強化した．その後，政府は，原材料，エネルギー，輸送設備その他の産業で，同様な産業促進政策を採用した．

(b) 企業間競争の促進

国営企業が自分たちの有する設備や技術を基に生産高を増加させ効率を向上させることは，改革初期における中国の産業政策のもうひとつの重要な側面であった．その発展が政府によって奨励されていた産業では，生産割当量以上の生産を達成できた国営企業は優遇政策がとられることになった．たとえば，そうした企業はノルマを超えて生産できた製品を国の定めた価格ではなしに市場価格で販売することができ，報償としてそれで得た利益を用いて労働者の賃金や他の福利厚生費を増額することが許された．障害が大きなために多数の非国営企業の参入が不可能であった産業では，国営企業の間でのこうした「ノルマ超過市場」の奪い合いが独占から競争への転換に際して重要な決定要因となった．たとえば，高級スチール製プレートの生産では，いくつかの大規模国営工

場に競争が制限されていたため，小規模企業は決定的な要因とはならなかった．

(c) 価格統制の緩和

中央計画の下では，あらゆる工業製品価格が政府によって決定されていたため，たとえ新企業の参入が認められたり国営企業の相互間競争を促進する政策がとられていたとしても，有効競争はその余地がなかった．改革の開始から相当の期間が経過しても，ほとんどの製品の価格は依然として政府の統制下にあった．しかし同じ時期に，政府の産業政策によって支持された産業では，市場による価格形成メカニズムが認められた．1970年代後半から1980年代前半にかけて，こうした産業の新旧企業はノルマを超過した製品に関して，自ら価格を決定することを許されたり，国が定めた価格をベースにそれらの価格を変動させることを認められた．たとえば，ノルマを超過した繊維製品の価格は，国の定める価格から15パーセントの幅で上下に変動させることが認められた．

こうした支持政策の役割は，非国営投資家の参入や国営企業におけるノルマ超過生産物の拡大に比べて，顕著なものであった．こうした政策がとられた産業は，急速にその生産高を拡大し，絶え間なく価格を引き下げ，新製品と新技術の開発を迅速化し，そしてそれらの産業を典型的な競争産業へと転換させた．

(3) 事例研究：冷蔵庫産業はどのように独占的産業から競争的産業へと転換したか

改革初期には，冷蔵庫製造は，いくつかの大規模国営企業が全国の冷蔵庫生産高において高い占拠率を占める，典型的な独占的産業であった．1982年に，中国は10万1千台の冷蔵庫を生産していたが，その上位4社は北京総合冷蔵庫工場，広州冷蔵庫工場，上海総合冷蔵庫工場，蘇州冷蔵庫工場であった．これら4社の合計生産高は7万4千台に上っており，その集中度は74.5パーセント（CR4＝74.5％）であった（表2参照）．

1980年代前半以降，政府は冷蔵庫の製造を含む家電産業の発展のためのプログラムを策定した．冷蔵庫産業について関連する政策は2つあった．

第1に，1970年代前半から1980年代前半にかけて，政府は，消費財産業，と

表2：1980年代中国冷蔵庫産業の市場構造

	総生産高（100万台）	上位4社平均生産高	CR4（%）
1882（？）	0.101	18,600	74.5
1985	1.448	143,000	39.4
1988	7.576	550,000	29.0

出典：中国家庭電化製品協会

りわけ新たなタイプの消費財の発展を促進・支持するため「6つの優遇措置」を定めた．この政策は，エネルギー及び原材料供給，合弁資本事業協定，技術移転事業，設備・技術輸入に必要な外国為替の利用，輸出促進に必要な輸入，運送協定について優遇措置を与えるものであった．この優遇政策は家電産業の成長に対して良好な条件を提供した．

第2に，政府は供給過剰にある産業に対して再編または他の産業への転換を促した．特に重工業と防衛産業は，資本ストックの総額を再調整することで，消費財産業への転換を強力に推進した．その結果，製造(投資？)用の機械及び電気製品や軍需品を生産する企業の相当数が，関連する産業がもつ他用途の設備及び技術を生かして，消費者用の機械及び電気製品の生産に転換した．

こうした政府の産業政策により，多くの新規企業が冷蔵庫産業に参入した一方で，多くの古くからの企業が冷蔵庫の生産に回った．1985年に中国は144万8,100台の冷蔵庫を生産した．冷蔵庫を製造する企業の数は100社を超えた．その上位4社——広州Wanbao電機産業，北京冷蔵庫工場，上海冷蔵庫工場，蘇州冷蔵庫工場——は合計で57万1,000台を生産したが，その生産集中度は39.4パーセント（CR4 = 39.4%）であった（上記表2参照）．こうして中国の冷蔵庫産業は独占から競争へと転換した．

1988年に中国の冷蔵庫及び洗濯機の生産台数は1980年代で空前の台数に達した．冷蔵庫生産台数合計は757万6,300台となり，その生産集中度は29.0%（CR4 = 29.0%）であった（上記表2を参照）．

2. 競争制限を目的とした産業政策

(1) 背　　　景

1980年代半ばから1990年代半ばにかけて，政府の産業政策は主として競争を促進するものから主として競争を制限するものへと転換した．

こうした変化の背景にあったのは，競争を促進する産業政策の下で相当数の非国営中小企業が生まれて力をつけ，国営企業を上回るほどに競争力をもつようになった事実である．国営企業の市場占拠率は，競争の結果，非国営企業を下回り，その利益創造力が着実に低下したため，一部の産業では国営企業のすべてが資金を失ってしまったのである．こうした圧力を受けて，国営企業との密接な関係を維持していた政府は，非国営企業の発展を一定範囲の産業にとどめ国営企業に対する競争圧力を緩和する目的で，その産業政策の調整を始めた．

(2) 産業政策と競争制限

競争制限を目的とした産業政策は次の4つに該当する．

(a) 無差別で重複した設立の審査を理由とする新規中小企業の設立制限

改革の進展に伴って，相当数の中小企業が生まれたくましく成長した結果，特定の産業における過剰生産能力という顕著な問題が発生した．中国では，この問題は「濫立」と呼ばれている．1980年代初頭から，「濫立」を口実に中小企業の発展を制限することを目的に，政府は多くの産業政策を制定した．こうした政策のうちで中心的な内容をなすのが，過剰生産能力を抱えた産業について投資家を参入させないことであった．

(b) 農村企業と国営企業との間の競争制限

1980年代初頭以来，一部の国営企業が経営上の問題を抱えていたため，政府は新たな産業組織政策を採用して，国営企業とその競争相手である非国営企業の関係を調整し直すことを試みた．こうした産業政策は，他の政策と相まって，国営企業が十分な生産能力を有している産業分野では，農村地域が企業を営むことを許可しない旨を規定したのであった．一部の事例では，国営企業は有利な扱いを受けるべきであるという理由以外の理由で，こうした政策が制定・実施された．新規の中小農村企業を禁止する理由のひとつは，大規模な国営企業

の経済規模の優位が十分に実現されるべきだとするものであった．

(c) 指定企業だけに対する特定製品の製造免許

合理的な限度と考えられる水準を超える速さで生産能力が拡大したと政府が考えるこうした産業のために，政府は，参入を抑止する政策を制定することで，迅速に対応した．1980年代初め，こうした目的のための主要な政府の政策は，認可生産のための製造企業を指定することであった．たとえば，1980年代初頭，軽工業部は北京，広州，蘇州，天津，上海にある5つの工場だけを冷蔵庫の認可生産者に指定した．

(d) その規模を理由とする大規模国営企業に対する優遇政策

1980年代半ば以降，一部の大規模国営企業は，生まれたばかりの市場競争に自らを適合させることに失敗したため，困難な状況に陥ったことが明らかになった．政府は，そうした企業が企業グループを形成することを認める優遇政策を定め，それらに税制と投資の両面における優遇政策を与えた．こうした政策により，大規模国営企業は新規の製品と技術の発展における有利な待遇を与えられ，非国営企業の投資家は大規模国営企業が支配する産業に参入することを禁止された．たとえば，1993年に発表された自動車産業のための政策は，新規の投資家が3大メーカーだけが存在していた分野である，セダン車を生産することを認めなかった．

この時期に政府は競争を制限するための産業政策を数多く制定したが，その影響は前の時期に競争を促進するために立法された産業政策ほど大きくはなかったという事実は，注目に値する．これは，それが彼らの利益に合致していたので，支援的産業政策が企業から熱心な対応を引き出すことができたためである．一方，制限的な産業政策は，企業の利益と抵触していたため，反対を招いただけであり，企業はそれらに抵抗したりそれらをすり抜ける傾向を見せた．しかしながら，競争を締め出すことを目的としたこれらの産業政策が長期にわたって存在したことは，多くの中国製造業者が独占から競争へと転換することを遅らせ，それにより，そうした企業の全体としての競争力に影響を及ぼしたことが明らかであった．

3. 競争の促進と阻害の2つの効果をもつ産業政策

(1) 経済的背景の変化

1990年代半ば以降中国経済は重大な変動を経験した．

(a) 基本的な不足の解消

1990年代半ばには，中央計画時代にはその製品が供給不足であった産業の大部分が市場の需要を上回る生産を行っており，改革当初供給拡大を目的としていた助成的産業政策を維持する根拠がなくなったままになっていた．

(b) 市場メカニズムの役割の大幅な拡大

改革から20年近く経過して，中国は経済再編の長い道のりを進み，需要と供給の関係の規律における市場の役割が大幅に拡大した．こうした事情の下で，人民は，産業政策に代わり，市場の規制的な役割によって一時的な商品の不足を解決することを期待している．

(c) 一層の困難が進行する国営企業

1990年代半ばに中国の国営企業はこれまでに例を見ないジレンマにあることに気づいた．大規模国営企業のおよそ5分の2が資金を失いつつあった．紡績業と石炭業では，ほぼすべての国営企業が赤字であった．その困難は非国営企業との競争から発生したと考えたため，国営企業は政府に対して膨大な圧力をかけ，非国営部門の発展を抑制することで自らの状況を改善するよう要求した．

(d) 改善する中国のWTO加盟の見通し

中国のWTO加盟の計画がしだいにはっきりするに従って，電気通信事業と銀行などの一部サービス産業における大規模国営企業の独占の解体が避けられないものとなった．こうした事情の下で人民は，独占を解体し新たな産業政策を形成することによりこうした産業の効率と競争力を上げることを望んでいる．

上述した諸要因を考慮すれば，この時期の中国の産業政策は競争を促進しあるいは阻止するものであった．

(2) 独占的産業に対する産業政策：競争の促進

独占的産業において競争が促進される主な理由

改革初期には一部の中国産業は少数の国営企業によって独占されていた．――一部の事例では1個の企業が存在するだけだった．これには郵便と電気通信，鉄道運送，航空運送，銀行，保険があった．1990年代半ばに4分の3からの圧力が中央政府を促して独占的産業での競争の創出を日程に上らせた．第1に，国内の消費者はこうした産業の粗末な品質と不当な料金について厳しい感情を抱いており，その効率とサービスの改善を要求していた．第2に，これらの産業に参入したいと考えていた新規の投資家は，影響力を使ってこうした産業の長期間にわたる独占と高い利益について何とかするよう，中央政府に圧力をかけ続けていた．第3に，中国のWTO加盟の見通しが明るくなるにつれて，WTO加盟について中国と交渉を行っていた一部の諸国は，中国がそのサービス市場を開放することを断固要求した．こうした圧力のせいで，中央政府と独占産業自身は，中国のWTO加盟後は，独占を打破し競争を通じて効率を向上させなければ，外国からの多国籍企業との競争に抵抗することができないことを理解した．その結果，ここ5年で，一部の少数の大規模国営企業が支配する産業は急速に競争を指向し始めた．

(3) 競争を阻害する産業政策：国営企業の救済

主要目標

多数の非国営企業からの競争が国営企業の困難の背景をなしている主要な原因であると政府が考えていたため，1990年代半ばから後半にかけて政府が国営企業をその苦境から救うためにとった重要なステップのひとつは，石炭，鉄鋼圧延，セメント，石油精製，ガラス製造という5種類の非国営小規模企業を閉鎖することで，特定産業の生産能力を削減することであった．1999年の工場閉鎖は各産業の生産能力の10ないし15％に上った．これは，これらの小規模企業を閉鎖することで過剰生産と国有企業に対する競争圧力という2つの問題が軽減される，とする政府の考えから行われた．国営企業を救済することを狙いとした産業政策の性格を政府がどのように考えていたにしても，こうした政策が競争の阻害を意図していたことは疑問の余地がなかった．

(4) 妥当性を増す期待

1970年代後半から1980年代後半までの長期にわたって，発展途上にある中国

産業の病が何であれ産業政策で治癒することができると期待するほどに，人民は政府の産業政策の役割に対して非現実的な期待を寄せていた．特定製品の供給が不足すれば，人民は助成的産業政策を用いて生産の成長を迅速化するよう期待した．特定製品の供給が需要を上回れば，人民は制限的産業政策が生産を削減するよう期待をかけた．競争の激化によってますます多くの企業が財政赤字となると，人民は産業政策によって競争を軽減して企業経営を改善することを期待した．その結果，この期間に公布された産業政策の数は絶えず増加した．1989年に公布された発展を助長し制限しあるいは禁止する国家政策は，事実上，すべての中国製造業をカバーしていた[3]．結局これらの政策は「異常事態に陥っているごく少数の企業だけを処理する」というその目的を達成することができなかった．

1990年代半ば以後，こうした政策はなお一定の役割を演じているが，市場経済では市場メカニズムが，かつては産業政策によって解決されるだけであった問題のほとんどを解決できることを人民が認識し始めた．そのため政府は，明らかに新規の産業政策をスローダウンしてきたのであった．供給不足にある産業を助成し過剰生産の産業を制限する目的で広く実施されてきた中国の産業政策は，ここ数年着実にその支配領域を縮小するのを目の当たりにする一方で，独占禁止産業政策が政府の政策の一部となりつつあるのである．

III 結論と私見

1．競争促進のための重要な地位にある産業政策

これまでの分析で明らかになったことは，中央計画から市場経済への転換期に，中国の法制度全体が経済の再編を後追いしてきたことから，市場経済に適合した独占禁止法が，計画経済が残してきた独占に関する諸問題と取り組む際に重要な役割を演じてこなかった，ということである．この時期に作成された相当数の産業政策は，競争を促進するという明確な任務によって特徴づけられてきた．したがって，産業政策が中国の市場競争に関する重要な構成要素であることは明らかなのである．

2. 低下しつつある競争関連産業政策の地位

1990年代後半以後，中国製造業の圧倒的多数は，高度に競争的になっており，政府の産業政策をしてその初期に競争の促進において果たした主要な役割を減じさせることとなった．中国の産業政策は引き続き依然独占下に置かれている産業の一部で競争を促進しているが，そうした役割はそれらの産業において独占が弱まったり完全に消滅してしまうに従って小さくなって行くであろう．

3. 中国は競争を促進する標準的政策を求めている

中国の競争に関連する産業政策の役割は低下しつつあるけれども，それは，独占禁止という任務が中国において達成されたということではない．逆に，中央計画に固有の独占はなくなりつつある一方で，市場経済に特有の独占の危険が増大しつつある．注意を払うべきことは，中国のWTO加盟後に一部の大規模な多国籍企業が中国市場に独占的な力と純粋に独占的な利益を発揮するおそれがあることである．産業政策は中国がWTOに加盟した後では過度に用いることが許されない行政措置であるため，中国は独占を取り締まり，公正競争を促進する法律について立法と法運用の作業を加速する必要がある．それによって，わが国の規範的な競争行為は市場経済の確立した慣行ともっと調和したものとなるであろう．

(翻訳：青山学院大学国際政治経済学部講師　佐藤　宏)

1) Jiang Xiaojuan (1996) : "Industrial Policy in the Transition Period", Shanghai Joint Publishing Co.
2) Ibid.
3) Ibid.

参 考 文 献

Zhou Shulian, Pei Shuping and Chen Shuxun (chief editor) : A Study of China's Industrial Policies, Economic Management Press.

Industrial Policy Department of State Planning Commission (1990) : A Handbook of Industrial Policies, Economic Management Press.

Wang Huijiong and Chen Xiaohong (chief editors 1991) : Industrial Organization and Effective Competition : An Initial Study of Chinese Industrial Organization, China

Economics Publishing House.

Liu He (1994): "China's New Age Industrial Policies: Type and Modes of Manifestation", Chinese Investment and Construction, issue No. 7.

Li Xiangyang (2000): "The Law of International Economy and Changes in the Modes of Enterprise Competition", International Economic Review, issue No. 11.

Shen Genrong (1999): "Impact of WTO Membership on China's Anti-Monopoly Law", a confidential research paper.

Cao Hongying (2000): "Promoting Reform of China's Monopolistic Industries through Competition Law Enforcement", International Commerce Post, February 4.

Wu Zhenguo (2000): "The Anti-Monopoly Law of China and Its Rules on Mergers", Cinese Industrial Economy, issue No. 2.

Chen Wenjing (1997): Handbook on Entry into Asia-Pacific Market, China Foreign Economic Relations and Trade Press.

Wang Xiaohua (1999): A Study of the Law on Competition, China Legal System Publishing House.

Zhang Yuyan: "Loosening Government Control・A Case Study of China Unicom", Economic Reserch, issue No. 6, 1995.

Jiang Xiaojung (1996): "Industrial Policy in the Transition Period", Shanghai Sanlin Publishing House.

付属資料

APECにおける競争政策と規制改革政策の原則

1999年9月のオークランド閣僚宣言（仮訳）

（開放的かつ競争的な市場は，経済の効率性及び消費者厚生にとっての主たる原動力である．）

域内における成長を確保し維持することを目的として市場の強化を支援するための競争に関する原則を作成することが戦略的に重要であること，及び，これらの原則が市場の機能に影響を与える経済政策の全ての側面をつなげる枠組を提供するものであることを認識し，

これらの原則が非拘束的であり，また，APECが活動している方法に合致した形で，各メンバーによって自主的に実施されることを認識し，

政策の策定のためにこれら原則を採用するに当たっては，域内のメンバーの多様な状況及びこの状況から生じる異なる優先事項を考慮し，また，包含することが必要であることを認識し，

メンバーがこの枠組の実施にあたって，多様な状況を考慮する柔軟性を有していることを認識し，

APECメンバーにおける政策と規制が，競争促進以外の目的を適切に有し得ることを認識し，

競争に主導された規制枠組からの適用除外が必要であり得ること，及びこれら適用除外がこの枠組を考慮しつつ，経済的な歪みを最小にする方法で実施されることを認識し，

改善された競争環境が中小企業にとって有益であること，及びこれら原則を作成するに当たってビジネス界との間で広範な協議が行われたことを認識し，

APECの様々なフォーラム及び太平洋経済協力会議の「競争に主導された政策枠組の作成の指針となるAPECメンバーのための原則」からの関連のインプットを参考とし，

APECは以下の原則を承認する．

無差別性

(i) 競争及び規制に関する原則が，経済主体が外国のものであるにせよ国内のものであるにせよ，同様の状況下にある経済主体間の差別が行われないように適用されること．

包括性

(ii) 競争及び規制に関する原則が，モノ及びサービス，並びに民間及び公的部門の事業活動を含む経済活動に広範に適用されること．
(iii) 市場の効率的な機能に影響する政策の策定及び改革における競争の側面を認識すること．
(iv) 競争過程を保護すること及び自由かつ公正な競争のための環境を創造し維持すること．
(v) 競争的な市場のためには，良好で総合的な法的枠組，明確な所有権，及び無差別的，効率的かつ効果的な執行が必要であると認識すること．

透明性

(vi) 政策及び規則，並びにそれらの実施に当たって透明性があること．

説明責任

(vii) メンバーの行政当局内において，政策及び規則の作成並びにその行政上の執行における競争及び効率性の側面の実施のための責任が明確であること．

実施

これを達成するため[注]，APEC メンバーは以下の事項について努力する．

1．ビジネス（中小企業を含む）が効率性と革新性に基づき競争する能力と機会を阻害する規制及び措置を特定及び／又は見直すこと．
2．望まれる目的を達成するための手段が，競争に対して最小限の歪曲をもって採用及び／又は維持されることを確保すること．
3．競争過程を保護するための競争政策を実施することにより，反競争的行為に対処すること．
4．個別メンバーの状況を考慮しつつ，競争メカニズム及び改革措置の導入の時期及び順序の問題を検討すること．
5．以下の目的のため現実的な手段を採ること．
  ● 政策及び規則を一貫して適用するよう推進すること
  ● 不必要な規制と規制手続の撤廃
  ● 政策目的及び規則の行政上の執行方法についての透明性の向上
6．競争政策及び規制政策の適用において，信頼を醸成し，キャパシティ・ビルディングを行うこと．これは，特に以下によって達成される
  ● 競争政策と規制改革の唱道の推進
  ● 競争当局及び規制当局，裁判所，並びに民間部門における専門的技術の形成

- ●競争当局を含む規制当局に対する適切な資源配分
7. 途上エコノミーに対する経済技術協力及び援助，並びに途上エコノミーにおけるキャパシティ・ビルディングを行うこと．これは，競争政策と規制改革に関して蓄積されてきたAPECの知識及び専門的技術をよりよく利用することでなされ，APEC以外の専門技術の源泉との間でより緊密なつながりを発展させることを含む．
8. 規制改革へのアプローチを特定するのを助け，このアプローチがこれらの原則と一致していることを確保するよう，APECにおける既存の努力を基礎として進めていくこと．
9. 関係のAPECフォーラムによって形成された規制改革に関するアプローチの自主的な実施を支援するため，キャパシティ・ビルディング及び技術援助を含むプログラムを作成すること．
10. 競争当局を含むAPECメンバー規制当局間の効果的な協力方法を発展させ，これらの協力方法に対する適切な資源の配分を確保すること．

（注） これら努力が，他のフォーラムにおける作業との重複を適切に避けるよう努めることを認識する．

中国独占禁止法要綱案

1999年11月公表
2000年6月改正
姜　姍訳

第1章　総　則

第1条［立法目的］

この法律は，独占行為を阻止し，自由かつ公正な競争を維持することにより，一般消費者及び事業者の合法的権益を確保するとともに，社会主義市場経済の健全な発展を促進することを目的とする．

第2条［定義］

この法律において事業者とは，商品活動又は営利のためのサービス（以下「商品」にはサービスを含む）に従事する法人，その他の経済組織又は個人をいう．

この法律において独占行為とは，事業者が，単独であるか共謀であるかを問わず，市場支配的地位を濫用し又はこの法律のいずれかの規定に違反し，一定の取引分野における競争を排除し，又は制限することにより，一般消費者の正当な権利及び利益に損害を与え，公共の利益を侵害する行為をいう．

この法律において一定の取引分野とは，事業者の一定の商品に関する競争を行う地域をいう．

第3条［事業者の行為規範］

事業者は，自由意思，平等，公正，誠実及び信用の原則を遵守し，生産及び活動と展開し，法に基づいて相互に競争しなければならない．

第4条［行政性独占行為の禁止］

すべての分野の人民政府及びその所属部門は，公正な競争のための適正な環境及び条件を整備するために，独占行為を阻止するための措置を採らなければならず，行政力を濫用して競争を制限してはならない．

第5条［執行機関］

国務院独占禁止機関及びその附属事務所は，独占行為を阻止し競争を維持するために，本法の規定に基づき職権を行使しなければならない．

第6条［国家奨励・社会監督機能］

国は，独占行為に対し，社会的な規制を行うあらゆる組織又は個人を奨励し，支持し，かつ保護しなければならない．

国家公務員は，独占行為を支持し又は保護してはならない．

第2章　市場支配的地位の濫用

第7条［市場支配的地位の濫用の禁止］
　事業者は，事業活動において，市場における支配的地位を濫用し，競争を排除し，又は制限してはならない．

第8条［市場支配的地位に関する定義］
　この法律において市場支配的地位とは，一定の商品の事業者が置かれた状況が，次の各号に掲げるいずれかに該当している場合をいう．
　1　一定の市場において事業者が1社の場合（又は競争者がいない場合）
　2　一定の市場において圧倒的な地位を占め，他の事業者の参入が著しく困難である場合
　3　一定の市場における一定の商品に関する2またはそれ以上の事業者の間において，有意な競争がない場合
　4　一定の市場における事業者の占拠率が，次に掲げるいずれかの条件に該当し，他の事業者が参入するのが困難である場合には，市場支配的地位が推定されうる
　　1　一定の商品の1事業者の市場占拠率が2分の1を超えている場合
　　2　一定の商品の2事業者のそれぞれの市場占拠率の合計が3分の2を超えている場合
　　3　一定の商品の3事業者のそれぞれの市場占拠率の合計が4分の3を超えている場合

第9条［市場支配的地位の濫用行為の禁止］
　市場支配的地位にある事業者は，次の各号に掲げるいずれかの行為をしてはならない．
　1　不当に商品の価格を設定し，維持し，又は変更すること
　2　不当に商品の供給を変更し，又は調整すること
　3　不当に他の事業者の事業活動を阻害すること
　4　不当に新しい競争者のアクセスを阻害すること
　5　競争者に実質的に制限し，又は消費者に著しく損害を与えるその他の行為

第10条［差別的取扱の禁止］
　市場支配的地位にある事業者は，正当な理由がないのに，同等の条件の取引相手に提供する商品の価格又はその他の取引条件について，差別対価その他の差別的取扱をしてはならない．

第11条［不当拘束の禁止］
　市場支配的地位にある事業者は，誘引，強迫又は他の不当な手段によって，他の事業者を競争制限行為を行うように強制してはならない．

第12条［売行の良い商品に売行の悪い商品を抱合わせること又はその他の取引条件付取引の禁止］

市場支配的地位にある事業者は，売行の良い商品を買おうとする者に対して売行の悪い商品を強制的に買わせるために，後者を前者に抱合せ，又は買手の意思に反して不当な条件取引を付してはならない．

第13条［略奪的価格の禁止］

市場支配的地位にある事業者は，他の競争相手を排除するために，生産費以下の価格で商品を販売してはならない．

第14条［独占的取引の禁止］

市場支配的地位にある事業者は，販売者に対して，自己の商品のみを販売し，一定の取引分野における他の事業者の同種又は類似の商品を販売しないよう要求してはならない．

第3章　独占的協定

第15条［独占的協定の禁止］

事業者は，契約，協定その他の方法によって，競争者と共同して，次に掲げるいずれかに該当する競争を制限する行為を行ってはならない．

1　商品の対価を決定し，維持し，又は変更すること
2　入札談合をすること
3　商品の供給量又は品質を制限すること
4　取引先の地理的範囲又は顧客若しくは供給者を制限すること
5　新しい技術又は設備の導入を制限すること
6　共謀して市場アクセスを阻害し又は競争者を排除すること

第16条［再販売価格の制限の禁止］

事業者は，卸売業者又は小売業者に対して，再販売価格を制限してはならない．

第17条［適用除外］

事業者の間の競争を制限する協定が，経済全般の発展及び社会公共利益に有益であり，競争を実質的に制限せず，国務院独占禁止機関の認可を得た場合には，この法律を適用しない．

1　技術の向上，品質の改善，原価の引き下げ，効率の増進，製品規格の統一及び商品又は市場の開発のための共同研究を目的とする共同行為
2　中小企業間の経営効率の向上又は競争力の増強を目的とする共同行為
3　輸出，輸入及び外国における協同事業における正当な利益の保護を目的とする共同行為
4　市場変化に適応し，販売数量の顕著な下降及び著しい生産過剰の阻止を目的とす

る共同行為
5　生産及び経営の合理化並びに雇用の分担及び調整を促進するための専門性の向上の実現を目的とする行為．

第18条　［届出義務］

事業者は，本法第17条各号のいずれかに該当する協定を締結した場合は，国務院独占禁止機関に申請を提出し，認可を得なければならない．

ただし，次の各号のいずれかに該当する場合，国務院独占禁止機関は申請を却下する．
1　市場支配的地位をもたらし又は強化するおそれがある場合
2　商品の価格を固定し，維持し，又は変更することとなる場合

第19条　［認可の手続］

事業者は，協定の締結日から15日以内に，国務院独占禁止機関に申請し，認可を得なければならない．

申請の際に，国務院独占禁止機関に，次に掲げる書類を提出しなければならない．
1　協定
2　申請書
3　協定に参加する事業者に関する資料

国務院独占禁止機関は，申請書類の受理日から1カ月以内に，当該申請を認可し又は却下しなければならない．

なお，独占禁止機関の認可は，協定の内容を限定する条件を付け加えることができる．

第4章　企業結合規制

第20条　［企業結合］

この法律において企業結合とは，次の各号のいずれかに掲げる場合をいう．
1　2又はそれ以上の事業者の合併
2　1の事業者が他の事業者の経営支配権（原文：控股権）の獲得
3　1の事業者が他の事業者のすべての資産又は営業若しくはその大部分の取得，又は賃借
4　1の事業者が他の事業者との共同経営又は他の事業者の経営の受任
5　直接又は間接的な，他の事業者の業務運営又は人事の任免の支配

第21条　［申請義務］

事業者は，次に掲げるいずれかの条件に該当する場合，国務院独占禁止機関に申請をし，認可を得なければならない．
1　事業者の合併により，市場占有率が3分の1を超える場合

2　合併する一方の事業者の市場占有率が4分の1を超える場合
　3　合併する一方の事業者の年間売上高が国務院独占禁止機関に規定された限度を超える場合国務院独占禁止機関は，1の事業者の市場占有率が5分の1を超える場合，これを定期的に公表する．

第22条〔申請内容〕

　この法律の第21条に規定する，企業結合を行う事業者が国務院独占禁止機関に提出する申請書は次の各号に掲げる内容を含まなければならない．
　1　事業者の名称，生産又は販売する製品，従業員，資産額，前年度の市場売上高，利益，税金等に関する報告書
　2　前会計年度の財務報告書及び営業報告書
　3　合併実施後，関係する製品の生産・販売原価，販売価格，生産量等に関する報告書
　4　合併実施後，経済全般及び社会公益に及ぼす影響に関する報告書
　5　合併の理由書

第23条〔申請の認可〕

　国務院独占禁止機関は，この法律第22条の各号に該当する書類の受理後，2カ月以内に，当該申請を認可し，又は却下しなければならない．なお，2カ月以内に結論を出すことが困難である場合，独占禁止機関は通知を以って，1カ月間期間延長することができる．

第24条〔認可の条件〕

　企業結合により，市場支配的地位をもたらし又は強化し，若しくは競争に制限を与えるおそれがある場合，国務院独占禁止期間は当該合併を禁止することができる．

第25条〔特別認可〕

　企業結合が，国全体の経済及び社会公益に有益である場合，国務院独占禁止機関は，当該企業結合を特別に認可することができる．

第26条〔処分〕

　適法な認可申請が提出されず，又は申請を却下されたものに関しては，国務院独占禁止機関は，当該企業結合を禁止することができる．また，一定期間内に原状の回復，すべての株式又は一部の株式の処分，一部の営業権の譲渡，役員の辞任を命じ，又は罰金に処することができる．

第27条〔監督及び管理〕

　すでに許可を得た企業結合に対し，当該結合に関する許可事由が消滅し又は経済状況の変更がある場合又は当該結合が当局の許可事項をはるかに超えた場合，国務院独占禁止機関は，当該許可を取消し，許可内容の変更を行い，当該結合を停止させ，原状回復するよう命じることができる．

第5章　行政上の独占

第28条［購入の強要］
　政府及びその所属部門は，行政力を濫用し，指定された事業者の商品の購入を事業者に指示し，又は正当な事業活動を制限し，一定の取引分野から排除してはならない．

第29条［地域独占及び特定分野の独占］
　政府及びその所属部門は，行政力を濫用し，他の地方の商品が当該地域の市場に販売のために参入することを制限し，又は当該地域の商品が他の地方の市場に参入することを制限してはならない．

第30条［競争を制限するための強制的措置］
　政府及びその所属部門は，行政力を濫用し，当該地域及び当該部門の事業者に対して，他の事業者を競争から排除し，制限し，妨害するよう，次の各号に掲げるいずれかの行動をとる措置を強制してはならない．
　1　当該地域，当該部門の事業者を強制的に企業集団にさせること
　2　当該地域，当該部門の事業者を強制的に結合させること
　3　当該地域，当該部門の事業者を強制的に行政的会社に設立させること
　4　強制的に価格を調整させること
　5　一定の商品の取引拒否を強制的に調整させること
　6　事業者の競争を禁止し，協定により生産又は販売数量及び販売地域を確定させること

第6章　独占禁止機関

第31条［職権］
　この法律に定めた独占禁止の目的を達成するため，国務院は独占禁止機関を設置し，次に掲げる機能と責任を持たせる．
　1　独占禁止政策及び法規制を作成すること
　2　この法律に定めた独占禁止に関する条項を審議すること
　3　事業者の経営活動及び競争者について審査すること
　4　この法律に違反する事件について審査し措置をとること
　5　市場支配的地位にある事業者のリストを定期的に公表すること
　6　独占禁止に関するその他の事項を行うこと

第32条［職権行使の独立性］
　国務院独占禁止機関は，法に基づき独立してその職権を行い，如何なる組織又は個人の干渉も受けない．

第33条［組織，委員の任命及び身分］

国務院独占禁止機関は，委員長及び副委員長2人を含む委員7名で構成される．
第34条〔委員長，副委員長及び委員の任命〕
　委員長及び副委員長は，国務院総理の指名に基づき，全国人民代表大会がこれを任命する．その他の委員は，国務院がこれを任命する．
第35条〔委員の選出〕
　委員は，法律及び経済に関する学識経験及び実務経験のある者のうちから選任される．
第36条〔委員の任期〕
　委員の任期は5年とする．
第37条〔委員及び職員の義務〕
　委員及び国務院独占禁止機関の職員は，在職中，及び離職後，その職務に関して知得した事業者の秘密を他に漏らし，又は不当に利用してはならない．
第38条〔委員・職員の免職〕
　委員及び国務院独占禁止機関の職員は，次の各号に掲げるいずれかの場合，免職されなければならない．
　1　刑事処分を受けた場合
　2　健康上の理由により，職務の執行が不能の場合
　3　本法及び他の法規に違反し，免職処分を受けた場合
第39条〔地方事務所〕
　国務院独占禁止機関は，必要に応じ地方事務所を置く．
　地方事務所の責任者は，国務院独占禁止機関がこれを任命する．
第40条〔議決方法〕
　国務院独占禁止機関は，委員長により議事を開き，出席委員が5名以上でなければならない．委員会の決議は，出席委員の3分の2の多数を以って，これを決する．
第41条〔審査及び事件処理〕
　国務院独占禁止機関は，この法律の規定に違反し，公平な競争及び公共の利益に害を及ぼす行為について，審査し，処分しなければならない．
第42条〔審査の手続〕
　国務院独占禁止機関は，この法律に基づき審査をするため，次の各号に掲げる手続を守らなければならない．
　1　事件当事者及び関係者に出頭を命じて意見又は報告を徴すること
　2　事件に関係する部門，団体，組織又は個人に対し，所持する帳簿書類，その他文書，関係資料の提出を命じること
　3　事件に関係する事業者の住所，営業所その他必要な場所に立ち入り，審査をすること

前号の規定により審査人員に立ち入り審査をさせる場合においては，職務執行の身分を示す証明書を当事者に提示させなければならない．さもなければ，当事者はこの審査を拒むことができる．

第43条［結果の公表］

国務院独占禁止機関は，独占禁止事件の処分結果について，国務院独占禁止機関の名を以って公表しなければならない．ただし，職務執行上知り得た営業上の秘密を公表してはならない．

第7章　法律上の責任

第44条［市場支配的地位の濫用及び独占的協定に対する処罰］

国務院独占禁止機関は，この法律の第9条，第15条，第16条の規定に違反する行為があると認める場合には，当該違反行為をしている者に対し，違法行為の停止を命じ，違法所得を没収し，情状により，違法所得の1倍以上，3倍以下の科料を科す．悪質な場合は，工商行政管理部門により営業許可を取り消す．事件が犯罪に該当する場合には，法に基づき刑事責任が調査されなければならない．

第45条［差別的取扱，抱合せ販売又は強制的取引，略奪的価格及び独占的取引に対する処罰］

国務院独占禁止機関は，この法律の第10条，第11条，第12条，第13条，第14条の規定に違反する行為があると認める場合には，当該違反行為をしているものに対し，違法行為の停止を命じ，違法所得を没収し，20万元以下の罰金に処する．

第46条［認可を得ていない企業結合に対する処罰］

国務院独占禁止機関は，この法律の第21条，第26条の規定に違反する当該局に認可を得ていない企業結合に対し，この法律の第26条の処罰規定のほかに，10万元以上100万元以下の罰金に処する．

第47条［被害者の訴訟権］

事業者は，その適法な権利が独占行為により損害を受けた場合には，人民裁判所に訴えを提起することができる．

第48条［賠償責任］

事業者がこの法律の規定に違反し，他のものの権利及び利益に損害を与えた場合，被害者は人民裁判所に損害賠償請求訴訟を提起することができる．損害賠償額は，被害者の実質的な損失額又は予期可能な利益額となる．被害者の損失額を量ることが困難な場合には，損害賠償額は，加害者が被害者の権利を侵害する期間において獲得した利潤額とし，また被害者の侵害事実に関する審査費用及び訴訟費用も含まなければならない．

第49条［審査を受ける側に対する処罰］

国務院独占禁止機関は，この法律の第41条の規定に基づき審査を行う際に，審査を受

ける側が正当な理由なしに審査を拒み，又は関係する帳簿書類，その他の文書，関係資料若しくは物的証拠の提供を拒む事件関係者に対し，是正をするよう命令し，情状により1万元以上20万元以下の罰金に処する．

第50条［強制執行］

国務院独占禁止機関は，この法律に基づき決定の執行を拒むものを強制的に裁判所に移送することができる．

第51条［当事者の権利］

事件当事者は，国務院独占禁止機関の処罰決定に不服がある場合には，当該処罰決定の到達日から15日以内に，国務院独占禁止機関に対し不服申請を提出することができる．なお，不服審決に不満がある場合には，当該不服決定の到達日から15日以内に人民裁判所に訴えを提起することができる．直接人民裁判所に訴えを提起することもできる．

第52条［監督機関の責任］

国務院独占禁止機関は，その職員が職権を濫用し，職責を解怠し友人又は縁者に利するよう悪事を行う場合には，法律違反の刑罰を科することができる．当該事案が悪質で且つ犯罪に該当する場合には，法に基づき，当該職員に刑事責任を負わせなければならない．

第8章 附則

第53条［自然独占及び公益事業の行為］

国務院独占禁止機関の認可を得た郵便，鉄道，電力，ガス，及び水道供給等の自然独占又は公益事業者の独占行為は，この法律が公布してから5年以内は，この法律の規定に適用しない．

第54条［無体財産権の行使行為］

この法律の規定は，著作権法，商標法，特許法及びその他の法律に規定される権利の行使と認められる行為にはこれを適用しない．ただし，この法律の規定により，特別に許可される手続を取る必要があるものはこれを準用しない．

第55条［実施規則の制定］

国務院独占禁止機関は，この法律の定めに基づき実施規則を制定し，国務院の議決を得た後施行する．

第56条［施行期日］

この法律は　年　月　日から施行する．

編者・著者・訳者紹介

編者・著者
伊　従　　　寛　弁護士（あさひ法律事務所）・元中央大学法学部教授・元公正取引委員会委員
山　内　惟　介　中央大学法学部教授
John O. Haley（ジョン・O. ヘイリー）　ワシントン大学（セントルイス）法学部教授
William A. W. Neilson（ウィリアム・A. W. ネイルソン）　ビクトリア大学法学部教授
木　下　　　毅　日本比較法研究所所長・中央大学法学部教授
松　下　満　雄　成蹊大学法学部教授
浦　田　秀次郎　早稲田大学社会科学部教授
Dorsey D. Ellis, Jr.（ドーゼイ・D. エリス Jr.）　ワシントン大学（セントルイス）法学部教授
Robert G. Howell（ロバート・G. ハウエル）　ビクトリア大学法学部教授
小　塚　荘一郎　上智大学法学部助教授
Walter Hatch（ウォルター・ハッチ）　ワシントン大学（シアトル）国際経済学部
滝　川　敏　明　関西学院大学法学部教授
岡　谷　直　明　三菱総合研究所　研究員
Jacqueline Bos（ジャクリーヌ・ボス）　オーストラリア弁護士
李　　奎　億　Kyu Uck Lee（キューオク・リー）　亜州大学経営学部教授
Lawrence Shao-Liang Liu（ローレンス・シャオ・リアン・リウ）　弁護士
Sakda Thaitcul（サクダ・タニッカル）　チュラロンコン大学法学部教授
Hikmahanto Juwana（ヒクマハント・ジュワナ）　インドネシア国立大学
王　　暁　曄　Xiaoye Wang（シャオイエ・ワン）　中国社会科学院法律研究所教授
江　　小　娟　Jiang Xiao-Juan（ジャン・ジャオ・ジュアン）　中国社会科学院財貨研究所教授

訳　者
滝　川　敏　明　関西学院大学法学部教授
小　塚　荘一郎　上智大学法学部助教授
栗　田　　　誠　千葉大学法経学部教授
佐　藤　　　宏　青山学院大学国際政治経済学部講師
姜　　　　姍　Jiang Shan（ジャン・シャン）　中華人民共和国弁護士・中国岳成法律事務所

APEC 諸国における競争政策と経済発展　日本比較法研究所研究叢書（59）

2002年6月25日　初版第1刷発行

© 編者　伊　従　　　寛
　　　　山　内　惟　介
　　　　J. O. ヘイリー
　　　　W. A. W. ネイルソン

発行者　辰　川　弘　敬

発行所　中央大学出版部
〒 192-0393
東京都八王子市東中野742番地1
電話 0426-74-2351・FAX 0426-74-2354

© 2002　〈検印廃止〉　ISBN4-8057-0558-2　㈱大森印刷

日本比較法研究所研究叢書

1	小島武司 著	法律扶助・弁護士保険の比較法的研究	Ａ５判	2800円
2	藤本哲也 著	CRIME AND DELINQUENCY AMONG THE JAPANESE-AMERICANS	菊判	1600円
3	塚本重頼 著	アメリカ刑事法研究	Ａ５判	2800円
4	小島武司／外間寛 編	オムブズマン制度の比較研究	Ａ５判	3500円
5	田村五郎 著	非嫡出子に対する親権の研究	Ａ５判	3200円
6	小島武司 編	各国法律扶助制度の比較研究	Ａ５判	4500円
7	小島武司 著	仲裁・苦情処理の比較法的研究	Ａ５判	3800円
8	塚本重頼 著	英米民事法の研究	Ａ５判	4800円
9	桑田三郎 著	国際私法の諸相	Ａ５判	5400円
10	山内惟介 編	Beiträge zum japanishen und ausländischen Bank- und Finanzrecht	菊判	3600円
11	木内宜彦／Ｍ・ルッター 編著	日独会社法の展開	Ａ５判	2500円
12	山内惟介 著	海事国際私法の研究	Ａ５判	2800円
13	渥美東洋 著	米国刑事判例の動向Ⅰ	Ａ５判	4900円
14	小島武司 編著	調停と法	Ａ５判	4175円
15	塚本重頼 著	裁判制度の国際比較	Ａ５判	(品切)
16	渥美東洋 編	米国刑事判例の動向Ⅱ	Ａ５判	4800円
17	日本比較法研究所 編	比較法の方法と今日的課題	Ａ５判	3000円
18	小島武司 編	Perspectives On Civil Justice and ADR : Japan and the U. S. A	菊判	5000円
19	小島／清水／渥美／外間 編	フランスの裁判法制	Ａ５判	(品切)
20	小杉末吉 著	ロシア革命と良心の自由	Ａ５判	4900円
21	小島／清水／渥美／外間 編	アメリカの大司法システム(上)	Ａ５判	2900円
22	小島／清水／渥美／外間 編	Système juridique français	菊判	4000円
23	小島／清水／渥美／外間 編	アメリカの大司法システム(下)	Ａ５判	1800円

日本比較法研究所研究叢書

24	小島武司・韓相範編	韓国法の現在(上)	A5判 4400円
25	小島・渥美・川添 清水・外間 編	ヨーロッパ裁判制度の源流	A5判 2600円
26	塚本重頼著	労使関係法制の比較法的研究	A5判 2200円
27	小島武司・韓相範編	韓国法の現在 下	A5判 5000円
28	渥美東洋編	米国刑事判例の動向Ⅲ	A5判 3400円
29	藤本哲也著	Crime Problems in japan	菊判 (品切)
30	小島・渥美 清水・外間 編	The Grand Design of America's Justice System	菊判 4500円
31	川村泰啓著	個人史としての民法学	A5判 4800円
32	白羽祐三著	民法起草者穂積陳重論	A5判 3300円
33	日本比較法研究所編	国際社会における法の普遍性と固有性	A5判 3200円
34	丸山秀平編著	ドイツ企業法判例の展開	A5判 2800円
35	白羽祐三著	プロパティと現代的契約自由	A5判 13000円
36	藤本哲也著	諸外国の刑事政策	A5判 4000円
37	小島武司他編	Europe's Judicial Systems	菊判 3100円
38	伊従寛著	独占禁止政策と独占禁止法	A5判 9000円
39	白羽祐三著	「日本法理研究会」の分析	A5判 5700円
40	伊従・山内・ヘンリー	競争法の国際的調整と貿易問題	A5判 2800円
41	渥美・小島編	日韓における立法の新展開	A5判 4300円
42	渥美東洋編	組織・企業犯罪を考える	A5判 3800円
43	丸山秀平編著	続ドイツ企業法判例の展開	A5判 2300円
44	住吉博著	学生はいかにして法律家となるか	A5判 4200円
45	藤本哲也著	刑事政策の諸問題	A5判 4400円
46	小島武司編著	訴訟法における法族の再検討	A5判 7100円

日本比較法研究所研究叢書

47	桑田三郎 著	工業所有権法における国際的消耗論	A5判 5700円
48	多喜 寛 著	国際私法の基本的課題	A5判 5200円
49	多喜 寛 著	国際仲裁と国際取引法	A5判 6400円
50	眞田・松村 編著	イスラーム身分関係法	A5判 7500円
51	川添・小島 編	ドイツ法・ヨーロッパ法の展開と判例	A5判 1900円
52	西海・山野目 編	今日の家族をめぐる日仏の法的諸問題	A5判 2200円
53	加美和照 著	会社取締役法制度研究	A5判 7000円
54	植野妙実子 編著	21世紀の女性政策	A5判 4000円
55	山内惟介 著	国際公序法の研究	A5判 4100円
56	山内惟介 著	国際私法・国際経済法論集	A5判 5400円
57	大内・西海 編	国連の紛争予防・解決機能	A5判 7000円
58	白羽祐三 著	日清・日露戦争と法律学	A5判 4000円

＊価格は本体価格です．別途消費税が必要です．